최고의 설교

Truth Endures: Landmark Sermons from Forty Years of
Unleashing God's Truth One Verse at a Time
Copyright © 2011 by John MacArthur
Published by Crossway Books
a publishing ministry of Good News Publishers
Wheaton, Illinois 60187, U.S.A.

This edition published by arrangement with Good News Publishers through rMaeng2, Seoul, Republic of Korea.
All rights reserved.
This Korean Edition Copyright © 2012 by DMI Press, Seoul, Republic of Korea

이 한국어판의 저작권은 알맹2 에이전시를 통하여 Good News Publishers 와 독점 계약한 국제제자훈련원에 있습니다.
신 저작권법에 의하여 한국 내에서 보호받는 저작물이므로 무단 전재와 무단 복제를 금합니다.

일러두기 | 인용된 성경구절의 띄어쓰기와 숫자 표기는 개역개정판 성경에 의거하였습니다.

최고의 설교

존 맥아더 목회 40년
성도들이 뽑은 '결코 잊을 수 없는' 설교 12

존 맥아더 지음 | 이지혜 옮김

국제제자훈련원

추천의 글

"존 맥아더는 거룩한 성경과 바람난 것이 틀림없다. 그는 성경이, 하나님이 무엇을 말씀하는지 분명히 알고 있다. 그는 자신의 지성과 의지를 성경의 진리에 온전히 헌신한 사람이다. 성경 본문에 대한 흔해빠진 해석을 버리고, 깊이 파고든 헬라어 원문과 성경 본문에서 발견한 내용을 명료하고 담대하게 설명한다. 그는 번뜩이는 참신한 해석이나 자신을 드러내는 데는 관심이 없고, 오로지 그리스도와 하나님의 말씀에 충실하려는 열정으로 가득하다."

- R. C. 스프롤 리고니어 미니스트리 대표, 세인트앤드루스 채플 설교목사

"존 맥아더 목사님은 늘 열과 성을 다해 각 성경 구절의 역사적·성경적 배경을 설명해 주셨다. 그리고 성경의 한 단어 한 단어는 모두 성령님의 영감으로 된 것으로 우리를 거룩한 순종의 삶으로 이끄신다는 사실을 확인해 주셨다. 그 때문에 목사님의 설교는 세월이 흘러도 변함없는 메시지를 전해 주는 것 같다. 이 책에 그분의 명설교가 여러 편 포함되어 있어 무척 기대된다!"

- 조니 에릭슨 타다 '조니와 친구들 국제 장애인 센터' 설립자

"'우리 시대의 스펄전'으로 존경받는 존 맥아더는 의심할 여지없는 당대 최고의 강해 설교가다. 미국의 대표 목회자로 손꼽히는 것은 물론, 현대의 '설교의 대가'라 할 만하다. 맥아더의 설교가 뛰어난 까닭은 성경을 완전히 숙지하고 간결하면서도 설득력 있는 논지로 교인들에게 전달하는 능력 때문이다. 그레이스 커뮤니티 교회 강단에 선포된 최고의 설교들, 강해 설교의

진수를 이 책 한 권에 모았다. 이 설교들은 존 맥아더의 40년 사역 중에서도 최고의 설교들만 엄선한 것이다. 마틴 로이드존스 이후로 이렇게 전 세계 교인들과 복음주의 사상 형성에 두루 영향을 미친 설교자는 없을 것이다. 하나님께 영광을 돌리고, 성령님이 능력 주시는, 그리스도 중심의 설교! 죄를 드러내고, 은혜를 전하며, 영혼을 살리고, 마음을 깨우는 설교! 기쁨을 주고, 삶을 변화시키는, 영원한 변화를 맛볼 수 있는 최고의 성경 강해를 만나라!

– 스티븐 로슨 펠로우십교회 담임목사

"존 맥아더는 성실한 연구와 세심한 해석, 충실한 해설의 기준을 제시한다. 우리 모두는 그의 본보기에 자극받는다."

– 알리스테어 베그 파크사이드교회 담임목사

"존 맥아더의 '명설교 중의 명설교'만을 모은 이 책은 하나님의 말씀을 진지하게 공부하는 모든 이의 손과 가슴과 머리에 담겨야 한다. 나는 친구 존의 사역에서 개인적으로 무척 많은 유익을 얻었다. 당신도 그러기를 바란다. 존은 '내가 주의 법을 어찌 그리 사랑하는지요! 내가 그것을 종일 작은 소리로 읊조리나이다'라는 시편 119편 97절 말씀을 삶으로 보여주는 사람이다. 설교자라면 이 정도는 되어야 하지 않는가?"

– 제임스 맥도널드 하베스트 바이블 채플 담임목사, '말씀 가운데 행하라'(Walk in the Word) 성경 교사

"나처럼 존 맥아더의 오랜 강해 설교 사역에서 유익을 얻은 사람들은 그의 사역이 본문의 권위에 대한 헌신에서 비롯되었다는 사실을 잘 안다. 설교자는 뒤로 물러서고 말씀이 일하시게 하도록 한 것도 주효했다. 이러한 헌신으로 그는 우리 모두를 풍요롭게 했고 교회의 예언자 역할을 감당해 왔다. 이 설교들은 역사적인 설교문일 뿐 아니라, 하나님의 무오한 말씀을 신실하게 가르치기 원하는 모든 사람들에게 시금석이 될 것이다."

– R. 켄트 휴즈 칼리지교회 원로목사

감사의 글

　매주 보이지 않는 곳에서 수고해 준 여러 사람들이 있었기에 존 맥아더의 설교가 전 세계에 널리 보급될 수 있었습니다. 40년의 그레이스투유(Grace to You) 사역에 300명이 넘는 직원과 수많은 자원봉사자들이 함께해 주었습니다. 일일이 이름을 거론하기에는 그 숫자가 너무 많지만, 우리는 그 모든 분들로 인해 하나님께 깊이 감사드립니다. 그중에는 자기를 돌보는 것보다 사역에 헌신적인 최고의 그리스도인들이 있었습니다. 그들과 함께 일한 것은 크나큰 특권이었습니다.

　이 지면을 빌려, 25년 넘게 존 맥아더의 모든 설교를 글로 옮겨 준 알린 햄프턴에게 특별히 감사하고 싶습니다. 녹음테이프를 들으면서 타자를 치는 알린의 작업은, 존 맥아더의 설교를 전 세계에 전달하는 데 가장 중요한 첫 번째 일입니다. 라디오를 통해 설교를 방송하거나 책과 주석 출판을 위한 자료를 모으는 일, 온라인 자료를 준비하는 일 등 우리가 하는 모든 일은 이 녹취 원고를 기반으로 합니다. 알린은 신속 정확하고 믿을 만하며 늘 성실합니다. 우리는 그녀와 함께 일하는 것 자체가 얼마나 즐거운지 모릅니다. 모든 면에서 그녀는 우리 직원들과 자원봉사

자들의 면모를 잘 보여주는 본보기입니다.

원고 편집에 큰 도움을 준 개리 크누스먼에게도 감사합니다.

마지막으로, 오랜 시간을 들여 기획과 제작, 교정 과정에 애쓴 마이크 테일러에게 감사하고 싶습니다. 2009년 6월 계곡열로 때 이른 죽음을 맞기까지, 마이크는 20년이 넘도록 그레이스투유 출판 디렉터로 섬겼습니다. (1980년대 초반에 스터디 가이드 편집자로 고용된 그는 30년 가까이 이 사역에 없어서는 안 될 중요한 인물이었습니다.) 존 맥아더의 설교 전체를 그만큼 꿰뚫고 있는 사람은 없을 것입니다. 마이크의 마지막 프로젝트인 이 책 면면에 그의 재능이 어려 있습니다. 마이크는 아내와 두 딸에게 훌륭한 남편이자 아버지이기도 했습니다. 그는 함께 일했던 모든 사람에게 아낌없는 사랑과 존경을 받았습니다. 그의 소천은 그레이스투유 사역에 채우기 힘든 큰 공백을 남겼습니다.

필 존슨(Phil Johnson) 그레이스투유 이사

서문

평생의 설교

2009년 2월 9일은, 존 맥아더가 캘리포니아 주 선 밸리 그레이스 커뮤니티 교회의 목회자로 부임한 지 40주년이 되는 날이었습니다. 존은 그보다 정확히 10년 전인 대학 시절부터 설교를 시작했으니, 2009년은 그가 설교자로서 50주년을 맞는 해이기도 했습니다.

존의 대학 시절 첫 설교는 녹음으로 남아 있지 않습니다. 그가 처음 설교한 장소는 교회가 아니라 야외였습니다. 존은 음악 활동과 전도를 겸하는 학생 전도팀의 일원이었습니다. 한번은 팀 리더가 그를 사우스캐롤라이나 주 스파턴버그 버스 터미널에 내려주면서, 사람들을 모아 설교를 하라는 과제를 내주었습니다. 존에게는 전혀 예상하지 못한 곤란한 과제였습니다.

"설교는 최악이었습니다. 무엇을 어떻게 해야 할지 모르겠더군요. 저는 손에 성경을 들고 인적이 드문 터미널 안으로 들어섰습니다. 저는 오합지중을 한번 둘러보고 곧바로 복음을 전하기 시작했습니다. 그랬더니 사람들이 저를 보고 이렇게 말했습니다. '불쌍한 젊은이 같으니! 보기엔 멀쩡한데 안타깝구먼. 장애가 있는 게 틀림없어.'"

"머릿속에 이런 생각이 떠올랐습니다. '이것 봐, 이 사람들에게는 안 먹혀들잖아.' 그래서 저는 10분 남짓 더 말씀을 전한 다음 터미널을 빠져 나와 길을 따라 걸었습니다. 마침 길거리에서 춤추고 있는 고등학생들이 보였습니다. 저는 그 앞에 앉아서 오가는 아이들에게 복음을 전했습니다. 이것이 저의 첫 번째 설교였습니다. 기억에 남을 만한 설교는 아니었죠. 하지만 그 사건 이후로 저는 설교 방법을 배우려는 열정으로 불타오르기 시작했습니다. 설교 요청을 받으면 언제든 준비가 되어 있는 설교자이고 싶었습니다. 저는 갈 수만 있다면 구조대와 군사 기지를 가리지 않고 가서 복음을 전했습니다. 시간이 흐르면서, 대중과 같이 호흡하는 법을 조금씩 배우게 되었습니다."

존의 설교는 과거나 지금이나 그레이스 커뮤니티 교회의 중심이요 힘입니다. 회중과의 교감 능력이나 성경의 진리에 대한 확고한 헌신은 그의 첫 번째 설교에서부터 확실히 드러났습니다. 1969년에 이미 탁월한 설교자요 학생답지 않게 노련했던 그는 지난 40년간 지칠 줄 모르는 열정으로 달려 왔습니다. 오늘날 그의 설교는 그날 버스 터미널에 모였던 소수의 사람들이 상상할 수도 없을 만큼 성숙하고 깊이 있습니다. 화려한 기술과 마케팅 중심의 메시지를 내세운 20세기 후반의 미국 복음주의는 존 맥아더같이 깊이와 넓이를 두루 갖춘 목회자를 양성해 내지 못했습니다. 실제로, 신약 성경을 한 절 한 절 강해한 지난 40년간의 설교로 존 맥아더는 장 칼뱅(John Calvin)과 토머스 맨튼(Thomas Manton), 스티븐 차녹(Stephen Charnock), 마틴 로이드존스(D. Martyn

Lloyd-Jones)와 같은 거장들과 어깨를 나란히 하는 설교자로 자리 매김했습니다. 존의 사역이 더욱 두드러졌던 것은 그가 같은 자리에서 꾸준했기 때문입니다. 복음주의 주류권의 유명 설교자들이 대중문화의 유행을 좇느라 '세상과 관련된' 것에 혈안이 되어 설교가 사소하고 피상적으로 변질되는 중에도, 그는 변함이 없었습니다.

우리가 여기 모은 설교들은, 분명하고 성경적인 강해라면 세월이 흘러도 변함없는 가르침으로 남는다는 사실을 증명해 줍니다. 이 설교들은 존 맥아더가 그레이스 커뮤니티 교회에서 사역한 지난 40년 세월에 걸쳐 있습니다. 이 설교들을 보면 존의 영성과 전달 능력이 성장한 것을 알 수 있습니다. 그리고 그의 영향력은 1969년의 힘과 통찰력 그대로 지금도 살아 있음을 알 수 있습니다. 사람들이 아직도 이 초기 설교들을 듣는다는 사실이 그 강력한 증거입니다.

여기 수록된 설교들을 모으는 과정에서 후보가 너무 많아 고민이 컸습니다. 목회자와 직원들, 장기 청취자들을 대상으로 가장 좋아하는 설교를 뽑아 달라는 설문을 했습니다. 맨 처음 작성한 목록에는 수십 편의 설교가 들어갔습니다. 하지만 지면의 제한 때문에 최종 목록에서는 몇몇 설교를 빼야 했습니다. 따라서 이 책에는 존 맥아더 설교의 명설교 중 극히 일부만 담았음을 강조하고 싶습니다. 우리는 많은 사람을 그리스도께 인도한 설교, 사람들의 마음과 삶을 180도 뒤바꿔 놓은 설교를 선별하기 위해 애썼습니다.

존이 스스로 지적했듯이, 위대한 설교의 능력은 설교자에게서 나오지 않습니다. "하나님의 말씀은 살아 있고 활력이 있어 좌우에 날선 어떤 검보다도 예리하여"(히 4:12). 이런 인식에서부터 훌륭한 설교가 나옵니다. 인간의 박수만을 기준으로 하면 자신의 능력과 기술, 창의성을 의지하는 설교자들이 성공한 것처럼 보일 때도 있습니다. 그러나 죽은 영혼을 깨우고 죄로 망가진 인생을 변화시키는 것이 설교의 목적이라고 한다면, 하나님의 말씀을 정확하고 공평하게 선포하는 것이 가장 중요할 것입니다. 그런 설교를 듣는 사람들은 듣는 것에 그치지 않고 그 말씀을 실천합니다.

이런 기준으로 볼 때, 그레이스 커뮤니티 교회의 지난 40년은 주목할 만한 시간이었습니다. 그 세월을 함께한 우리는 복 받은 사람들입니다. 지난 40년이 앞으로 이어질 더 긴 세월의 시작에 불과하기를 우리는 기도합니다.

존 맥아더에게는 알리지 않고 이 책에 실릴 설교들을 선정했습니다. 이 책은 그의 설교 사역 50주년과 그레이스커뮤니티 교회 목회 사역 40주년을 기념하는 깜짝 선물입니다. 주님이 이 책을 사용하셔서 이 설교들이 이전보다 더 멀리 전해지기를 기도합니다. 존의 사역이 오래도록 지속되기를, 이 교회가 다음 세대에 하나님의 말씀을 선포하는 신실한 빛의 역할을 계속해서 감당하기를 기도합니다.

필 존슨 그레이스투유 이사

차례

추천의 글   4
감사의 글   6
서문_평생의 설교   8

1 교회의 소명   14
마태복음 7:21–23 | 1969. 2. 9.

2 단순한 복음   38
요한복음 8:21–30 | 1976. 12. 26.

3 천국은 어느 길인가?   64
마태복음 7:13–14 | 1980. 5. 18.

4 한눈에 보는 요한계시록   96
요한계시록 전체 | 1982. 12. 5.

5 영생을 얻는 법   136
마태복음 19:16–22 | 1983. 5. 29.

6 시련의 목적   164
여러 본문 | 1986. 6. 8.

| 7 | 어려운 결정을 쉽게 만드는 법 | 182 |

여러 본문 | 1986. 7. 20.

| 8 | 우리는 어떻게 살 것인가 : 가상칠언 묵상 | 210 |

베드로전서 2:21 | 1989. 3. 26.

| 9 | 구원의 역설 | 230 |

고린도후서 5:21 | 1995. 4. 23.

| 10 | 죽음, 테러, 중동 지역을 바라보는 성경적 관점 | 256 |

여러 본문 | 2001. 9. 16.

| 11 | 제자도의 제1원칙 | 306 |

누가복음 9:23-26 | 2002. 11. 3.

| 12 | 네 형제가 죄를 범하거든 | 330 |

마태복음 18:15-20 | 2008. 1. 6.

1 교회의 소명

마태복음 7:21-23

1969. 2. 9.

이 설교 녹음을 들어 보면, 존 맥아더의 젊은(톤이 약간 높은) 목소리를 분명히 확인할 수 있다. 지난 40년간 그가 설교와 집필에서 강조했던 주요 주제들이 이 설교에 집약되어 있다. 그것은 복음에 대한 정확한 이해의 중요성, 겉보기만 그럴 듯한 믿음의 위험성, 성경의 절대 권위, 인간의 이성이나 개인의 감정을 성경의 명백한 진리보다 중시하는 잘못 등이다. '주 되심'과 관련한 일련의 논란도 이 설교에 축소판으로 들어 있다. 존은 특유의 솔직함과 매력을 잃지 않으면서도, 담대하고 당당하게 이 설교를 전한다.

존이 그레이스 커뮤니티 교회에서 목회를 시작한 첫 주일, 남부 캘리포니아 지방은 전반적으로 포근한 날씨를 보였다. 지역 신문에 따르면, 그날 8만 5천 명에 달하는 캘리포니아 주민들이 해변으로 몰려들었다. 하지만 미국의 다른 지역들은 날씨가 궂었다. 역사상 최저 기온과 거센 눈보라가 뉴욕에서부터 워싱턴까지 동부를 강타했다. 그날 그레이스 커뮤니티 교회에는 새로 부임한 목회자의 설교를 듣기 위해 300명에 달하는 사람들이 들어찼다. 그 자리에 있던 사람들에게 '결코 잊을 수 없는 일요일'이었다.

그 당시, 베트남 전쟁을 둘러싼 소용돌이가 미국을 휩쓸고 있었다. 특히, 캘리포니아 지역에서 학생들의 불만이 최고조에 달했고, 청년들 사이에서는 약물 사용이 사상 최고치를 기록하고 있었다. 그리고 우드스탁 음악 페스티벌 개최를 정확히 일주일 앞둔 8월의 어느 날, 찰스 맨슨과 그의 일당이 유명 연예인들의 저택이 즐비한 로스앤젤레스 인근 협곡에서 살인 행각을 벌였다. 그레이스 커뮤니티 교회에서 남쪽으로 15킬로미터가 채 안 되는 곳이었다.

존 맥아더가 한 번에 한 구절씩 말씀을 선포한 당시의 배경이 그러했다. 그러나 사도행전에 나온 말씀처럼, 하나님의 말씀이 점점 왕성하여 제자의 수가 더 심히 많아졌다(행 6:7).

저는 오늘 "어떤 교회를 만들 것인가"라는 주제로, 어떻게 해서 가짜 교회가 진짜 교회에 파고들었는지에 대해 살펴보려고 합니다.

나더러 주여 주여 하는 자마다 다 천국에 들어갈 것이 아니요 다만 하늘에 계신 내 아버지의 뜻대로 행하는 자라야 들어가리라 그 날에 많은 사람이 나더러 이르되 주여 주여 우리가 주의 이름으로 선지자 노릇 하며 주의 이름으로 귀신을 쫓아내며 주의 이름으로 많은 권능을 행하지 아니하였나이까 하리니 그 때에 내가 그들에게 밝히 말하되 내가 너희를 도무지 알지 못하니 불법을 행하는 자들아 내게서 떠나가라 하리라 (마 7:21-23).

마태복음 13장은 교회 시대가 이상한 길로 갈 거라고 말합니다. 마태복음 12장 22-31절을 보면, 바리새인들과 그 무리가 그리스도의 사역을 사탄의 일로 돌리는, 용서받지 못할 죄를 저지릅니다. 예수님은 모든 죄를 용서할 수 있지만 그 죄만큼은 용서할 수 없다고 말씀하셨습니다. 다시 말해, 이렇게 말씀하신 것이나 마찬가지입니다. "너희들은 내가 한 모든 일을 보고도, 즉 내가 베푼 모든 기적을 목격하고 내가 한 모든 이야기를 듣고도, 내가 사탄의 힘으로 이 일들을 한다고 결론 내린다면, 너희들에게는 더 이상 믿음의 가능성이란 없다. 이 모든 계시를 받고도 받아들이기를 거부한다면, 너희들에게 줄 수 있는 것은 더 이상 없다. 나를 따르며 직접 보고 들었음에도 이 모두가 사탄의 일이라고 결론짓는다면, 너희들에게 믿음의 가능성은 영영 사라지는 것이다."

마태복음 13장의 주제는 교회 시대입니다. 믿음이 없다는 이유로 이스라엘을 제쳐두신 예수님께서 교회 시대의 독특한 본질을 비유로 설명하십니다. 그분은 교회 시대에는 곡식과 가라지, 즉 진짜 성도와 가짜 성도가 있을 것이라고 말씀하십니다. 곡식과 가라지를 구별하기 어렵기 때문에, 최종 심판자이신 하나님이 그 둘을 구별하시기 전까지 우리는 어찌할 수가 없다고 말씀하십니다.

그다음에 예수님은 교회의 다양한 차원을 말씀하십니다. 겨자씨 예화는 교회가 크게 성장한다는 말씀이지만 그중에는 진짜와 가짜가 뒤섞여 있습니다. 오늘날 '교회'라는 명칭에는 어중이떠중이가 다 포함되어 있습니다. 사도 요한은 사데 교회에 이렇게 씁니다. "내가 네 행위를 아노니 네가 살았다 하는 이름은 가졌으나 죽은 자로다"(계 3:1).

오늘날 대부분의 교회에 해당하는 말씀 아닙니까! 이름은 있지만 죽어 있습니다. 왜 그렇습니까? 교회에 있는 사람들이 죽었기 때문입니다. 오늘날 대다수의 교인들은 그리스도인이 된다는 것이 무슨 뜻인지 모른다고 해도 과언이 아닙니다. 영적으로 다 죽어 있기 때문입니다. 바울은 에베소서 2장 1절에서 "허물과 죄로 죽었던 너희"라고 말했습니다. 죽은 사람들이 죽은 교회를 만듭니다. 오늘날의 교회는 외부의 공격 때문에 죽어가고 있는 것이 아닙니다. 사탄은 굳이 교회를 공격하느라 시간을 낭비

할 필요가 없습니다. 이미 교회 안의 사람들은 죽은 상태니까요.

반대로 살아 있는 교회, 즉 예수 그리스도가 아시는 교회, 그분이 복음을 선포하신 교회는 항상 공격을 받습니다. 그런 교회는 사회의 양심이기 때문입니다. 예수님은 "모든 사람이 너희를 칭찬하면 화가 있도다"(눅 6:26)라고 말씀하셨습니다. 빛과 어둠은 서로 사귈 수 없기에 교회는 늘 세상 반대편에 서야 합니다. "그리스도와 벨리알이 어찌 조화되며"(고후 6:15)라는 말씀처럼 교회와 세상은 친구가 될 수 없습니다.

하나님이 영적으로 죽은 사람들을 새로운 창조물로 만드시는 과정에서 교회는 통로가 되어야 합니다. 살아서 활력이 넘치는 교회는 죽은 사람들에게 복음을 전합니다. 그리고 이 복음은 그들을 살게 합니다. 이것이 바로 교회의 소명입니다. 교회가 세상의 환심을 살 수 있다는 말은 어느 모로 보나 성경과는 거리가 멉니다. 교회는 세상의 양심이 되어야 합니다. 교회는 자기 역할을 충실히 감당하여 세상의 적수가 되어야 합니다. 예수 그리스도 밖에 있는 사람들에게는 교회 좌석이 세상에서 가장 불편한 자리가 되어야 마땅합니다. 그런데 교회가 세상의 환심을 얻는다면 그 교회는 죽은 것입니다. 사데 교회는 스스로 살아 있다고 생각했지만 사실은 세상에 아부하고 있었습니다. 그러니 산 자가 아니라 죽은 자였습니다(계 3:1).

성도들을 가르치는 것만이 교회의 의무가 아닙니다. 하나님의 기준을 '경고'하는 것도 교회의 의무입니다. 우리가 풍성한 삶만 광고한다면 하나님의 부르심에 신실하지 못한 것입니다.

풍성한 삶은 구원이 가져다주는 다양한 차원들 중 하나지만, 어느 시점에서는 인간의 죄성이 선포되어야 합니다. 사람은 죄를 지어 거룩하신 하나님에게서 멀어졌으며 심판의 대상이 되었습니다. 바울이 에베소서 2장 3절에서 말한 것처럼 인간은 진노의 자녀입니다. 그래서 예수 그리스도와 죄를 지은 인간에 대한 진리를 선포하는 것은 곧 분열을 초래하는 것입니다. 마태복음 10장 34-36절에서 예수님은 이렇게 말씀하셨습니다.

> 내가 세상에 화평을 주러 온 줄로 생각하지 말라 화평이 아니요 검을 주러 왔노라 내가 온 것은 사람이 그 아버지와, 딸이 어머니와, 며느리가 시어머니와 불화하게 하려 함이니 사람의 원수가 자기 집안 식구리라(마 10:34-36).

예수 그리스도의 진정한 교회는 모든 사람을 환영하는 종교 단체가 아닙니다. 진정한 교회란 하나님께 선별되어 믿음으로 구속받은 예수 그리스도의 몸입니다. 그 구속에서 제외된 사람은 교회에 소속될 수 없습니다. 교회의 지체이자 하나님의 백성 된 우리는 그리스도를 받아들이지 않은 사람들에게 경고해야 합니다. 사랑으로 경고하되, 그들이 주님의 진노의 대상이라는 사실을 알려야 합니다. 이것이 우리가 해야 할 일입니다.

오늘 본문 말씀은 스스로 교회에 속했다고 생각하지만 현실은 정반대인 사람들에게 주는 경고입니다. 교회 밖에 있는 사람들이 아니라, 교회에 참여하고 있다고 철석같이 믿고 있는 우리를 향한 경고입니다. 저는 우리가 사역을 시작하기 전에, 먼저 냉철하고 진지하게 이 사실을 살펴보는 것이 좋으리라 생각합니다. 지금 우리가 하나님 보시기에 어떤 모습으로 서 있는지 살피는 것입니다.

저는 우리 교회에 예수 그리스도를 인격적으로 알지 못하는 분들이 있다고 확신합니다. 오늘 아침 이곳에 모인 성도들의 수를 보니 그렇습니다. 성도 여러분 중에는 교회에 잘 나오지만 예수 그리스도를 알지 못하는 분들이 있습니다. 그런 분들은 종교적인 느낌이나 독실한 정서는 있을지 몰라도, 예수 그리스도를 알지는 못합니다. 우리 교회가 한 몸으로 함께 나아가려면, 먼저 하나가 되어야 합니다. 예수님이 우리를 위해 기도하셨던 것처럼, 우리가 연합하여 하나 될 수 있는 유일한 방법은 우리 모두가 그리스도 안에 있는 것입니다. 그래서 저는 우리가 스스로 삶을 신중하게 검토해 보기를 원합니다.

마태복음 7장 22절에 나오는 장면과 '그 날에'라는 표현을 유의해 보십시오. 그리스도께서 심판하러 오실 그날을 가리키는 것이기에 중요합니다. 이 표현은, 하나님이 믿지 않는 사람들을 심판하시는 장면으로 성경 여러 곳에 등장합니다(참고. 고전 3:13; 사 2:11; 욜 2:1; 말 4:5; 살전 5:2; 벧후 3:10).

하나님이 심판하시는 날이 다가오고 있습니다. 크고 흰 보좌가 현실이 될 날이 다가오고 있습니다. 요한계시록 20장 11-12절은 마지막 심판 날을 이렇게 묘사합니다.

또 내가 크고 흰 보좌와 그 위에 앉으신 이를 보니 땅과 하늘이 그 앞에서 피하여 간 데 없더라 또 내가 보니 죽은 자들이 큰 자나 작은 자나 그 보좌 앞에 서 있는데 책들이 펴 있고 또 다른 책이 펴졌으니 곧 생명책이라 죽은 자들이 자기 행위를 따라 책들에 기록된 대로 심판을 받으니(계 20:11-12).

하나님을 믿지 않는 그들에겐 스스로를 증명해 줄 믿음이 없습니다. 그들은 자기 행위 이외에는 내놓을 게 없습니다. 여러분은 성경이 행위와 믿음에 대한 이야기임을 잘 알고 있을 것입니다.

그러므로 율법의 행위로 그의 앞에 의롭다 하심을 얻을 육체가 없나니(롬 3:20).

바다가 그 가운데에서 죽은 자들을 내주고 또 사망과 음부도 그 가운데에서 죽은 자들을 내주매 각 사람이 자기의 행위대로 심판을 받고 사망과 음부도 불못에 던져지니 이것은 둘째 사망 곧 불못이라 누구든지 생명책에 기록되지 못한 자는 불못에 던져지더라(계 20:13-15).

마태복음 7장 21-23절을 볼 때, 우리는 언젠가 최후의 심판대 앞에 섭니다. 우리는 크고 흰 보좌 앞에서, 그리스도 앞에 선 사람들을 보게 됩니다. 그들이 예수님께 뭐라고 말하는지 보십시오. "주여, 주여, 우리가 여기 있습니다. 우리가 얼마나 신앙심이 깊었습니까." 베드로는 이날을 "경건하지 아니한 사람들의 심판과 멸망의 날"(벧후 3:7)이라고 합니다. 이 사람들이 종교적인 느낌이 짙다는 사실을 감안한다면, '경건하지 아니한 사람들'이란 표현은 좀 난감할 수도 있겠습니다.

이 법정에는 적막한 침묵이 감돕니다.

하나님 나라에 들어갈 수 있는 요건   바로 이때, 예수 그리스도의 말씀이 침묵을 깹니다. "나더러 주여 주여 하는 자마다 다 천국에 들어갈 것이 아니요 다만 하늘에 계신 내 아버지의 뜻대로 행하는 자라야 들어가리라"(마 7:21).

우리는 여기서 하나님 나라에 들어갈 수 있는 첫 번째 요건을 찾을 수 있습니다. 그 조건이 무엇입니까? 어떻게 하면 인간이 하나님 나라에 들어갈 수 있을까요? 어떻게 하면 인간이 하나님과 살아 있는 관계를 맺을 수 있을까요? 우선은, '주여, 주여' 하는 사람들이 아니라 하나님의 뜻대로 행하는 사람들이 되어야 합니다.

마태복음 25장 1-13절에는 잔치에 초대받은 열 처녀 이야기가 나오는데, 무척이나 흥미롭습니다. 그중 다섯 처녀는 미리 기름을 준비해 등에 담아 왔지만, 나머지 다섯 처녀는 제대로 준비하지 못했습니다. 마태복음 25장 11절에 보면, 문이 닫히자 들어가지 못한 다섯 처녀는 "주여, 주여, 우리에게 열어 주소서" 하고 외칩니다. 그러나 혼인 잔치의 주인은 "진실로 너희에게 이르노니 내가 너희를 알지 못하노라"고 대답합니다.

　이 다섯 처녀도 잔치에 초대를 받았습니다. 이들도 복음을 듣기는 했습니다. "잔치에 오라"는 선포를 들었습니다. 이 말씀은 세상을 향한 하나님의 부르심을 묘사한 것입니다. 이들은 등을 준비했습니다. 예의를 갖춰 옷을 차려입었습니다. 잔치가 열리는 장소에 시간 맞춰 도착했습니다. 하지만 잔치에 들어가지는 못했습니다.

　"주여, 주여, 우리에게 열어 주소서"라는 이들의 외침은 마태복음 7장 21절과 비슷합니다. 예수님은 말씀하십니다. '주여, 주여' 하는 자가 아니라 그분의 뜻대로 행하는 자가 천국에 들어간다고 말씀하십니다. 얼마나 준엄한 경고입니까! 비유 끝부분에서 예수님은 말씀하십니다. "그런즉 깨어 있으라 너희는 그 날과 그 때를 알지 못하느니라"(마 25:13).

　호세아 8장 2절에서도 이와 비슷한 장면이 나옵니다. 그 당시 이스라엘은 내리막길을 걷고 있었고, 호세아는 백성들의 지식이 부족하다며 열변을 토했습니다. "내 백성이 지식이 없으므로 망하는도다"(호 4:6). 호세아는 백성들의 내면에 진심이 없다고 말하면서, 그들을 쉬 없어지는 아침 이슬에 비유합니다(호 6:4). 그들에게는 실체가 없었습니다. 그들은 하나님을 무시하고 저버렸습니다. 그들은 하나님의 집에 가까이 가지도 않았습니다.

　호세아 8장 1-2절에 보면 대머리독수리가 등장합니다. 대머리독수리가 하나님의 집을 급습하는 장면은 죽은 이스라엘을 상징합니다. 이스라엘에서 행해지는 각종 종교 행위에도 불구하고, 그곳은 죽은 장소였기에 대머리독수리의 공격을 받았던 것입니다. 거기에는 죽은 동물의 사체 외에는 아무것도 없었습니다. 이스라엘은 하나님과의 관계를 상징하는 성전을 내버리고 스스로 비극을 초래했습니다. 급강하하는 대머리독수리는 임박한 심판을 증언하고 있었습니다. 호세아는 이스라엘이 하나님을 무시했기 때문에 머지않아 망할 것이라고 계속해서 예언합니다.

이스라엘은 종교 활동을 성실히 했습니다. 신앙심도 있었습니다. 미흡하나마 행동을 취하는 사람들도 있었습니다. 하지만 그들은 영적으로 죽어 있었습니다. 그들의 종교에는 진심이 빠지고, 껍데기만 있었습니다. 그들이 호세아에게 뭐라고 대꾸합니까? "나의 하나님이여 우리 이스라엘이 주를 아나이다"(호 8:2) 마태복음 7장 21절과 똑같습니다. "주여, 주여, 저희들입니다. 우리를 심판하신다니 무슨 말씀이십니까? 우리는 주님을 압니다. 우리라고요. 나의 하나님, 우리입니다." 이런 비극이 또 어디 있을까요. 하지만 하나님은 그들을 모르십니다. 그 세대는 자기들의 욕망을 따르느라 하나님과의 관계를 제쳐두고 말았으니까요.

하나님 나라에 들어가기 원한다고 해서 다 들어가는 게 아니라는 사실을 잘 아시겠지요. 들어가고 싶다고 부탁하는 사람이 들어가는 것도 아닙니다. 부탁하는 것만으로는 부족합니다. 바라는 것만으로도 부족합니다. 순종해야 합니다. 하나님은 그 나라에 들어갈 수 있는 특정한 기준을 세워 두셨습니다. 순종하지 않는 사람에게는 문이 열리지 않습니다. 교회에 나와 적당히 교회 활동을 하는 정도로 그 문이 열리기를 바라는 분들이 있을

지도 모르겠습니다. 하지만 예수 그리스도를 통하지 않고서는 들어갈 수 없습니다. 아무리 종교 생활을 열심히 한다고 해도 소용없습니다. 베드로는 사도행전 4장 12절에서 "다른 이로써는 구원을 받을 수 없나니 천하 사람 중에 구원을 받을 만한 다른 이름을 우리에게 주신 일이 없음이라 하였더라"고 했습니다. 예수 그리스도 외에는 다른 이름이 없습니다.

런던 어느 다리에 시각장애인이 서 있었습니다. 그는 손가락으로 점자 성경을 읽다가 사도행전 4장 12절에서 그만 글줄을 놓치고 말았습니다. 눈이 멀어 주변 사람들을 의식하지 못하는 맹인은 반복해서 같은 문구를 더듬었습니다.

"다른 이로써는…다른 이로써는…다른 이로써는."

주변에 모여 있던 사람들은 그가 성경을 더듬거리면서 같은 말을 반복하는 것을 보고는 그를 놀려대기 시작했습니다. 하지만 한쪽 구석에 서 있던 어떤 남자는 잠자코 듣기만 했습니다. 그 남자는 그날 밤 집으로 돌아가서 무릎을 꿇고 그리스도를 자기 삶에 모셨습니다. 그는 훗날 어느 모임에서, 다리 위에서 같은 말을 반복해서 말하던 어느 맹인이 자신을 예수 그리스도께 인도했다고 간증했습니다.

"다른 이로써는…다른 이로써는…다른 이로써는."

여러분이나 저, 또는 그 누구라도, 예수 그리스도를 인격적으로 받아들이는 믿음으로만 하나님 나라에 들어갈 수 있습니다. 신앙심이나 고상한 감정만으로는 결코 들어갈 수 없습니다. 예수 그리스도의 고귀한 보혈로만 가능합니다. 입술로만 하는 고백은 아무 소용이 없습니다. 순종이 뒤따라야 합니다. '주여, 주여'라는 표현에서, 여러분은 그 사람들이 놀랐다는 인상을 받았을 것입니다. 아닙니다. 그들은 충격을 받았습니다.

"우리가 못 들어간다니, 말이 됩니까?"

하지만 예수 그리스도가 누가복음 6장 46절에서 하신 말씀을 잊지 마십시오. "너희는 나를 불러 주여 주여 하면서도 어찌하여 내가 말하는 것을 행하지 아니하느냐"

독일 뤼베크 대성당의 낡은 석판에는 이런 글이 있습니다.

그리스도 우리 주님이 우리에게 말씀하신다. 너희는 나를 주인이라 하면서도 내게 순종하지 않고, 너희는 나를 빛이라 하면서도 나를 보지 않고, 너희는 나를 길이라 하면서도 내 길로 걷지 않고, 너희는 나를 생명이라 하면서도 나를 바라지 않고, 너희는 나를 지혜롭다 하면서도 나를 따르지 않고, 너희는 나를 공평하다 하면서도 나를 사랑하지 않고, 너희는 나를 풍요롭다 하면서도 내게 요청하지 않고, 너희는 나를 영원하다 하면서도 나를 추구하지 않고, 너희는 나를 인자하다 하면서도 나를 신뢰하지 않고, 너희는 나를 고귀하다 하면서도 나를 섬기지 않고, 너희는 나를 능력 있다 하면서도 나를 존중하지 않고, 너희는 나를 정의롭다 하면서도 나를 두려워하지 않는구나. 그러니 내가 너희를 정죄한다 하여도 나를 원망하지 마라.

하나님은 하나님 나라에 들어갈 수 있는 요구 조건을 분명히 하셨습니다. 그것은 건물과는 아무런 상관이 없고, 예수 그리스도하고만 관련이 있습니다. 그리스도를 '주'라고 부르는 것만으로는 충분하지 않습니다. 하나님의 뜻대로 행하는 것 이외에는 아무것도 답이 될 수 없습니다.

사람들은 묻습니다.

"하나님의 뜻이 뭐죠?"

바울은 디모데에게 "하나님은 모든 사람이 구원을 받…기를 원하시느니라"(딤전 2:4)고 말했습니다. 이것이 하나님의 뜻입니다. 또 예수님은 "내가 곧 길이요 진리요 생명이니 나로 말미암지 않고는 아버지께로 올 자가 없느니라"(요 14:6)고 말씀하셨습니다. 이것이 하나님의 뜻입니다. 요한복음 6장 40절에서 예수님은 이렇게 말씀하십니다. "내 아버지의 뜻은 아들을 보고 믿는 자마다 영생을 얻는 이것이니 마지막 날에 내가 이를 다시 살리리라."

요한복음 1장 12절은 "영접하는 자 곧 그 이름을 믿는 자들에게는 하나님의 자녀가 되는 권세를 주셨으니"라고 말합니다. 하나님의 뜻은 여러분이 그리스도를 영접하는 것입니다. 히브리서 11장 6절에는 "믿음이 없이는 하나님을 기쁘시게 하지 못하나니"라고 했습니다. 여기서 믿음이란 예수 그리스도를 믿는 믿음을 뜻합니다. 성실함으로, 신앙심으로, 선행으로, 교회 봉사로, 예수 그리스도의 이름을 부르는 것으로도 그 나라에 들어갈 수 없습니다. 예수 그리스도를 인격적으로 믿고 신뢰함으로만 들어갈 수 있습니다.

하나님 나라에
들어가지 못한 사람들의 외침

이제 마태복음 7장 22절에서 그 나라에 들어가지 못한 사람들의 외침을 살펴봅시다. "그 날에 많은 사람이 나더러 이르되 주여 주여 우리가 주의 이름으로 선지자 노릇 하며 주의 이름으로 귀신을 쫓아 내며 주의 이름으로 많은 권능을 행하지 아니하였나이까 하리니."

이들의 외침이 터져 나옵니다. 심판하시는 예수님께서 '주여, 주여' 하는 자마다 다 천국에 들어가는 것이 아니라고 말씀하시자, 갑자기 사람들이 폭발합니다. 이들의 마음속 깊은 곳에서 항변이 분출합니다.

"하지만 우리가 이 일들을 다 하지 않았습니까."

자신의 종교 활동이 스스로를 구원해 주리라고 생각했던 수많은 사람들이 지옥에 떨어져 실망하게 될 겁니다. 얼마나 많은 사람들이 자신의 도덕성이나 선행, 세례, 교회 출석, 깊은 신앙심을 의지하는지 모릅니다. 수많은 교회 사역자들과 목회자들, 기독교 학교에서 가르치는 수많은 교사들을 지옥에서 보게 될 것입니다. 그 사람들은 예수님께 이렇게 말할 것입니다.

"주님, 저희를 모르십니까? 우리가 주님의 이름으로 예언을 했는데요."

그러나 예수님은 그들의 양가죽을 벗겨내고 잔인한 이리의 본색을 드러내실 것입니다. 이것이 바로 마태복음 7장 15-20절에서 예수님이 말씀하고 계신 내용입니다. 그분은 거짓 선지자들의 실체를 폭로하십니다. 그들은 진심이라고 주장하지만, 실상은 허울뿐이었습니다.

누가복음 13장 25-30절은 이 말씀에 상당한 무게를 실어 줍니다.

> 집 주인이 일어나 문을 한 번 닫은 후에 너희가 밖에 서서 문을 두드리며 주여 열어 주소서 하면 그가 대답하여 이르되 나는 너희가 어디에서 온 자인지 알지 못하노라 하리니 그 때에 너희가 말하되 우리는 주 앞에서 먹고 마셨으며 주는 또한 우리를 길거리에서 가르치셨나이다 하나 그가 너희에게 말하여 이르되 나는 너희가 어디에서 왔는지 알지 못하노라 행악하는 모든 자들아 나를 떠나 가라 하리라 너희가 아브라함과 이삭과 야곱과 모든 선지자는 하나님 나라에 있고 오직 너희는 밖에 쫓겨난 것을 볼 때에 거기서 슬피 울며 이를 갈리라 사람들이 동서남북으로부터 와서 하나님의 나라 잔치에 참여하리니 보라 나중 된 자로서 먼저 될 자도 있고 먼저 된 자로서 나중 될 자도 있느니라 하시더라(눅 13:25-30).

심판 날에 대한 준엄한 묘사입니다. 예수 그리스도를 향한 진정한 믿음은 쏙 빼놓은 채 그분의 이름만 입에 올렸던 이들은 밖으로 쫓겨납니다. 이들이 문으로 들어가려고 밖에서 울부짖는 모습이 얼마나 안타깝습니까. 저는 이 사람들을 보면서 노아 시대 사람들이 떠올랐습니다. 아마 그들도 밖에서 방주 문을 두드리며, 이제 자신들도 노아의 말을 믿게 되었다는 사실을 그에게 알리려고 애썼을 것입니다. 그러나 그 사람들은 방주로 들어갈 수 없었습니다.

여러분은 신앙의 형식만 갖추고 있지는 않습니까? 주님을 개인적으로 알고 계십니까? 크고 흰 보좌 앞에서 말도 안 되는 변명거리를 늘어놓는 여러분의 모습이 보이지는 않습니까? 예수님은 니고데모에게 "진실로 진실로 네게 이르노니 사람이 거듭나지 아니하면 하나님의 나라를 볼 수 없느니라"(요 3:3)고 말씀하셨습니다. 거듭난다는 것이 무슨 뜻입니까? 예수 그리스도를 영접함으로 하나님이 여러분을 새로운 피조물로 만들어 주실 줄 믿는 것입니다. 하나님의 가족으로 다시 태어나게 될 줄 믿는 것입니다.

그리스도를 찾아온 니고데모는 내세울 게 많았습니다. 그는 신앙심이 깊었고, 이스라엘의 교사였습니다. 그가 지금까지 밟아 온 종교 이력을 고려한다면, 여러분은 예수님께서 이렇게 말씀하셨을지도 모른다고 생각할 것입니다.

"니고데모, 정말 대단하네. 이렇게 멋진 인생을 살다니. 훌륭한 일을 많이 했구나. 이제 큰 산 하나만 넘으면 되겠다."

하지만 그분의 말씀은 전혀 달랐습니다.

"니고데모, 지금까지 네가 한 일은 종교적인 형식에 불과해. 이제 과거는 다 잊고 처음으로 돌아가 아이가 되어야 한다. 완전히 다시 태어나야 한다는 뜻이란다."

그에게는 마지막으로 큰 산 하나가 남은 것이 아니었습니다. 그는 출발점에서부터 다시 시작해야 했습니다.

그리스도 없는 이들이 받는 정죄   하나님께 울부짖으며 항변해 봐도 아무 소용없습니다. 하나님의 뜻은 우리가 예수 그리스도를 구주로 받아들이는 것입니다. 그렇게 하지 않은 사람들은 두려움에 떨며 울부짖을 것입니다. 그러자 마태복음 7장 23절에서 심판주가 다시 한 번 말씀하십니다. 우리는 예수 그리스도 없는 이들에게 내려지는 정죄를 볼 수 있습니다. "그 때에 내가 그들에게 밝히 말하되 내가 너희를 도무지 알지 못하니 불법을 행하는 자들아 내게서 떠나가라 하리라"(마 7:23)

'고백'이란 말은 재미있는 단어입니다. 헬라어로 '호모로기아(*homologia*)', '공개적으로 선언한다'는 뜻입니다. 같은 단어가 마태복음 10장 32절에도 사용되었습니다. "누구든지 사람 앞에서 나를 시인하면 나도 하늘에 계신 내 아버지 앞에서 그를 시인할 것이요"(마 10:32).

여러분이 이 땅에서 예수 그리스도를 공개적으로 선언하려는 마음이 없다면, 그분도 하늘에서 여러분을 공개적으로 선언하지 않으실 것입니다. 그 대신 이렇게 말씀하시겠지요.

"내가 너희를 도무지 알지 못한다."

여기서 우리는 성경에서 가장 중요한 개념으로 꼽을 만한 단어를 만나게 됩니다. 바로 '안다'라는 단어입니다. 앞으로 제가 이 단어를 반복해서 언급하는 것을 보게 될 겁니다. 이것이 너무도 중요한 개념이기 때문입니다. 하나님이 어떤 사람은 알고 어떤 사람은 알지 못한다고 하실 때, 그 의미는 무엇입니까?

하나님이 그 사람들을 알아보지 못하신다는 뜻은 아님을 잘 아실 겁니다. 그분은 지금 "네가 누군지 모르겠다"라고 말씀하시는 것이 아닙니다. 하나님은 모든 사람을 아십니다. 각 사람의 머리카락 수까지 다 헤아리십니다. 참새가 떨어지는 것까지 아시는 분입니다(마 10:29-30). 그분은 모르시는 것이 없습니다. 그렇다면 그리스도께서 "내가 너희를 도무지 알지 못한다"라고 하신 말씀은 도대체 무슨 뜻입니까? 디모데후서 2장 19절에서 그 실마리를 찾을 수 있습니다.

"주께서 자기 백성을 아신다 하며"(딤후 2:19).

이게 무슨 뜻일까요? 도대체 무슨 말씀을 하시려는 의도일까요? 성경에서 '안다'라는 단어는 특별한 사랑의 관계를 암시합니다. 아모스 3장 2절에서 하나님은 이스라엘 백성들에게 "내가 땅의 모든 족속 가운데 너희만을 알았나니"라고 말씀하십니다. 과연 하나님이 아셨던 족속이 이스라엘뿐입니까? 아닙니다. 그분은 모든 족속을 알고 계셨습니다. 그렇다면 이 말씀은 무슨 뜻입니까? 하나님이 이스라엘과 '각별한 관계'를 맺고 있다는 뜻입니다. 구약 성경에서는 남녀가 관계를 맺고 아이를 잉태하는 개념을 설명할 때 남자가 자기 아내를 '안다'라고 표현합니다. 예를 들어 창세기 4장 17절을 볼까요.

"아내를 알아"(KJV 번역. 한글성경은 '아내와 동침하매'로 되어 있음-편집자 주)

우리는 가인이 아내를 순수한 의미에서 그저 알았다고만 보지 않습니다. 가인이 아내를 안다는 것은 너무나 당연한 이야기입니다. 가인이 아내를 알지 못했다면 애초에 결혼도 하지 않았을 겁니다. 단순히 안다는 것 이상의 의미가 있는 것이 분명합니다. 그 구절을 계속 보면 "그가 임신하여 에녹을 낳은지라"는 말이 이어집니다. 다시 말해서 '안다'는 것은 인간의 모든 관계 중에 가장 특별한 사랑의 관계를 가리킵니다.

아마도 여러분은 요셉이 마리아를 알지 못했다고 한 성경 말씀을 기억하실 것입니다(참고. 마 1:18, 25). 마리아의 임신 사실을 안 요셉이 몹시 힘들어한 것도 그 때문이었습니다. 그는 마리아를 돌로 쳐죽이거나 그와 헤어지는 방법 둘 중 한 가지를 택할 수 있었습니다. 요셉이 마리아를 알지도 못했는데 그녀가 임신을 했기 때문입니다. 인간관계에서 '안다'는 단어는 두 사람이 맺은 특별한 사랑의 관계를 암시합니다. 하나님과의 관계에서도 마찬가지입니다. 바울은 갈라디아서 4장 9절에서 "하나님이 아신 바 되었거늘"이라고 말합니다. 하나님과 우리의 친밀한 관계는 남자가 자기 아내를 아는 것에 비교할 만합니다. 우리는 성경에서 그 사실을 볼 수 있습니다. 하나님이 이스라엘을 당신의 아내로 언급하셨듯이(참고. 호 1-3장), 교회는 신부요 그리스도는 신랑이십니다(참고. 엡 5:25-32).

우리는 하나님과 친밀한 사랑의 관계를 맺었습니다. 그 관계는 요한복음 10장 14절에 그리스도의 말씀으로 아름답게 묘사되어 있습니다. 제가 '안다'라는 단어 대신 '사랑한다'라는 단어를 넣어 이 본문을 읽어보겠습니다.

나는 선한 목자라 나는 내 양을 사랑하고 양도 나를 사랑하는 것이 아버지께서 나를 사랑하시고 내가 아버지를 사랑하는 것 같으니 나는 양을 위하여 목숨을 버리노라…내 양은 내 음성을 들으며 나는 그들을 사랑하며 그들은 나를 따르느니라 내가 그들에게 영생을 주노니 영원히 멸망하지 아니할 것이요 또 그들을 내 손에서 빼앗을 자가 없느니라 그들을 주신 내 아버지는 만물보다 크시매 아무도 아버지 손에서 빼앗을 수 없느니라(참고. 요 10:14-15, 27-29).

여러분은 우리가 예수 그리스도와 맺은 친밀하고 아름다운 사랑의 관계가 보이십니까? 바울은 로마서 11장 2절에서 "하나님이 그 미리 아신 자기 백성을 버리지 아니하셨나니"라고 말합니다. 여러분이 그리스도인이라면, 하나님은 여러분과의 사랑의 관계를 미리 정하셨습니다. 하나님은 당신의 경륜과 주권적인 뜻을 따라, 여러분을 자녀 삼으시기로 미리 정하셨습니다(엡 1:4).

여러분은 이스라엘이 그랬던 것처럼, 하나님이 미리 정하신 사랑의 관계를 누리고 있습니다. 하나님은 그 아름답고 친밀한 관계를 표현하시기 위해 인간의 언어로 묘사할 수 있는 최고의 관계, 즉 남녀의 성관계를 끌어오셨습니다. 하나님이 "나는 내 양을 안다"라고 말씀하실 때, 그리스도께서 "내가 너를 안다"라고 말씀하실 때, 그것은 곧 여러분과 제가 그분과 친밀한 사랑의 관계를 맺고 있다는 뜻입니다. 얼마나 영예로운 말씀인지 모릅니다!

하지만 그 사랑의 관계를 소유하지 못한 사람들에게 예수님은 "내가 너희를 모른다"라고 말씀하십니다. 그들에게는 미리 정하신 사랑의 관계가 없습니다. 양과 목자의 관계, 신랑과 신부의 관계가 없습니다. 그 특별한 사랑의 관계에서 소외된 사람들에게는 "내게서 떠나가라"는 하나님의 심판이 임합니다. 이런 비극이 또 있을까요! 예수님은 마태복음 25장 41절에 나오는 심판 장면에서 이 가혹한 말씀을 되풀이하십니다. "저주를 받은 자들아 나를 떠나 마귀와 그 사자들을 위하여 예비된 영원한 불에 들어가라"(마 25:41).

최후의 심판이 이렇게 슬픈 광경이라니 참으로 안타깝습니다. 기독교는 형식이 아닙니다. 기독교는 종교가 아닙니다. 기독교는 예수 그리스도와 맺는 인격적인 사랑의 관계입니다. 여러분은 그 관계를 맺고 계십니까? 그 그리스도를 여러분은 아십니까?

예화를 한 가지 들고 말씀을 맺겠습니다. 청중 앞에서 낭독을 부탁받은 한 배우가 무대 응접실에 앉아 있었습니다. 그는 자리에서 일어나 관중석을 향해 품위 있게 말했습니다.

"여러분이 원하시는 내용이 있으면 무엇이든 제가 낭독해 드리겠습니다."

선뜻 나서는 관객이 없었습니다. 잠시 후에, 관중석 뒤쪽에 앉아 있던 나이 든 목사가 일어나더니 "시편 23편을 듣고 싶습니다" 하고 말했습니다.

배우는 조금 당황한 듯했지만, 원하는 것은 무엇이든 낭독해 주겠다고 약속했으니 그 사람의 요구를 들어주어야 했습니다. 마침 배우는 그 시편을 알고 있었기에 낭독을 하겠다고 말했습니다. 그는 청산유수처럼 시편 23편을 낭독했습니다. 표현도 완벽했고 발음도 나무랄 데 없었습니다. 그가 낭독을 마치자 관중석에서는 누가 먼저랄 것도 없이 박수가 터져 나왔습니다.

배우는 성경을 낭독해 달라고 요청한 노신사에게 앙갚음할 심산으로 "선생님, 이번에는 선생님이 낭독하시는 모습을 보고 싶습니다"라고 말했습니다. 노신사는 생각지도 못한 요청이었지만, 그리스도를 사랑하는 마음에서 자리에서 일어나 시편 23편을 읊었습니다.

여호와는 나의 목자시니 내게 부족함이 없으리로다 그가 나를 푸른 풀밭에 누이시며 쉴 만한 물 가로 인도하시는도다 내 영혼을 소생시키시고 자기 이름을 위하여 의의 길로 인도하시는도다 내가 사망의 음침한 골짜기로 다닐지라도 해를 두려워하지 않을 것은 주께서 나와 함께 하심이라 주의 지팡이와 막대기가 나를 안위하시나이다 주께서 내 원수의 목전에서 내게 상을 차려 주시고 기름을 내 머리에 부으셨으니 내 잔이 넘치나이다 내 평생에 선하심과 인자하심이 반드시 나를 따르리니 내가 여호와의 집에 영원히 살리로다.

갈라지고 찢어진 목소리 때문에 그의 낭독은 별로 아름답지 않았고, 표현력도 전문 배우에 미치지 못했습니다. 그가 낭독을 마치자 관중석에는 침묵이 감돌았습니다. 그러나 그곳에 있던 모든 사람의 눈가는 촉촉이 젖어들었습니다.

관중석의 기운을 감지한 배우가 자리에서 일어나 말했습니다. "신사 숙녀 여러분, 제가 여러분의 눈과 귀를 사로잡았다면, 이 신사 분은 여러분의 마음을 사로잡았습니다. 저는 시편을 알았지만, 이분은 그 목자를 아시는군요. 그게 이분과 저의 차이입니다."

2 단순한 복음

요한복음 8:21-30

1976. 12. 26.

성탄절 다음 날 선포된 이 메시지는 그레이스 커뮤니티 교회가 체육관에서 예배를 드리던 시절의 설교다. 당시 새 예배당 건축 계획은 아직 초기 단계였다.
석 달 전에는 중국의 마오쩌둥이 사망했고, 4월에는 첫 애플 컴퓨터(사실은 회로판에 불과했지만)가 출시되었다. 이 설교가 있고 나서 일주일 후에 애플 사는 정식 회사를 발족했다. 이 무렵, 카세트테이프가 보편화되기 시작했고, 이후로 1년간 이 설교를 담은 수많은 카세트테이프가 전 세계에 보급되었다.

한 사람이 그리스도께 돌아오는 것은 놀라운 일입니다. 이제 그들은 더 이상 죄와 죄책감, 정욕과 욕망의 노예로 살지 않습니다. 목적도 의미도 없는 삶의 굴레에서 벗어납니다. 그리스도는 우리에게 삶의 의미만 주시는 것이 아니라, 우리 죄를 완전히 용서하셔서 우리의 영적인 삶을 회복해 주십니다.

반면, 어떤 사람이 예수 그리스도를 통해 살아 계신 하나님과 관계 맺기를 원치 않을 때에는 어떻습니까? 성탄이라는 사건에 형식적인 존경을 표하지만, 그 사건의 진정한 의미를 지닌 누군가를 인정하지 못한다면 무슨 의미가 있겠습니까? 예수 그리스도를 영접하면 풍성하고 영원한 삶을 살겠지만, 예수 그리스도를 받아들이지 않으면 하나님의 저주를 받습니다.

우리는 요한복음 8장 21-30절에서 깜짝 놀랄 만한 말씀을 볼 수 있습니다. 솔직히 고백하자면, 이 말씀은 이해하는 것은 둘째 치고 그저 이야기하는 것만도 무척 벅찰 정도로 제게는 어려운 본문입니다. 저도 리처드 백스터(Richard Baxter)처럼 이렇게 외치고 싶을 때가 한두 번이 아닙니다.

"아, 텅 빈 지옥과 사람들로 가득 찬 천국이여!"

그러나 사람들이 지옥에 가는 것은 제 소망도, 예수님의 소망도 아닙니다. 하나님은 "아무도 멸망하지 아니하고 다 회개하기에 이르기를 원하시기"(벧후 3:9) 때문입니다. 예수님이 오늘 본문에서 하신 말씀은 정죄보다는 경고에 가깝습니다.

우리는 그리스도를 거부하면서 말로만 기독교를 인정하는, 가장 어리석은 장난을 치고 있는 사람들에게 관심을 가져야 합니다. 그런 사람들은 독일의 공격 사실을 애써 무시하면서 호화 여객선 루시타니아 호에서 파티를 즐기고 있는 사람들과 비교할 만합니다. 자신들이 거부한 그리스도가 사실은 그들의 영원한 운명을 결정한다는 사실을 그들이 알았다면, 그렇게 축하할 만한 일은 없었을 것입니다.

성경은 이 문제에서 중립이란 없다고 분명히 말합니다. 예수님은 "나와 함께 아니하는 자는 나를 반대하는 자요"(마 12:30)라는 말씀에서 그 점을 명료하게 밝히십니다. 모세 역시 이렇게 말합니다. "내가 오늘 하늘과 땅을 불러 너희에게 증거를 삼노라 내가 생명과 사망과 복과 저주를 네 앞에 두었은즉 너와 네 자손이 살기 위하여 생명을 택하고"(신 30:19).

오늘 본문에도 우리가 성경에서 분명히 볼 수 있는 이 두 가지가 나옵니다. 생명이냐 죽음이냐, 축복이냐 저주냐 하는 것이 그것입니다. 여호수아 24장 15절은 "너희 조상들이 강 저쪽에서 섬기던 신들이든지 또는 너희가 거주하는 땅에 있는 아모리 족속의 신들이든지 너희가 섬길 자를 오늘 택하라 오직 나와 내 집은 여호와를 섬기겠노라"고 말합니다. 진짜 하나님을 섬기는 것과 가짜 신들을 섬기는 것, 이렇게 두 가지 길이 있습니다.

요한복음 3장 18절은 "그를 믿는 자는 심판을 받지 아니하는 것이요 믿지 아니하는 자는…벌써 심판을 받은 것이니라"고 말합니다. 여러분에게는 두 가지 선택밖에 없습니다. 정죄를 받고 지옥에 가든지, 그를 믿음으로 정죄를 받지 않든지 둘 중 하나입니다. 정죄받는 이유는 이 절 중반에 나와 있습니다. "하나님의 독생자의 이름을 믿지 아니하므로".

요한계시록은 다음과 같은 초청으로 끝을 맺습니다. "성령과 신부가 말씀하시기를 오라 하시는도다 듣는 자도 오라 할 것이요 목마른 자도 올 것이요 또 원하는 자는 값없이 생명수를 받으라 하시더라"(계 22:17). 여기서도 두 길 중에 한 길을 택해야 합니다.

며칠 전에 우리 아이가 이렇게 물었습니다. "아빠, 사람이 죽으면 천국이나 지옥, 둘 중에 한 군데만 갈 수 있다는 게 정말이에요?" 제가 대답했습니다. "그렇단다, 얘야. 천국 아니면 지옥에 가는 거야." 그렇습니다. 중립 지대나 연옥, 대기 장소 따위는 없습니다. 지옥의 최종 형태나 성격은 조금씩 다를지 몰라도,

천국과 지옥 이렇게 두 곳밖에는 없습니다. 하나님이 계신 곳은 천국, 하나님이 계시지 않은 곳은 지옥입니다. "사람은 자기 자신밖에 탓할 사람이 없다"는 옛말을 들어본 적이 있으신가요. 이 말이 얼마나 성경적인지 모릅니다. 각 사람의 구원이 누구에게 책임이 있느냐를 두고 신학적 논란이 분분합니다. 하나님이 전적으로 구원하신 것인지, 아니면 사람이 구원에 일조할 수 있는지 말입니다. 그러나 사람들이 지옥에 가는 문제를 두고 누구에게 책임이 있느냐에 대해서는 논란의 여지가 전혀 없습니다. 성경은 그것이 사람의 선택이라고 말하기 때문입니다.

예수님은 일부 유대인들에게 이렇게 말씀하시면서 사람이 지옥을 선택한다는 사실을 입증하셨습니다.

> 너희가 성경에서 영생을 얻는 줄 생각하고 성경을 연구하거니와 이 성경이 곧 내게 대하여 증언하는 것이니라 그러나 너희가 영생을 얻기 위하여 내게 오기를 원하지 아니하는도다(요 5:39-40).

그리스도를 택하지 않은 책임은 우리에게 있습니다. 바울은 로마서 1장 20절에서 사람들이 핑계를 댈 수 없다고 말합니다. 요한복음 16장 8-9절은 "그가 와서 죄에 대하여…세상을 책망하시리라 죄에 대하여라 함은 그들이 나를 믿지 아니함이요"라고 말합니다. 그리스도를 믿지 않는 것은 죄 중에서도 가장 심각한 죄입니다. 주님은 두아디라 교회를 잘못 인도한 이세벨을 정죄하며 이렇게 말씀하십니다. "또 내가 그에게 회개할 기회를 주었으되 자기의 음행을 회개하고자 하지 아니하는도다"(계 2:21).

다시 말해, 하나님이 회개하라고 명하셨지만 사람들이 회개하지 않고 믿음으로 돌이키지 않는다면, 그것은 그들의 잘못이기에 그 결정에 스스로 책임을 져야 한다는 뜻입니다.

이제 다시 요한복음 8장으로 돌아와서 21절을 봅시다. 예수님이 유대 지도자들에게 주시는 강력한 말씀이 나옵니다. "다시 이르시되 내가 가리니 너희가 나를 찾다가 너희 죄 가운데서 죽겠고 내가 가는 곳에는 너희가 오지 못하리라"(요 8:21). 여기서 예수님은 자신은 천국에 가지만 그들은 오지 못한다고 강하게 말씀하십니다. 8장 정도면, 예수님이 그런 경고를 주실 만도 합니다. 그분에 대한 결정을 내릴 수 있도록 이미 충분한 정보를 주셨기 때문입니다. 요한은 1장부터 8장까지 그리스도 안에서 자신을 드러내신 하나님을 시간 순으로 기록하고 있습니다. 그는 예수님이 갈릴리와 예루살렘에서 행하신 여러 이적뿐 아니라, 그분의 입에서 나온 놀라운 말씀들을 기록했습니다. 예수님이 신성을 주장하셨다는 사실은 너무나 확실해서 오해의 소지가 전혀 없습니다. 실제로 나중에 예수님은 그분의 사역을 평가하던 이 유대인들에게, 자신이 한 말과 행동을 보고 자신을 믿어야 한다고 권면하십니다(요 10:37-38; 14:10-11).

요한복음 1장부터 8장까지, 우리는 그분이 하시는 일을 보고 그분이 하시는 말씀을 반복해서 듣습니다. 1장에서 요한은 예수님을 성육신하신 하나님으로 소개합니다. 그분은 "육신이 되어 우리 가운데 거하시매…아버지의 독생자"(14절)이셨습니다. 2

장에서 예수님은 가나 혼인잔치에서 물로 포도주를 만드는 이적을 베푸셨습니다. 4장에서는 전혀 알지 못했던 한 여인의 인생사를 드러내시는 예수님의 모습을 볼 수 있습니다. 그분은 자신이 '생수'라고 말씀하십니다. 5장에서는 그분이 바리새인들과 대화하시는 모습을 볼 수 있습니다. 그분은 스스로를 하나님이라고 주장하시고, 아버지가 자신에게 최후의 심판을 맡기셨다고 말씀하십니다. 6장에서 예수님은 갈릴리 지역 언덕에서 수천 명을 먹이시는 등 하루 종일 많은 기적을 베푸십니다. 7장에서 그분은 예루살렘으로 가셔서, 자신이 하나님이라고 주장하기 위해 계속하겠다고 말씀한 일들을 하십니다. 8장에서 예수님은 죄를 용서하시고 스스로 세상의 빛이라고 주장하십니다. 이 모든 말과 행동, 표적과 이적은 그분을 아는 진정한 믿음과 확신을 이끌어 내기에 충분했습니다. 예수님이 보시기에는, 이 모든 일을 보고 듣고 경험하고도 믿지 않는 사람은 자기 죄에 대한 죄책을 스스로 짊어지고 있는 셈입니다. 그들은 다른 핑계를 댈 수 없습니다. 예수 그리스도가 자신들의 물질적 필요를 채워 주셨는데도 사람들은 여전히 그분을 거부하고, 회개와 믿음이라는 영적 필요에 대면하기를 원치 않았습니다.

 갈릴리에서는 큰 무리가 예수님을 따랐습니다. 그분이 먹을 것을 주시고 병을 고쳐 주셨기 때문입니다. 하지만 예수님이 인생의 몇 가지 원칙들을 지적하며 사람들의 죄에 간섭하시기 시작하자, 사람들은 더 이상 그분을 왕으로 모시고 싶어 하지 않았습니다. 예수님이 예루살렘에 오셨을 때도 비슷한 현상이 벌어졌습니다. 곳곳에서 큰 무리가 그분을 따랐습니다. 그러나 예수님이 물질적인 문제에서 영적인 문제로 관심을 옮겨 사람들 마음속에 있는 죄 문제를 다루시기 시작하자, 사람들은 뿔뿔이 흩어지기 시작했습니다. 그렇게 해서 결국 예수님 주변에는 그분을 죽이려고 호시탐탐 노리는 바리새인들밖에 남지 않았습니다. 요한의 다음 말은 이 같은 상황을 잘 드러내 줍니다.

"자기 땅에 오매 자기 백성이 영접하지 아니하였으나"(요 1:11). "이 말씀을 들은 무리 중에서 어떤 사람은 이 사람이 참으로 그 선지자라 하며 어떤 사람은 그리스도라 하며 어떤 이들은 그리스도가 어찌 갈릴리에서 나오겠느냐 하며"(요 7:40-41).

유대인들은 자신들이 그리스도에 대해 내린 결론에 책임이 있습니다. 그 점은 여러분과 저를 포함한 모든 사람에게 마찬가지입니다. 예수님은 자신을 거절한 사람들에게 이렇게 말씀하셨습니다. "그러나 너희가 영생을 얻기 위하여 내게 오기를 원하지 아니하는도다"(요 5:40). 하지만 온전한 계시를 받고도 진리에서 멀어진 모든 사람이 그렇듯, 그들은 자기 자신 외에는 탓할 사람이 없습니다.

서기관과 바리새인들의 불신은 예수님을 죽이고 싶어 하는 그들의 심정에 잘 드러나 있지만, 요한복음 8장 20절은 "잡는 사람이 없으니 이는 그의 때가 아직 이르지 아니하였음이러라"고 말합니다. 지금 당장 예수님의 목숨을 앗아 갈 수 있는 능력을 하나님에게서 저지당한 그들은 21절에서 예수님과 대면합니다. "내가 가리니 너희가 나를 찾다가 너희 죄 가운데서 죽겠고 내가 가는 곳에는 너희가 오지 못하리라"(요 8:21).

이 대면은, 예수 그리스도를 거부하면 죄 가운데 죽는다는 끔찍한 결과를 보여줍니다. 예수님은 앞장에서도 이 점을 암시하셨습니다.

내가 너희와 함께 조금 더 있다가 나를 보내신 이에게로 돌아가겠노라 너희가 나를 찾아도 만나지 못할 터이요 나 있는 곳에 오지도 못하리라 하시니 이에 유대인들이 서로 묻되 이 사람이 어디로 가기에 우리가 그를 만나지 못하리요 헬라인 중에 흩어져 사는 자들에게로 가서 헬라인을 가르칠 터인가(요 7:33-35).

그들은 7장에서 예수님이 말씀하신 뜻에 대해 혼란스러워했던 반면, 8장에서는 예수님의 반복되는 경고에 냉소적으로 변합니다. "유대인들이 이르되…그가 자결하려는가"(요 8:22) 그러나 그들의 냉소는 그들에게 이해가 부족하다는 사실을 드러낼 뿐입니다. 예수님이 말씀하신 뜻은 단순했습니다. 예수님은 하늘에 계신 아버지께로 갈 것이고, 예수님을 거부한 유대인들은 지옥에 있을 것이므로 그분과 함께 있지 못하리라는 말씀이었습니다. 예수님을 너무 늦게 찾으면, 그들의 수고는 헛될 것입니다.

하나님이 그분을 거부하는 자들에게 베푸시는 은혜에는 한계가 있습니다. 아모스 8장 11-12절은 이렇게 말합니다.

주 여호와의 말씀이니라 보라 날이 이를지라 내가 기근을 땅에 보내리니 양식이 없어 주림이 아니며 물이 없어 갈함이 아니요 여호와의 말씀을 듣지 못한 기갈이라 사람이 이 바다에서 저 바다까지 북쪽에서 동쪽까지 비틀거리며 여호와의 말씀을 구하려고 돌아다녀도 얻지 못하리니(암 8:11-12).

그리스도의 복음도 마찬가지입니다. 잠언 1장 24-31절에는, 거절하는 사람들을 외면하시는 그분의 지혜가 의인화되어 나타납니다.

내가 불렀으나 너희가 듣기 싫어하였고 내가 손을 폈으나 돌아보는 자가 없었고 도리어 나의 모든 교훈을 멸시하며 나의 책망을 받지 아니하였은즉 너희가 재앙을 만날 때에 내가 웃을 것이며 너희에게 두려움이 임할 때에 내가 비웃으리라 너희의 두려움이 광풍 같이 임하겠고 너희의 재앙이 폭풍 같이 이르겠고 너희에게 근심과 슬픔이 임하리니 그때에 너희가 나를 부르리라 그래도 내가 대답하지 아니하겠고 부지런히 나를 찾으리라 그래도 나를 만나지 못하리니 대저 너희가 지식을 미워하며 여호와 경외하기를 즐거워하지 아니하며 나의 교훈을 받지 아니하고 나의 모든 책망을 업신여겼음이니라 그러므로 자기 행위의 열매를 먹으며 자기 꾀에 배부르리라(잠 1:24-31).

다시 말해, 은혜의 날이 끝나면 하나님의 지혜를 거부했던 사람들은 자신이 선택한 결과에 책임을 지고 그 대가를 치러야 한다는 말씀입니다. 그것은 마치 왕에게서 사슬을 만들라는 지시를 받은 죄인과 같습니다. 죄인은 날마다 열심히 일해서 사슬을 완성했고, 그는 자기가 만든 사슬에 묶여 끌려갔습니다. 그리스도를 거부하는 죄인들이 바로 이렇습니다. 그들은 자기 인생에 미칠 재앙을 스스로 만들어 내고 있습니다.

예수님의 죽음이 그분을 아버지께로 인도한 반면, 예수님을 거절한 사람들의 죽음은 다릅니다. 죄 때문입니다. 예수님이 바리새인들에게 그들이 죄 가운데 죽으리라고 말씀하실 때 그분은 어떤 죄를 염두에 두고 계셨습니까? 그리스도를 거절한 죄입니다. 요한복음 16장 8-9절은 그들이 그리스도를 믿지 않았기 때문에 성령이 죄를 책망하신다고 말합니다. 이렇게 합리화하고 싶은 분들이 계실지도 모르겠습니다.

"글쎄요, 저는 죄 지은 적 없는데요. 저는 아주 선한 사람이고, 제가 할 수 있는 일은 무엇이든 하려고 애씁니다."

하지만 그런 말은 통하지 않습니다. 당신이 예수 그리스도를 받아들이지 않았다면, 그게 바로 가장 심각한 죄니까요. 그분을 너무 늦게 찾는 사람은 용서받지 못할 죄로 죽으리라고 예수님이 말씀하신 이유가 바로 그 때문입니다.

유대 지도자들은 평생 천국을 찾아 헤맸습니다. 하지만 그들은 엉뚱한 곳에서 천국을 찾았습니다. 예수님을 따르는 대신, 자기 의에서 천국을 찾았습니다. 로마서 10장 17절은 그리스도에 대한 메시지를 듣는 데서 믿음이 온다고 말합니다. 그러나 그들은 그분의 말씀 대신, 자신들의 책과 율법과 의식만 파고들었습니다. 그들은 엉뚱한 데서 천국을 찾았을 뿐 아니라, 찾는 방법도 옳지 않았습니다. 바울은 로마서 10장 2절에서 유대인들에 대해 이렇게 말합니다. "내가 증언하노니 그들이 하나님께 열심이 있으나 올바른 지식을 따른 것이 아니니라"(롬 10:2).

유대인들은 자신들의 체제에 따라 하나님을 찾고 있었지만, 진정한 추구와는 거리가 멀었습니다. 예레미야 29장 13절은 "너희가 온 마음으로 나를 구하면 나를 찾을 것이요 나를 만나리라"고 말합니다. 서기관과 바리새인들은 온 마음으로 하나님을 찾지 않았습니다. 그들의 마음은 자기 의를 선전하기에 급급했습니다. 그뿐이 아닙니다. 그들은 적절하지 않은 시간에 하나님을 찾고 있었습니다. 자신들의 거부로 형벌이 내려진 이후에야 뒤늦게 천국을 찾기 시작한 사람들이 얼마나 많았는지 모릅니다.

예수님은 몇 가지 비유에서 지옥이 얼마나 무서운 곳인지 말씀해 주셨습니다. 마태복음 13장을 봅시다.

> 그런즉 가라지를 거두어 불에 사르는 것같이 세상 끝에도 그러하리라 인자가 그 천사들을 보내리니 그들이 그 나라에서 모든 넘어지게 하는 것과 또 불법을 행하는 자들을 거두어 내어 풀무 불에 던져 넣으리니 거기서 울며 이를 갈게 되리라 그때에 의인들은 자기 아버지 나라에서 해와 같이 빛나리라 귀 있는 자는 들으라(마 13:40-43).

우리가 영생을 보낼 곳은 두 군데밖에 없습니다. 지옥에서는 울며 이를 갈 것이고, 천국에서는 해와 같이 빛날 것입니다. 예수님은 귀 있는 사람은 들으라고 말씀하십니다. 무시무시한 경고입니다.

예수님은 이 본문에서 유대인들의 선택을 독자적으로 종식시키거나, 그들이 구원받을 수 있는 모든 가능성을 차단하는 식으로 그들을 가혹하게 대하지 않으십니다. 그저 그들의 선택이 가져올 결과를 경고하실 뿐입니다. 누군가 이 본문을 가리켜 하나님에게 사랑이 없다고 이야기한다면, 결코 그 말을 믿어서는 안 됩니다. 하나님은 자비와 사랑이 넘치시기 때문에 우리에게 경고하시는 것입니다. 다만, 하나님은 원치 않는 누군가에게 자신을 영원히 강요할 생각이 없으실 뿐입니다.

이제는 요한복음 8장 21-30절에서, 사람이 어떻게 해서 자기 죄 가운데 죽는지, 그것을 보여주는 네 가지 요소를 말씀드리려고 합니다.

자기 의   여러분이 예수님과 함께 천국에 있는 아버지 집에 갈 수 없도록 보장해 주는 첫 번째 방법은, 구원받을 필요가 없다고 확신하는 것입니다. 스스로 영적으로 온전하다고 믿는 것입니다. 이처럼 구세주가 필요하다는 사실을 부인하는 사람들은 가장 전도하기 힘든 사람들입니다. 실제로 그리스도 없이도 스스로 의롭다고 주장하는 사람들이 있습니다. "저는 이 특별 집단에 소속되어 있거든요." "저는 14만 4천 명 중에 한 사람이에요." "저는 제가 의로운 사람이라는 인증서를 받았어요." 이들은 스스로 속이는 자들에 불과합니다. 자기 의에 빠진 사람들은 이미 스스로 괜찮다고 생각하기 때문에, 그들에게 구세주가 필요하다는 사실을 납득시키기가 어렵습니다. 그들은 자신이 하나님의 존전에 들어갈 권리를 얻게 해준(다고 스스로 생각하는) 나름의 체제를 개발해 왔습니다. 사탄은 참 영리합니다. 사탄은 인간의 성취와 행위로 얻는 의에 기초한 가짜 체제를 만듭니다. 그리고 매우 복잡하고 성경적으로 보이는 방식을 취해 사람들을 현혹합니다. 사람들은 잘못된 종교 의식에 사로잡혀, 자신의 행위로 의를 얻을 수 있다는 거짓 전제에 빠져듭니다. 하지만 그리스도를 속죄의 구세주로 여기지 않고 스스로를 죄사함 받아야 할 죄인으로 여기지 않는 사람은, 그 누구도 그분께 나아올 수 없습니다.

그들의 대답에서 알 수 있듯이, 예수님이 만난 유대인들은 분명 의로운 사람들입니다. 예수님은 그들을 사랑하는 마음으로 경고하셨지만, 그들은 조롱 섞인 농담으로 반응합니다. "유대인들이 이르되 그가 말하기를 내가 가는 곳에는 너희가 오지 못하리라 하니 그가 자결하려는가"(요 8:22).

유대인들은 자살을 가장 심각한 죄로 여겼습니다. 자살한 사람에게는 하데스(Hades, 음부)의 가장 깊숙한 곳이 예비되어 있다고 믿었습니다. 스스로 목숨을 끊은 사람이 "아브라함의 품"(눅 16:22)에 안길 가능성은 전혀 없었습니다. 그래서 유대인들은 예수님이 자살하면 하데스, 즉 자신들이 가는 곳과 정반대의 장소로 가신다고 결론을 내렸습니다. 그들은 예수님이 무슨 말씀을 하시는지 이해조차 하지 못했습니다. 자신들의 종교를 세심하게 조직한 그들은 자기 의가 얼마나 컸던지, 자신들이 천국을 차지할 것이라고 굳게 믿었습니다. 이에 예수님은 그들에게 임박한 재난을 친절하게 경고하십니다. 그런데 그들은 어쩌면 그렇게도 귀가 어두웠을까요? 신약 성경 전체를 샅샅이 뒤져 봐도, 바리새인의 회심 이야기는 찾아보기가 어렵습니다. 아예 없지는 않지만 손에 꼽습니다. 그들은 성경의 진리를 받아들이기 힘든, 완악한 사람들이었기 때문입니다.

예수님이 곧 죽으신다는 유대인들의 예측은 정확했습니다. 그러나 자살은 완전히 빗나간 예상이었습니다. 오히려 그분은 자기를 기꺼이 십자가에 드려 희생하는 죽음을 맞으셨습니다. 사도행전 2장 23절입니다. "그가 하나님께서 정하신 뜻과 미리 아신 대로 내준 바 되었거늘 너희가 법 없는 자들의 손을 빌려 못 박아 죽였으나". 그것은 자살이 아니라 살인이었습니다. 하지만 예수님은 구속을 성취하시기 위해 기꺼이 희생자가 되셨습니다.

자기 의는 사탄의 엄청난 거짓말입니다. 그리스도가 당신을 구원하신 것이 진리입니다. 그리스도가 아닌 다른 것으로 구원받았다는 말은 거짓입니다. 그런 거짓말은 종류도 다양해서, 특정한 법규를 지키면, 특별한 방법을 따르면, 어떤 조직에 소속되면, 선한 일을 많이 하면, 단점을 극복하면 구원받을 수 있다고들 합니다. 유일한 진리에 반박하는 이런 이야기들은 얼마든지 꾸며낼 수 있습니다만, 모두 사탄의 명백한 거짓말에 지나지 않습니다.

사탄이 누군가를 의롭게 만들어 준다면, 그 사람을 거기서 빼 오는 것은 매우 어렵습니다. 자기 의는 아주 거만하기 때문입니다. 욥이 그를 판단했던 사람들에게 한 말이 떠오릅니다. "너희만 참으로 백성이로구나 너희가 죽으면 지혜도 죽겠구나"(욥 12:2). 그리고 잠언 12장 15절은 "미련한 자는 자기 행위를 바른 줄로 여기나"라고 말하고, 누가복음 16장 15절은 "사람 중에 높임을 받는 그것은 하나님 앞에 미움을 받는 것이니라"고 말합니다. 사람들이 사탄의 거짓말을 믿고 자기 눈에 좋게 보이는 체제를 구축하는 것은 하나님께 가증스러운 것입니다. 선행과 종교 의식으로는 결코 구원을 얻을 수 없습니다.

세상은 예수님이 지옥에 대해 경고한 내용을 농담 삼아 그분을 조롱합니다. 지옥을 더 이상 심각하게 여기지 않는 세상은 할로윈에 어린아이들에게 악마 옷을 입힙니다. 세상은 자기 죄를 인정하지 않기에 그리스도의 용서가 필요 없다고 말합니다. 오히려 선행이나 자기가 만든 종교가 구원을 가져다준다고 믿습니다. 모르몬교나 여호와의 증인 같은 종교, 스스로 만든 체제 혹은, 세상이 제공하는 자기 의에 빠진 사람은 일단 한번 헌신하면 적대적으로 변하기 쉽습니다.

언젠가 저는 어떤 사람이 빌리 그레이엄의 설교를 듣고 멜버른의 한 신문에 투고한 기사를 읽었습니다. "텔레비전에서 빌리 그레이엄 박사를 접하고 나서, 나와 다른 사람들의 영혼이 구원받아야 한다고 주장하는 그런 종교에 진절머리가 났습니다. 구원이 무슨 뜻이 됐든지 말이죠. 저는 제가 길을 잃었다거나 죄의 진흙탕에 빠져 날마다 괴로워한다고 생각해 본 적이 한 번도 없습니다. 그의 반복된 설교는 제가 그렇다고 주장하지만 말입니다. 제발 실용적인 종교를 부탁합니다. 온유와 관용을 가르치는 종교, 피부색과 신념의 장벽이 없는 종교, 노인을 기억하고, 아이들에게 죄가 아니라 선을 가르치는 종교 말입니다. 내 영혼을 구원하기 위해 제가 들은 것과 같은 철학을 받아들여야 한다면, 차라리 영원히 저주받은 상태로 남는 편이 낫겠습니다."

이것은 매우 위험한 입장입니다. 이 사람은 하나님 앞에서 자기 의를 얻었다고 믿게 만든 어떤 체제를 개발한 것 같습니다. 그래서 거리낌없이 진리를 조롱하는 것입니다. 이 기사에는 바리새인과 서기관들의 태도가 고스란히 드러나 있습니다. 예수님은 그 상황을 올바로 판단하시고자 그 사람들의 조롱에 이렇게 답하십니다. "예수께서 이르시되 너희는 아래에서 났고 나는 위에서 났으며"(요 8:23).

예수님은 자신이 자살해서 하데스에 간다고 조롱하는 그들의 의도를 간파하시고, 이렇게 말씀하십니다. "하데스에서 온 건 너희들이다. 나는 위에서 왔다. 너희가 거꾸로 말했구나." 예수님의 이 매서운 대답은 그들이 정말로 하데스에서 왔다는 뜻이 아닙니다. 그들의 불신과 위선, 거짓 종교, 무지, 고집스런 자기 의가 원수에게서 왔다는 뜻이지요. 예수님은 자신이 하나님을 따르는 반면, 그들은 사탄을 따르고 있다고 분명히 구분하십니다. 예수님은 요한복음 8장 44절에서 그들에게 이렇게 말씀하셨습니다. "너희는 너희 아비 마귀에게서 났으니". 그런 사람들은 "공중의 권세 잡은 자를 따라"(엡 2:2) 살아갑니다.

불신자들이 자신도 모르는 사이에 아래에서부터 사탄의 인도를 받는 반면, 신자들은 하늘에 시민권이 있기 때문에(빌 3:20) 위로부터 인도를 받고 '하늘'에 거합니다(엡 1:3; 2:6). 우리는 자신의 정체성에 걸맞게 살아가면서 천국 또는 지옥에 연결됩니다. 그래서 예수님은 바리새인들에게 이 상황을 제대로 된 관점에서 보도록 경고하십니다. "너희의 뿌리는 저 아래 하데스까지 이어진다. 너희의 생활방식을 보면 알 수 있다. 너희는 너희 종교 체제의 근원이 어딘지를 깨달아야 할 것이다." 죄 가운데 죽기 원하는 분들이 있다면, 바리새인의 태도를 그대로 따르십시오. 그리스도 같은 구세주는 필요 없다고, 나는 괜찮다고, 내 문제는 다 해결되었고 이미 의를 얻었다고 믿으십시오. 이런 확신을 가지면 여러분은 여러분의 죄 가운데 죽을 수 있습니다.

그러면 죄 가운데 죽는 두 번째 방법은 무엇일까요?

세속성 예수님은 요한복음 8장 23절에서 "나는 위에서 났으며 너희는 이 세상에 속하였고 나는 이 세상에 속하지 아니하였느니라"고 말씀하십니다. '세상'이란 단어는 눈에 보이지 않는 악한 영의 영역을 가리킵니다. 우리는 정계나 스포츠계 등 특정 체제를 가리키는 데 이 단어를 사용합니다. 예수님이 여기서 염두에 두신 체제는 하나님과 그리스도에 반대하는 악의 체제입니다. 죄 가운데 죽기 원하는 여러분이 계시다면, 이 세상의 체제에 편입되어 거기서 주는 것은 무엇이든 다 받아들이십시오. 그러면 여러분은 "이 악한 세대"(갈 1:4)에 갇힌 "이 세대의 아들들"(눅 16:8)이 될 수 있습니다. 예수님은 우리를 이 악한 세대에서 건지기 원하십니다. 하나님의 진리에 반대하는 이 세상은 스스로 의를 얻을 수 있다고 선전하니까요.

이 세상의 체제는 다음의 요소들을 가지고 있습니다. 물질주의와 인본주의, 인간이 스스로 자기 문제를 해결하고 자기 운명을 지배할 수 있다는 신념, 섹스에 대한 집착, 육신의 정욕과 이기심, 탐욕과 질투, 시기와 쾌락, 이기적 욕구와 살인, 부패한 정치, 공허한 존경, 거짓 웃음, 변덕스러운 사랑. 그러나 이 체제는 서서히 스러질 것이고, 세상은 결국 자멸할 것입니다.

"이 세상도…지나가되"(요일 2:17).

예수님은 자신을 조롱하는 사람들을 이 세상의 일부로 보십니다. 그들은 이기적이고 세속적이며, 사탄의 명령을 받고 있는 죄인들입니다. 그들은 스스로를 예수 그리스도와 구별했기에, 그 사이에는 도무지 건널 수 없는 간극이 있습니다. 아무리 신앙심이 깊고 인도주의적이라 해도, 그들은 여전히 하나님을 반대하는 악한 체제에 속해 있습니다. 예수님은 그들에게 이렇게 말씀하실 뿐입니다.

"너희는 두 가지 이유 때문에 너희 죄 가운데 죽을 것이다. 첫째, 자기 의에 빠져 있다는 것. 둘째, 세상에 둘러싸여 있다는 것. 너희는 세상이 파는 것이라면 앞뒤를 가리지 않고 사들였다."

다음은 죄 가운데 죽는 세 번째 방법입니다.

불신앙　　예수님은 요한복음 8장 24절에서 "그러므로 내가 너희에게 말하기를 너희가 너희 죄 가운데서 죽으리라 하였노라 너희가 만일 내가 그인 줄 믿지 아니하면 너희 죄 가운데서 죽으리라"고 말씀하십니다. 여러분이 죄 가운데 죽을 수 있는 확실한 방법, 그 세 번째는 복음을 믿지 않는 것입니다. 지옥에 가고 싶다면 굳이 살인까지 하면서 나쁜 사람이 될 필요가 없습니다. 지옥은 범죄자들만 가는 곳이 아니라, 그리스도를 거절하는 모든 사람을 위한 곳이기 때문입니다. 여러분이 그리스도를 거부한다면, 하나님은 더 이상 "영원히 나와 함께하자"고 강요하지 않으실 겁니다.

"도대체 뭘 믿어야 합니까?" 하고 묻는 분들이 있습니다. 예전에 "나는 믿어요"라는 노래가 유행한 적이 있는데, 노래 가사에 "믿어요"라는 말이 계속 반복됩니다. 도대체 무엇을 믿는다는 말일까요? "음악을 믿어요"라는 노래도 있습니다. 하지만 여러분이 믿는 것이 고작 음악뿐이라면, 큰일입니다. 사람들에게 "그리스도를 믿으세요?"라고 물을 때도 그와 비슷한, 모호하고 잘못된 믿음을 볼 수 있습니다. 사람들은 이렇게 대답하겠죠. "그럼요, 그리스도 믿다마다요. 실존 인물이잖아요…."

그러나 예수님은 더 확실한 것을 염두에 두고 계셨습니다. 그분이 하신 말씀을 눈여겨보십시오. "너희가 만일 내가 그인 줄 믿지 아니하면"(요 8:24). 예수님이, 당신이 생각하는 그분이란 사실을 믿는 것만으로는 부족합니다. 예수님이 스스로에 대해 주장하신 내용을 믿어야 합니다. 예수님은 자신이 하나님이라고 주장하셨습니다. "나는 생명의 떡이니…나를 믿는 자는 영원히 목마르지 아니하리라"(요 6:35). "나는 세상의 빛이니"(요 8:12). "나는 선한 목자라"(요 10:11). "내가 문이니"(요 10:9). "나는 부활이요 생명이니"(요 11:25). "내가 곧 길이요 진리요 생명이니"(요 14:6).

예수님이 자신을 하나님과 동일시하셨기 때문에, 구원하는 믿음은 죄에서 돌아서느냐뿐 아니라 아들을 믿느냐 하는 문제가 됩니다. 즉, 예수님이 자신에 대해 주장하셨던 내용을 믿느냐 하는 문제입니다. 누군가 이렇게 물을 수 있겠지요.

"예수님이 자기 자신에 대해 주장하신 내용을 믿지 않으면 내가 죄 가운데 죽게 된단 말입니까?"

그렇습니다. 여러분은 먼저 그분이 자신에 대해 주장한 내용을 알아야 합니다.

로마서 10장 17절에서 믿음은 그리스도에 대한 메시지를 들음으로부터 온다고 했습니다. 그리스도에 대한 진리를 듣지 못한 사람은 진짜 믿음을 소유할 수 없습니다. 진정한 믿음은, 예수님이 자기 자신에 대해 주장하신 내용과 하나님이 그분을 죽은 자 가운데서 살리심으로 그 주장을 확인해 주셨다는 사실(롬 10:9)을 전심으로 듣고 믿은 결과입니다.

반면, 불신과 거부는 희망을 무너뜨리고 지옥의 불길한 예감만 남깁니다. 한번은 비행기에서 제게 이렇게 물어 온 사람이 있었습니다.

"선생님은 어떻게 그리스도인이 되셨습니까?"

그래서 저는 그 사람에게 복음을 전하고, 예수님이 자신에 대해 주장하신 내용을 믿어야 한다고 말해 주었습니다. 예수님은 인간의 모습으로 이 땅에 오신 하나님이시며, 우리 죄를 위해 죽으셨다가 다시 사신 구세주라고 말이죠. 이 몇 가지 사실을 믿지 않았다는 이유만으로 사람은 영원히 지옥에서 살게 될 수 있다고 말해 주었습니다.

우리는 그리스도에 대한 메시지를 듣고 그리스도를 믿게 됩니다. 여러분이 들은 것이 부족하다면, 책을 찾아 읽거나 여러분에게 설명해 줄 누군가를 찾아야 합니다. 여러분이 할 수 있는 일을 하지 못해서 지옥에 간다면 그렇게 억울한 일이 또 있을까요. 믿지 않는 것은 거절하는 것과 마찬가지입니다. "나와 함께 아니하는 자는 나를 반대하는 자요"(마 12:30). 알면서도 예수님을 계속 조롱했던 바리새인들처럼 되어서는 안 됩니다. 이제 마지막으로 죄 가운데 죽는 네 번째 방법을 알아봅시다.

의도적인 무지 어떤 사람이 그리스도에 대한 이야기를 듣고도 마음에 새기지 않는다면, 의도적으로 무시한다고 볼 수밖에 없습니다. 유대 지도자들은 그리스도에 대한 증거를 충분히 확보하고도 믿기를 거부했습니다. 그분을 무시하기로 작정하고 조롱하기까지 했습니다. 그들은 그리스도의 정체성을 일부러 모른 척했습니다. "그들이 말하되 네가 누구냐"(요 8:25). 정직함과는 동떨어진 이 질문을 이렇게 풀어 볼 수 있겠습니다.

"이봐, 당신은 당신이 어떤 사람이라고 생각하는 건가? 우리가 우리 죄 가운데 죽는다니, 당신이 하는 소리는 참으로 어처구니가 없구려. 도대체 우리가 누군지 알고나 하는 소리야? 나사렛 출신 무명씨가 여기까지 와서 예루살렘 지도자들에게 감 놔라 배 놔라 하다니. 누구 맘대로 하나님과 동격 운운하나?"

이런 의도적인 무지는 성경 다른 곳에도 잘 나타나 있습니다. 요한복음 8장 19절은 "이에 그들이 묻되 네 아버지가 어디 있느냐 예수께서 대답하시되 너희는 나를 알지 못하고 내 아버지도 알지 못하는도다 나를 알았더라면 내 아버지도 알았으리라"고 말합니다. 예수님은 이렇게 말씀하시는 것입니다. "너희 무지는 어쩔 도리가 없구나. 너희는 하나님을 안다고 생각할지 모르지만, 전혀 아니로구나. 너희는 내가 가짜라고 생각하니, 나를 알지 못하는 것이다. 죄가 너희를 억누르고 있어서 진리를 알아보지 못하는구나."

요한복음 9장에서 예수님이 고쳐 주신 맹인을 기억하십니까? 유대 지도자들은 그 자가 눈 뜬 것을 보고 기이히 여겼습니다. 자신들이 예수님의 능력을 믿지 못한다는 사실을 스스로 인정한 것입니다. "그 사람이 대답하여 이르되 이상하다 이 사람이 내 눈을 뜨게 하였으되 당신들은 그가 어디서 왔는지 알지 못하는도다"(요 9:30). 이 맹인의 분별력이 유대 지도자들보다 낫습니다. 왜 그렇습니까? 이 지도자들은 의도적으로 진리를 모른 체하고 있기 때문입니다. 지옥에는 이런 사람들이 가득할 것입니다. 예수님이 자기 삶에 간섭하시는 게 싫어서 일부러 외면하는 사람들 말입니다. 그들은 자기가 이미 믿고 있는 것에 만족하기에 진리를 알려고 하지 않았습니다.

이처럼 예수님의 권위에 의문을 제기하는 속 좁은 유대인들에게 그분은 이렇게 말씀하셨습니다. "사람이 하나님의 뜻을 행하려 하면 이 교훈이 하나님께로부터 왔는지 내가 스스로 말함인지 알리라"(요 7:17). 하나님은 진리를 갈구하는 누구에게나 진리를 허락하시지만, 이 사람들은 진리를 원치 않았습니다. "하지만 사람들이 어떻게 그럴 수 있죠?" 하고 묻는 분들이 있을 수 있습니다. 그 대답은 요한복음 3장 19절에 간결하게 나와 있습니다. "사람들이 자기 행위가 악하므로 빛보다 어둠을 더 사랑한 것이니라".

바리새인들은 죄 때문에 자기를 드러내기 꺼렸습니다. 자기 의에 우쭐한 나머지 진리에 등을 돌리고 말았습니다. 이 얼마나 안타까운 일입니까. 이들은 스스로 믿을 수 있는 정보를 충분히 들었음에도 진리를 스스로 거부했기에 남들보다 더 무거운 형벌을 받게 되었습니다. "하물며 하나님의 아들을 짓밟고 자기를 거룩하게 한 언약의 피를 부정한 것으로 여기고 은혜의 성령을 욕되게 하는 자가 당연히 받을 형벌은 얼마나 더 무겁겠느냐"(히 10:29). 다시 말해, 진리를 알고도 짓밟은 사람들은 지옥에서도 가장 큰 형벌이 그들을 기다리고 있습니다.

예수님은 그분의 말씀을 거부한 유대인들에게 더 이상 자신을 드러내지 않으십니다. 오히려 아버지가 "심판을 다 아들에게 맡기셨으니"(요 5:22), 그 아버지께로부터 온 심판이 있다고 말씀하십니다. 불신앙과 땅에 속한 태도, 자기 의와 마찬가지로 의도적인 무지는 심판을 부릅니다. 그런데 이 모두가 바리새인들의 특징이었습니다. 영의 눈이 먼 바리새인들은 그분이 누구신지도, 그분이 하나님 아버지에 대해 말씀하신 내용도 전혀 알지 못했습니다. 그저 혼자 심판 운운한다고 생각했을 뿐입니다. 심판은 계속해서 진리를 거부하는 사람들에게 임하는 끔찍한 결과입니다. 그래서 예수님도 "귀 있는 자는 들으라"(마 13:9)고 경고하십니다. 그럼에도 유대인들은 자신들이 그리스도의 영원성을 의도적으로 무시하고 있다고 스스로 증언할 뿐이었습니다.

우리가 타임머신을 타고 과거로 돌아가 그 사람들을 만나서, 그리스도를 거부하는 것이 얼마나 무시무시한 일인지 알 수 있다면 얼마나 좋을까요. 그러면 여기서 예수님이 주신 경고가 얼마나 강력하고 두려운지 조금이나마 알 수 있을 텐데 말입니다. 자기 의와 세속성, 불신앙과 의도적인 무지에 빠진 이 유대인들은 죄 가운데 죽지 않을 수도 있었습니다. 그때나 지금이나 대안은 있습니다. "이 말씀을 하시매 많은 사람이 믿더라"(요 8:30). 여러분은 이 말씀이 반갑지 않습니까?

우리는 긍정적인 메시지만 전할 수 없습니다. 때로는 부정적인 메시지도 전해야 합니다. 예수 그리스도께 자신을 드린 적이 없다면, 여러분과 그분 사이에는 행위로 극복할 수 없는 커다란 간극이 있습니다. 아무리 훌륭한 선행도, 자기 의도, 종교도 그 간극을 메워 주지 못합니다. 그 간극을 메울 수 있는 유일한 방법은 여러분이 죄를 깨닫고 주 예수 그리스도를 영접하는 것입니다다. 오늘 당장 그분을 영접하고 싶은 분들은 마음속으로 이렇게 기도하면 됩니다.

하나님, 저는 예수 그리스도를 제 주님과 구원자로 모시고 싶습니다. 지금 예수님을 영접합니다. 죄 가운데 죽고 싶지 않습니다. 주님이 계신 곳에 가고 싶습니다.

진심으로 이렇게 기도한다면, 하나님이 기도를 들으시고 여러분의 인생을 "그의 사랑의 아들의 나라로 옮기실" 것입니다(골 1:13). 여러분의 믿음이 약하다면, 믿을 수 있게 도와 달라고 기도하십시오. 결정을 내리기 위해 정보가 더 필요하다면, 그분을 진심으로 알기 원한다면, 그리스도에 대한 진리를 가르쳐 달라고 하나님께 간구하십시오.

3 천국은 어느 길인가?

마태복음 7:13-14

1980. 5. 18.

이 설교는 산상수훈을 다룬 긴 시리즈 중 절정에 해당한다. 이 설교를 전하고 몇 주 후에, 존 맥아더는 그레이스 커뮤니티 교회에 부임 후 처음으로 긴 휴가를 떠났다. 존이 가족들과 함께 여름 내내 안식을 취하고 9월 중반에 돌아왔을 때까지도 이 설교는 성도들의 마음에 영향을 미치고 있었다. 이 메시지는 형식적으로 교회에 왔다 갔다만 하던 성도들이 스스로를 돌아보는 계기를 마련해 주었다. 그리고 피상적인 믿음 대신 진정한 믿음으로 그리스도께 반응하게 했다. 그런가 하면 수년간 수많은 새신자를 그리스도께 인도하는 통로가 되기도 했다.
이날, 워싱턴 주 세인트헬레나 산에서 대형 화산 폭발이 있었다. 그레이스 커뮤니티 교회의 1부 예배가 시작되는 바로 그 시간이었다. 화산 폭발을 목격한 사람들은 화산 주변의 끔찍한 피해 상황을 이렇게 전했다. "종말이 온 줄 알았어요."

예수님이 마태복음 5장에서 시작하신 산상수훈은 7장에 이르러 최고조에 달하는데, 그 절정은 13절과 14절입니다. 산상수훈의 나머지 부분은 이 두 절에 대한 부연 설명이라고 해도 지나치지 않습니다.

좁은 문으로 들어가라 멸망으로 인도하는 문은 크고 그 길이 넓어 그리로 들어가는 자가 많고 생명으로 인도하는 문은 좁고 길이 협착하여 찾는 자가 적음이라(마 7:13-14).

이 구절은 우리 주님이 주신 도전의 말씀입니다. 이 주옥같은 설교의 전반부는 모두 이 구절을 위한 것이라고 해도 과언이 아닙니다. 예수님은 설교 전체를 이 결정의 순간으로 몰고 오십니다. 두 문은 사람들을 두 길로 인도하고, 그 길 끝에는 두 종류의 사람들이 모인 두 장소가 있습니다. 주님은 그분의 이야기를 듣는 사람들에게 회피할 수 없는 결정을 제시하십니다.

"모든 인생은 십자로에 선 한 남자에게 집중하고 있다"는 말이 있는데, 얼마나 적절한 표현인지 모르겠습니다. 혼자 결정을 내릴 수 있을 정도로 성숙한 이후부터 인생은 선택의 연속입니다. 실제로 우리는 날마다 온갖 종류의 결정을 내립니다. 몇 시에 일어날지, 어떤 음식을 먹을지, 어디로 갈지, 무엇을 할지 결정합니다. 삶의 행로에서 매순간 길을 택합니다. 그리고 인생에는 우리가 반드시 내려야 하는 가장 중요한 결정이 한 가지 있습니다. 이 결정은 이생뿐 아니라 영원을 결정하는 중대한 선택입니다. 이것이 바로 우리 주님이 마태복음 7장 13-14절에서 말씀하신 궁극적인 결정입니다.

하나님은 언제나 이 중요한 결정을 내리는 지점까지 사람들을 인도하십니다. 하나님이 가장 관심 있으신 문제가 바로 이것입니다. 하나님은 늘 우리에게 선택권을 주시기 때문에, 우리는 매순간 선택을 해야 합니다. 예를 들면, 하나님은 신명기 30장에서 모세를 통해 이스라엘 백성에게 말씀하셨습니다.

내가 생명과 사망과 복과 저주를 네 앞에 두었은즉 너와 네 자손이 살기 위하여 생명을 택하고(신 30:19).

하나님은 이스라엘 백성에게 생명과 사망, 선과 악 중에서 택할 기회를 주셨습니다.

여호수아는 모세의 뒤를 이어 이스라엘 백성의 지도자가 되었습니다. 약속의 땅에 들어가는 이스라엘 백성 앞에도 선택권이 주어졌습니다. "너희 조상들이 강 저쪽에서 섬기던 신들이든지…너희가 섬길 자를 오늘 택하라 오직 나와 내 집은 여호와를 섬기겠노라"(수 24:15). 하나님은 예레미야에게도 말씀하셨습니다. "보라 내가 너희 앞에 생명의 길과 사망의 길을 두었노라 너는 이 백성에게 전하라"(렘 21:8). 또 열왕기상 18장 21절에 보면, 엘리야가 갈멜 산에 있을 때도 하나님은 이스라엘 백성에게 선택을 촉구하셨습니다. "너희가 어느 때까지 둘 사이에서 머뭇머뭇 하려느냐 여호와가 만일 하나님이면 그를 따르고 바알이 만일 하나님이면 그를 따를지니라"(왕상 18:21).

요한복음 6장에서는 많은 사람들이 예수님을 따르고 스스로를 그분의 제자라고 이야기하는 모습을 볼 수 있습니다. 그러나 66절에 가서는 그들 중 많은 사람이 예수님을 저버리고 "다시 그와 함께 다니지 아니하더라"고 나옵니다. 예수님은 말씀하셨습니다.

너희도 가려느냐 시몬 베드로가 대답하되 주여 영생의 말씀이 주께 있사오니 우리가 누구에게로 가오리이까(요 6:67-68).

예수님을 떠난 사람들이 있는가 하면, 계속해서 그분을 따르는 이들도 있었습니다. 시므온은 예수님을 이렇게 표현했습니다. "보라 이는 이스라엘 중 많은 사람을 패하거나 흥하게 하며 비방을 받는 표적이 되기 위하여 세움을 받았고"(눅 2:34).

예수님은 세상 모든 사람의 운명에 가장 중요한 영향을 미칩니다. 사람들은 그리스도의 십자로에서 일생일대의 결정을 맞이합니다. 생명을 택할 것인가 죽음을 택할 것인가, 이것이 바로 예수님이 마태복음 7장 13-14절에서 하고 계신 말씀입니다.

영국의 시인 존 옥센함(John Oxenham)은 이런 시를 썼습니다.

누구에게나 길은 열려 있네. 외길, 여러 갈래 길, 그리고 또 다른 길이. 숭고한 영혼은 높은 길을 오르고 비천한 영혼은 낮은 길을 더듬네. 그 사이의 안개 낀 평지에는 나머지 영혼들이 이리저리 헤매고 있네. 하지만 누구에게나 길은 열려 있네, 높은 길이든 낮은 길이든. 누구든 스스로 결정하리라, 자신의 영혼이 나아가야 할 길을.

그래서 우리 주님은 사람들 앞에 결정을 내놓으십니다. 우리는 이 결정을 피해갈 수 없습니다. 어떤 작가는 이 본문을 두고 "산에서 마음의 결정을 내려야 할 시간"이라고 말하기도 했습니다.

여러분이 산상수훈으로 할 수 없는 일이 두 가지 있습니다. 첫째는 산상수훈에 그저 감탄하는 일입니다. 예수님은 윤리와 미덕에 바치는 꽃다발이나 칭찬을 원치 않으십니다. 여러분이 자신의 운명에 대해 결정을 내리기 원하십니다. 둘째로는 산상수훈을 미래 왕국을 그리는 예언적 미래 정도로 치부해 버리는 일입니다. 예수님이 여기서 말씀하신 진리는 먼 미래를 위한 것이 아닙니다. 그분은 여러분이 지금 당장 결단하기를 원하십니다. 예수님은 이제 막 말씀하신 내용에 기초해서 바로 그 시각, 바로 그 순간에 결정을 내리기를 원하십니다. 예수님은 그 나라와 함께 오셨습니다. 그리스도는 왕, 그것도 유일한 왕이셨습니다. 왕 중의 왕이셨습니다. 그분은 이 세상 모든 나라와는 차원이 다른, 독특하고 특별하고 구분된 나라와 함께 오셨습니다. 예수님이 그 나라의 원리를 직접 설명해 주지 않으신다면(산상수훈에서 그분은 기꺼이 그 일을 하십니다), 인간은 그 나라를 이해할 수 없습니다.

이제 예수님은 우리에게 선택권을 주십니다. 그 나라에 들어가든지, 돌아서든지 하라고 말씀하십니다. 그분은 모든 사람이 이 선택을 진지하게 생각하기 원하십니다. 그리고 우리의 반응을 원하십니다. 여러분은 그 나라에 들어갈 수 있는 자격 요건을 이미 알고 있습니다. 왕이 요구하시는 기준도 압니다. 자, 이제 여러분은 어떻게 반응하시겠습니까? 그것이 가장 중요한 문제입니다.

우리 앞에 놓인 선택은 좁은 길과 넓은 길, 두 가지뿐입니다. 다른 대안은 없습니다. 존 스토트는 "예수님은 인간의 안이한 혼합주의에 강력히 반대하신다"(『산상수훈』 Christian Counterculture, 생명의말씀사 역간)고 말합니다. 인간은 다방면으로 종교 제도를 발전시키기 원하는 성향이 있지만, 예수님은 분명 단 하나의 길이 있다고 말씀하십니다.

이렇게 말하는 분들이 있을지도 모르겠습니다.

"인간 세상에 종교가 하나둘도 아닌데, 예수님은 어떻게 종교 문제를 그렇게 딱 잘라서 말씀하실 수 있죠?"

글쎄요. 사실 종교가 그렇게 많지는 않습니다. 진짜 종교와 가짜 종교, 올바른 종교와 잘못된 종교가 있을 뿐입니다. 예수님도 산상수훈에서 진짜 종교(예수님의 기준)와 가짜 종교들(당대의 종교, 인간의 종교)을 계속해서 비교하십니다. 둘의 차이는 하나님의 의와 하나님의 의가 요구하는 것, 인간의 의와 인간의 의가 요구하는 것입니다. 그것은 그리스도와, 서기관과 바리새인들의 차이이기도 합니다.

한 가지만 보충 설명을 하자면, 앞에서 말한 차이가 종교와 무종교의 차이는 아닙니다. 많은 사람들이 마태복음 7장 13-14절을 해석하면서, 좁은 길은 천국으로 가는 기독교를 가리키고, 넓은 길은 지옥으로 가는 흥청망청한 삶을 가리킨다고 합니다. 그러나 예수님은 기독교와 신실한 삶을, 비종교적이고 세속적이며 외설적이고 음탕하며 부도덕한 대중(지옥으로 가는 길을 대놓고 즐기는 사람들)과 대조하고 계신 것이 아닙니다.

오히려 그분의 비교 대상은 '천국으로 가는 길'이라고 표시된 두 길, 두 종류의 종교입니다. 사탄은 넓은 길을 '지옥으로 가는 길'로 표시하지 않습니다. 그렇게 해서는 속아 넘어가는 사람이 아무도 없을 겁니다. 이것은 종교와 세속주의, 의와 불의의 차이가 아니라, 하나님의 의와 인간의 의, 하나님의 종교와 인간의 종교, 진짜 종교와 가짜 종교의 차이입니다. 예를 들어, 바리새인들은 "자기를 의롭다고 믿는" 것이 문제였습니다(눅 18:9). 그것이 그들의 종교였습니다만, 그것으로는 부족했습니다. 모든 사람은 선택을 합니다. 스스로 선하다고 생각하거나 자신의 종교로 천국에 갈 수 있다고 생각하는 사람이나, 자신의 부족함을 알고 그리스도를 믿고 하나님의 자비에 자신을 맡기는 사람이나, 선택은 자기 몫입니다.

여러분은 수천 개가 넘는 다양한 종교와 종파를 구별할 수 있을지 모르지만, 세상에는 딱 두 종류의 종교만 존재합니다. 하나님이 성취하시는 종교와 인간이 성취하는 종교가 그것입니다. 전자는 하나님이 그리스도 안에서 모든 것을 이루시고, 후자는 우리가 그중 얼마간을 성취합니다. 전자는 은혜의 종교이고, 후자는 행위의 종교입니다. 이 세상에는 믿음의 종교와 육신의 종교가 있습니다. 마음의 종교와 외면의 종교가 있습니다.

인간이 만든 종교는 구세주 따위는 필요 없다고 말합니다. 우리에게는 스스로 의를 쌓을 수 있는 능력이 있다고 합니다. 적당한 종교 환경을 만들어 주고 몇 가지 규칙과 순서와 의례만 주면, 우리 스스로 얼마든지 종교를 유지할 수 있습니다. 이것이 바로 인간이 성취하는 종교입니다. 셀 수 없이 많은 이런 종교들은 이름만 다를 뿐, 사탄이라는 같은 근원에서 비롯되었으므로 결국에는 같은 종교라고 볼 수 있습니다. 사탄이 다양한 모양의 상자에 담았지만, 속에 든 상품은 똑같습니다.

안타깝게도 대부분의 인류는 인간이 성취하는 종교의 길을 갑니다. 자신의 선행으로 도달할 수 있는 타고난 능력 덕택에 인간에게 잠재된 운명의 최고봉에 다다를 수 있다고 믿습니다. 그러나 예수님은 천국행 표시가 된 길에는 두 종류가 있다고 말씀하십니다. 한 길은 좁은 길, 하나님의 의의 길이고, 다른 한 길은 넓은 길, 인간의 의의 길입니다. 유대 지도자들은 인간이 스스로의 노력으로 천국에 갈 수 있다고 가르쳤습니다. 그래서 다음과 같은 바울의 발언이 얼마나 큰 충격이었는지 모릅니다.

> 그러므로 율법의 행위로 그의 앞에 의롭다 하심을 얻을 육체가 없나니 율법으로는 죄를 깨달음이니라(롬 3:20).

바울은 바로 앞절에서 율법의 목적은 "모든 입을 막고 온 세상으로 하나님의 심판 아래에 있게 하려" 하는 것이라고 말했습니다. 율법은 인간의 죄성을 드러냅니다. 하지만 자기 의에 가득 찬 사람, 자기중심인 사람이 율법의 기준으로 자신이 악하다는 사실을 깨달을 때 자신의 악함을 마주하고 싶어 하지 않습니다. 오히려 율법은 제쳐두고, 자신의 부족함을 품어 줄 수 있는 새로운 제도를 만들어 냈습니다. 이렇게 해서 탄생한 인간의 체제는 스스로 의롭다는 의식을 굳건히 해주었습니다.

예수님이 산상수훈을 가르치신 목적은 그런 체제를 종식시키기 위해서였습니다. 그분은 인간의 성취는 아무 소용이 없다는 사실을 보여주셨습니다. 이를 위해 그분은 이렇게 설교를 시작하셨습니다. "심령이 가난한 자는 복이 있나니, 애통하는 자는 복이 있나니, 온유한 자는 복이 있나니, 의에 주리고 목마른 자는 복이 있나니." 이처럼 예수님은 자신이 바라는 목적지에서부터 출발하십니다. 그분은 갈급한 영혼으로 깨어진 사람들, 자신의 죄성으로 괴로워하는 사람들, 하나님과 율법 앞에서 온유한 사람들, 하나님의 의를 바라고 찾는 사람들과 함께하기 원하십니다. 예수님은 그들을 그분의 출발점으로 데려가기 원하십니다. 그들이 자기 죄 때문에 애통해 하기를 바라십니다. 그러나 바리새인들은 예수님의 말씀을 이해하지 못했습니다. 누가복음 18장에 나오는 바리새인은 이렇게 기도합니다.

> 하나님이여 나는 다른 사람들…같지 아니함을 감사하나이다 나는 이레에 두 번씩 금식하고 또 소득의 십일조를 드리나이다(눅 18:11-12).

그는 하나님이 필요하다는 말은 단 한마디도 하지 않았습니다. 그는 스스로 너무나 훌륭하다고 생각했기에 다른 사람은 아무도 필요 없다고 생각했습니다. 이 바리새인 근처에는 가슴을 치며 이렇게 기도하는 또 다른 사람이 있었습니다. "하나님이여 불쌍히 여기소서 나는 죄인이로소이다"(눅 18:13). 예수님은 바리새인이 아니라 이 사람이 의롭다고 하셨습니다(눅 18:14).

예수님은 사람들이 육신으로는 하나님을 기쁘시게 할 수 없다는 사실을 깨닫는 데까지 도달하기 원하십니다. 깨진 심령, 온유한 심령, 애통하는 심령, 하나님의 의를 구하는 간절한 사람들을 원하십니다. 유대 지도자들은 자기들이 의로우며 천국을 향해 가고 있다고 생각했습니다. 하지만 예수님은 그들이 다시 생각해 보고 정확한 결정을 내리기를 촉구하셨습니다.

우리 각 사람은 바로 이 결정을 내려야 합니다. 마태복음 7장 13-14절에 다다르면 그 선택은 확고해집니다. 넓은 문과 좁은 문, 이렇게 두 종류의 문이 있습니다. 넓은 길과 좁은 길, 두 종류의 길이 있습니다. 생명과 죽음, 두 종류의 목적지가 있습니다. 여행자의 수도 적은 무리와 많은 무리, 이렇게 두 집단으로 갈라집니다. 마태복음 7장 나머지 부분에도 비슷한 대조가 이어집니다. 16-20절에는 좋은 나무와 나쁜 나무가 등장하고, 24-27절에는 반석과 모래 주추가 나옵니다. 집도 두 종류, 폭풍우에 따른 결과도 두 종류입니다. 여기서 볼 수 있듯, 둘 중 한 가지를 선택하는 명쾌한 결정이야말로 산상수훈의 절정이라 할 수 있습니다. 예수님은 사람들이 이 선택을 미루는 것을 원치 않으십니다. 그분은 여러분의 즉각적인 반응을 원하십니다.

마태복음 7장 13-14절에는 네 가지 차이가 뚜렷하게 나타납니다. 첫 번째부터 살펴보겠습니다.

두 종류의 문 예수님은 13절에서 "좁은 문으로 들어가라 멸망으로 인도하는 문은 크다", 14절에서는 "생명으로 인도하는 문은 좁다"라고 말씀하셨습니다. 문은 두 종류밖에 없습니다. 두 길 모두 구원으로, 하나님께로 인도한다고 주장합니다. 둘 다 하나님 나라와 영광, 축복으로 인도한다고 주장합니다. 양쪽 모두 천국으로 인도한다고 주장하지만, 천국으로 향하는 문은 하나뿐입니다. 한 길은 자기 의의 길이고, 다른 한 길은 하나님 의의 길입니다. 여러분은 어느 길로 갈지 택하기 전에, 반드시 양쪽 문 중에 하나를 통과해야 합니다.

A. 좁은 문

마태복음 7장 13-14절 해석에서 가장 논란이 되는 부분은 좁은 문을 이해하는 것입니다. 13절을 살피면서 좁은 문과 관련해 제가 발견한 첫 번째 사실은 이것입니다.

들어가야 한다

예수님은 13절에서 "좁은 문으로 들어가라"고 말씀하셨습니다. 여기 쓰인 명령법에는 긴박감이 엿보입니다. 이 명령은 지금 당장 행동을 요구합니다. 예수님은 "지금 들어가라"고 말씀하셨습니다. "지금이 바로 들어갈 때다. 하나님이 요구하시는 것이 바로 이것이다. 너희는 반드시 들어가야 한다. 선택 사항이 아니라, 절대 명령이다."

예수님은 유대인들에게 매우 좁은 삶의 방식을 가르치셨습니다. 그러나 그들의 삶의 방식은 죄를 용납했습니다. 그들은 하나님을 무시한 채 온갖 종류의 율법과 기준을 세웠습니다. 인간이 만든 제도를 내세웠습니다. 예수님은 그런 그들에게 "그 제도를 없애야 한다. 이 길만이 유일한 길이다"라고 말씀하셨습니다.

마태복음 7장 12절에 이르기까지 예수님은 하나님의 영광을 위해 사는 매우 좁은 삶의 방식을 계속해서 제시하셨습니다. 예수님의 말씀을 듣던 청중은 그분이 좁은 길을 말씀하고 계신다는 사실을 알았습니다. 그리고 29절은 "이는 그 가르치시는 것이 권위 있는 자와 같고"라고 말합니다. 예수님은 유대 랍비들의 가르침을 단순히 인용만 하지 않고, 하나님의 율법을 구체적으로 설명해 주셨습니다.

유대인들의 길과 비교해서 예수님의 길은 매우 좁았습니다. 예수님은 그분의 나라에 들어가려는 사람은 좁은 길로 들어서야 한다고 말씀하셨습니다. 그분은 즉각적인 행동을 요구하셨습니다. 다른 대안은 없는 절대 명령이었습니다.

예수님은 그분이 제시한 조건대로 하지 않으면 그 나라에 들어갈 수 없다고 말씀하고 계셨습니다. 여러분은 자기 의를 포기해야 합니다. 스스로를 심령이 가난한 자(마 5:3), 죄를 애통해 하는 자(마 5:4), 거룩하신 하나님 앞에 온유한 자(마 5:5), 의에 주리고 목마른 자(마 5:6)로 생각해야 합니다. 그분의 조건대로 여러분은 그 문으로 들어가야 합니다.

좁은 문으로 들어가야 한다

예수님은 넓은 문이 있다고 말씀하셨지만, 그 문은 멸망으로 인도하기 때문에 그리로 들어가라고 말씀하지 않으십니다(마 7:13). 하나님 나라에 들어가려는 사람은 먼저 좁은 문을 통과해야 합니다.

사람들은 말합니다.

"기독교는 구원에 대한 다른 관점이 들어설 여지를 주지 않습니다."

맞습니다. 우리가 구원을 주장하는 이유는 우리가 이기적이고 자만하며 자기중심적이기 때문이 아닙니다. 하나님이 인간이 구원받을 수 있는 길을 한 가지만 허락하셨기 때문입니다. 만약 하나님이 우리가 구원받을 수 있는 방법이 마흔여덟 가지가 있다고 말씀하신다면, 저는 그 마흔여덟 가지 방법을 모두 전할 것입니다! 하지만 우리가 구원받을 수 있는 방법은 마흔여덟 가지가 아닙니다.

사도행전 4장 12절은 "다른 이로써는 구원을 받을 수 없나니 천하 사람 중에 구원을 받을 만한 다른 이름을 우리에게 주신 일이 없음이라 하였더라"고 말합니다. 예수님은 "나는 생명의 떡이니"(요 6:35), "내가 곧 길이요 진리요 생명이니"(요 14:6)라고 말씀하셨습니다. 요한복음 10장에서는 자신을 "양의 문"(요 10:7)이라고 하셨고, "문을 통하여 양의 우리에 들어가지 아니하고 다른 데로 넘어가는 자는 절도며 강도요"(요 10:1)라고 하셨습니다. 디모데전서 2장 5절은 "하나님은 한 분이시요 또 하나님과 사람 사이에 중보자도 한 분이시니 곧 사람이신 그리스도 예수라"고 말해 줍니다.

그리스도는 유일한 구원의 길이십니다. 그 길은 좁지만, 다른 길은 없습니다. 여러분은 믿음으로 의지를 발휘하여 그리로 들어가야 합니다. 하나님이 미리 정하신 문을 통과하여 그분이 원하시는 방식으로 들어가야 합니다. 그리스도가 바로 그 문이 십니다(요 10:9). 그분만이 유일한 길입니다. 거룩하신 하나님께 구원의 기초를 정하실 권한이 있는데, 그분은 오직 예수 그리스도를 통해 구원을 얻게 하셨습니다.

혼자 좁은 문으로 들어가야 한다

마태복음 7장 13-14절에 나오는 '좁은'이라는 단어는 그 문이 매우 좁다는 의미입니다. 성경 주석가들 중에는 여기 나오는 '좁다'의 뜻을 현대적으로 가장 잘 표현한 단어로 회전식 개찰구를 꼽는 사람들이 있습니다. 회전식 개찰구는 한 사람씩 통과해야 합니다. 매우 좁은 통로와 금속 막대 때문에 한 번에 한 사람밖에 통과하지 못합니다. 동물원이나 지하철역, 공항 등에서 흔히 볼 수 있습니다. 여러 사람이 급히 들어가거나 나오려고 하면, 함께 통과하기가 어렵습니다. 차례차례 한 사람씩 통과해야 합니다. 좁은 문이 바로 그렇습니다. 사람들은 무리 지어 그리스도의 나라에 들어갈 수 없습니다.

유대인들은 아브라함의 유산과 할례 덕택에 그들이 다 같이 천국에 갈 수 있다고 믿었습니다. 출석하는 교회가 다 같이 천국에 갈 것이기 때문에 자신도 천국에 간다고 확신하는 사람들이 있습니다. 하지만 천국으로 가는 회전식 개찰구를 동시에 통과할 수 있는 집단은 없습니다. 한 사람씩 개별적으로 통과해야 합니다. 구원은 개인적입니다. 쌍으로 구원받은 사람은 아무도 없었습니다. 물론, 한 사람의 믿음이 다른 사람에게 영향을 미쳐 그 사람이 구원에 이를 수는 있습니다만, 구원은 배타적이고 개인적인 성격을 띱니다.

다른 사람들과 어울리는 시간이 많은 현대인들은 이런 사실을 받아들이기 어려워할지도 모르겠습니다. 하지만 그리스도는 "내 나라에 들어오려면, 홀로 결단해야 한다"고 말씀하셨습니다. 바리새인들에게 그 말은 동료와 결별하고 자신이 고수해온 율법적인 종교 제도를 포기해야 한다는 뜻이었습니다. 대가가 따르는 결정입니다. 유대인들이 아브라함의 유산을 주장하거나 할례를 내세우는 것만으로는 부족합니다. "나는 기독교 집안에서 태어나 평생 교회에 다녔어요"라는 말로는 부족합니다. 사람들은 집단으로 하나님 나라에 들어가는 것이 아니라, 개별적인 믿음의 행동으로 들어갑니다. 여러분은 좁은 문으로 들어가되, 혼자서 들어가야 합니다.

좁은 문으로 **힘써** 들어가야 한다

좁은 문으로 들어가기란 여간 어렵지 않습니다. 누구나 쉽게 구원받을 수 있다는 말에 익숙해진 탓에 이 말이 충격으로 다가오는 분들도 있을 줄 압니다. 이런 말 들어보셨지요. 일단 믿고 빈 칸에 서명한 다음 예배당 앞에 나가 손들고 기도하면 끝이라고. 이런 식으로 구원받을 수 있다고 생각하는 사람들은 길을 잘못 찾았습니다. 좁은 문을 통과하지 않았으니까요. 구원받기가 얼마나 힘든지 모릅니다. 왜 그런지 이유를 설명해 드리겠습니다.

마태복음 7장 14절의 마지막 부분은 좁은 문과 좁은 길에 대해 "찾는 이가 적음이라"고 말합니다. 이 말씀은 좁은 길의 존재조차도 알지 못하는 사람들이 있다는 사실을 암시합니다. 하나님은 구약 성경의 한 선지자를 통해 이렇게 말씀하셨습니다.

> 너희가 온 마음으로 나를 구하면 나를 찾을 것이요 나를 만나리라(렘 29:13).

우연히 하나님 나라에 떨어지는 사람은 아무도 없습니다. 구원받기가 쉽다는 생각은 값싼 은혜나 안일한 신앙입니다. 여러분은 좁은 길을 애써, 찾아야 합니다.

누가복음 13장 22절을 보면, 각 성 각 마을로 다니사 가르치시며 예루살렘으로 여행하시던 예수님께 거기 있던 한 사람이 묻습니다. "주여 구원을 받는 자가 적으니이까?"(눅 13:23) 이 질문을 던진 사람은, 그리스도께 반응하는 사람이 그리 많지 않다는 사실을 간파했던 것입니다. 우리 주님의 대답을 보면 구원받는 이가 적은 이유를 짐작할 수 있습니다. "좁은 문으로 들어가기를 힘쓰라"(눅 13:24) 여기서 '힘쓰다'에 해당하는 헬라어 단어 '아고니조마이(*agonizomai*)'는 '고뇌하다'라는 뜻입니다. 고린도전서 9장 25절에서 이기기 위해 다투는 운동선수를 가리킬 때 이 단어가 쓰였습니다. 골로새서 4장 12절의 '애써'라는 단어와 디모데전서 6장 12절의 '싸우다'라는 단어도 같은 개념입니다. 다시 말해, 주님은 좁은 문을 통과하는 것이 괴로운 일이라고 말씀하셨습니다. 고군분투해야 합니다. 예수님은 누가복음 13장 24절에서 계속해서 말씀하시기를 "들어가기를 구하여도 못하는 자가 많으리라"고 하셨습니다.

자, 구원받기가 어려운 이유는 두 가지입니다. 첫째, 좁은 길을 찾아야 하기 때문입니다. 둘째, 찾는 사람이 많더라도 일단 거기 들어가는 데 대가가 따르기 때문입니다. 예배당 앞으로 나온다고 해서 그리스도인이 되지 않습니다. 값싸고 간단한 방법으로는 구원받지 못합니다. 마태복음 11장 12절은 "천국은 침노를 당하나니 침노하는 자는 빼앗느니라"고 말합니다. 예수님은 누가복음 16장 16절에서 "하나님 나라의 복음이 전파되어 사람마다 그리로 침입하느니라"고 말씀하셨습니다.

이런 이야기는 요즘 우리가 듣는 이야기와는 다릅니다. 하지만 이것이 바로 예수님의 가르침이었습니다. 하나님 나라는 전심으로 찾는 자들의 것입니다. 힘써 들어가려는 자들의 것입니다. 자신의 죄 때문에 마음이 무너지는 자들의 것입니다. 하나님 나라는 애통하는 자, 온유한 자, 의에 주리고 목마른 자, 하나님이 자기 삶을 바꿔 주시기를 간절히 바라는 자들의 것입니다.

생활방식은 고칠 생각도 하지 않고 예수님만 원하는 사람들은 하나님 나라에 들어갈 자격이 없습니다. 요령을 피워서는 그 나라에 들어갈 수 없습니다. 힘써 노력하고 지치지 않는 에너지를 보여주어야 합니다. 요한복음 16장 33절에서 예수님도 이렇게 말씀하셨습니다. "세상에서는 너희가 환난을 당하나." 사탄과 그 무리가 여러분에게 싸움을 걸기 때문에 그리스도인이 되기란 결코 쉽지 않습니다. 사탄은 여러분의 육신에 있는 내부 세력과 내통하고 있는데, 그 세력은 변화를 거부합니다. 우리는 하나님의 능력으로 사탄과 육신을 이기고 하나님 나라에 들어가야 합니다.

주석가 윌리엄 헨드릭슨(William Hendrickson)의 글을 잠시 인용하겠습니다.

> 따라서 약해빠진 사람이나 주저하는 사람, 타협하는 사람에게는 하나님 나라가 적합하지 않다.…발람이나 젊은 부자 관원, 빌라도, 데마에게도 적합하지 않다.…미적거리는 기도, 지키지 못한 약속, 무너진 다짐, 주저하는 증거로는 하나님 나라를 얻을 수 없다. 그 나라는 요셉과 나단, 엘리야, 다니엘, 모르드개, 베드로…스데반…바울 같은 강하고 단호한 사람들을 위해 마련되었다. 룻, 드보라, 에스더, 루디아처럼 용맹한 여성들도 빠뜨릴 수 없다.

오늘날 세상에서 가장 흔한 거짓말은 "그리스도인 되기가 쉽다"는 말입니다. 사실은 그렇지 않습니다! 여러분은 여러분의 죄를 괴로워하면서 스스로 좁은 문을 통과해야 합니다. 심령이 부서져야 합니다. "그 말은 목사님이 좀 전에 말씀하신 인간 성취의 종교와 다를 바가 없잖아요"라고 하실 분들이 있을지도 모르겠습니다. 아닙니다. 혼자서는 천국에 들어갈 수 없다는 사실을 깨닫고 부서진 심령으로 나아올 때 그리스도는 여러분께 은혜 위에 은혜를 부어 주십니다. 그 은혜를 힘입어 우리는 좁은 문으로 들어갈 수 있습니다. 여러분의 약함 가운데 그분의 능력이 여러분을 이끄십니다.

가벼운 몸으로 좁은 문에 들어가야 한다

큰 짐을 가지고 회전식 개찰구를 통과해 보셨습니까? 어림도 없는 일입니다. 좁은 문은 자기 부인의 문입니다. 좁은 문은 온갖 잡동사니를 들고 들어가려는 슈퍼스타를 용납하지 않습니다. 자기 의와 죄를 내려놓지 않으면 절대 통과할 수 없습니다.

마태복음 19장에 나오는 젊은 부자 관원은 좁은 문을 찾았습니다. 그는 예수님을 찾아와 이렇게 물었습니다. "선생님이여, 내가 무슨 선한 일을 하여야 영생을 얻으리이까?" 주님은 곧바로 문제의 핵심을 찌르셨습니다.

> 네가 온전하고자 할진대 가서 네 소유를 팔아 가난한 자들에게 주라 (마 19:21).

예수님은 젊은 부자 관원의 여행 가방을 지적하셨습니다! 그는 재산이라는 짐을 지고 좁은 문을 통과하려 애쓰고 있었습니다. 그가 주님께 모든 계명을 지켰다고 말한 것으로 보아, 그는 자기 의의 짐도 짊어지고 있었습니다(마 19:17-20). 그러나 젊은 부자 관원은 돈과 자기 의를 지고서는 좁은 문을 통과할 수 없었습니다. 22절은 그가 근심하며 갔다고 말해 줍니다. 그에게는 자기를 부인하고 자기 죄를 애통해하는 마음이 없었습니다.

마땅히 통과해야 할 좁은 문으로 들어가지 않는다면, 여러분은 엉뚱한 길에 있는 것입니다. 그 길에 천국행이나 예수행이라는 표시가 있더라도 그것은 별로 중요하지 않습니다. 그 길은 반드시 자기를 포기하는 길이어야 합니다. 주님은 마태복음 18장 3절에서 "너희가 돌이켜 어린아이들과 같이 되지 아니하면 결단코 천국에 들어가지 못하리라"고 말씀하십니다. 어린아이들의 특징이 무엇입니까? 전적인 의존입니다.

"내 손에는 아무것도 없고, 그저 당신의 십자가만 붙들고 갑니다"라는 글을 본 적이 있습니다. 구원하는 믿음은 단순한 지성의 작용이 아닙니다. 그것은 자기 자신을 무방비로 노출하는 행위입니다. 가슴을 치며 "하나님이여 불쌍히 여기소서 나는 죄인이로소이다"(눅 18:13)라고 고백했던 세리처럼 되는 것입니다.

주님은 마태복음 7장 13-14절에서 안일한 신앙이 얼마나 위험한지 말씀해 주십니다. "예수님께 오십시오. 어렵지 않습니다. 그냥 믿고 기도하세요." 이렇게 말하는 사람들이 있습니다. 그런 믿음이나 기도 자체에는 아무 문제가 없습니다. 하지만 허공에 대고 믿고 기도한다고 해서 진정한 구원을 얻을 수 있는 것은 아닙니다. 그러기에는 우리는 아무것도 아닌 존재이고, 하나님이 어여삐 보실 만한 것도 아무것도 없습니다.

회개하며 좁은 문으로 들어가야 한다

죄를 회개하지 않고서는 좁은 문으로 들어갈 수 없습니다. 죄에서 돌이켜 살아 계신 하나님을 섬겨야 합니다. 세례 요한이 사람들에게 메시아를 전했을 때 많은 사람들이 와서 세례를 받았습니다. 죄를 용서받고자 했기 때문입니다. 유대인들은 메시아를 맞이하려면 마음에서 죄를 씻어내야 한다는 사실을 잘 알았습니다.

19세기 영국의 위대한 설교자 찰스 스펄전은 이렇게 말했습니다.

> 당신과 당신의 죄를 분리하지 않고서는 당신과 당신의 하나님은 결코 하나가 될 수 없다. 단 한 가지 죄도 남겨두어서는 안 되고, 하나도 남김없이 버려야 한다. 막게다의 굴에서 끌려나와 햇빛 아래 매달려 죽은 가나안 왕들처럼, 우리는 죄를 밝히 드러내야 한다.

여러분은 죄에서 돌이켜 하나님을 향해야 합니다. 여러분의 마음이 진심으로 회개해야 합니다.

절대 복종하며 좁은 문으로 들어가야 한다

자기 욕심껏 마음대로 살면서 예수 그리스도만 살짝 얹는다고 해서 사람이 거듭날 수 있는 것은 아닙니다. 구원은 여러분의 삶에 덤으로 얹히는 것이 아니라, 여러분의 삶을 근본적으로 바꾸는 것입니다. 요한일서는 진정으로 구속받은 이들의 삶에는 변화가 나타난다고 말합니다. 구원은 변화된 삶으로 나타납니다. 예수님은 "너희가 내 말에 거하면 참으로 내 제자가 되고"(요 8:31)라고 말씀하셨습니다. 그리스도인이라고 하면서 여러분의 삶에 순종의 기미가 전혀 보이지 않는다면, 여러분은 엉뚱한 길에 가 있는 것입니다. 그 길에 천국행이나 예수행이라는 표시가 있다 하더라도, 순종하지 않는다면 바른 길을 이탈한 것입니다.

여러분이 통과해야 할 문은 매우 좁지만, 다른 문도 있습니다.

B. 넓은 문

넓은 문에 대해서는 드릴 말씀이 별로 없습니다. 좁은 문과 비교해 보면 답이 다 나옵니다. 사람들은 넓은 문을 한꺼번에 다 같이 통과할 수 있습니다. 혼자 통과하지 않아도 됩니다. 넓은 문에는 홀로 결정할 사항이 없습니다. 자기 부인을 요구하지도 않습니다. 부도덕, 회개하지 않는 마음, 헌신하기 싫어하는 마음 등 원하는 짐은 얼마든지 다 짊어지고 가도 됩니다. 넓은 문은 방종의 문입니다. 완전히 제멋대로 살면서 그리스도인이라고 주장하는 사람들이 많습니다. 넓은 길은 교만과 자기 의, 방종을 비롯하여 온갖 죄를 두 팔 벌려 환영합니다.

이렇게 두 종류의 문을 통과한 다음에는, 두 가지 길이 나타납니다.

두 종류의 길

두 종류의 길은 어떤 길입니까? 마태복음 7장 13절은 넓은 길을, 14절은 좁은 길을 이야기합니다. 시편 1편에서도 두 종류의 길을 이야기합니다. 복 있는 사람의 길(시 1:1-3)과 악인의 길(시 1:4-5)이 있습니다. 6절은 악인의 길을 걷는 자들의 최후를 보여줍니다. 선택권은 똑같습니다. 여러분은 복 있는 사람의 길을 택할 수도, 악인의 길을 택할 수도 있습니다.

먼저, 넓은 길부터 살펴보겠습니다.

A. 넓은 길

일단 넓은 문을 통과하면, 여러분의 인생은 아주 평탄합니다. 벼랑도 없고 한가하게 노닐 수 있는 곳도 많습니다. 규칙도, 여러분을 구속하는 윤리도 없습니다. 다양한 신학이 얼마든지 공존할 수 있습니다. 예수님을 '사랑'하거나 '신앙심이 깊은' 사람이기만 하다면, 어떤 죄도 용납됩니다. 아무 제약도, 한계도 없습니다. 그 길에서는 타락한 마음의 모든 욕망이 충족됩니다. 팔복에 나오는 마음 자세 따위는 필요 없습니다. 겸손하지 않아도 됩니다. 하나님의 말씀을 공부할 필요도 없습니다. 내면의 도덕 기준도 필요 없습니다. 위선이나 다름없는 기계적인 종교성이면 충분합니다. 넓은 길은 여러분의 인격 같은 것은 요구하지 않습니다. 하류로 떠내려가는 죽은 물고기같이 흘러가는 강물에 몸을 맡기면 그만입니다.

에베소서 2장 2절은 이 길을 "이 세상 풍조"라고 말합니다. 잠언 14장 12절은 넓은 길의 종국을 잘 요약해 줍니다. "어떤 길은 사람이 보기에 바르나 필경은 사망의 길이니라" 넓은 길에는 인간이 자기들의 편리한 체제에 어울리게 만들어 놓은 기준 외에는 아무런 기준이 없습니다. 그러나 시편 1편 6절은 "악인들의 길은 망하리로다"라고 경고합니다.

한편, 넓은 길과는 정반대인 다른 길이 있습니다.

B. 좁은 길

마태복음 7장 14절은 그 문이 좁고 길이 협착하여 낭떠러지로 이어진다고 말합니다. 바울이 에베소서 5장 15절에서 "어떻게 행할지를 자세히 주의하여"라고 한 이유도 그 때문입니다. 길이 좁고 양쪽에 훈계하시는 하나님의 손이 있기에 눈을 똑바로 뜨고 걸어야 합니다. 자칫 잘못해서 길가로 벗어나면, 호된 꾸지람을 들을 것입니다! 좁은 길의 요구 사항은 엄격하고 분명합니다. 그 길에서 절대로 벗어나면 안 됩니다. 여러분이 실패하더라도 하나님이 여러분을 훈계하시고 사랑으로 용서하시고 다시 일으켜 세워 주시리라는 사실을 믿고, 이 요구 조건을 지키기 위해 애써야 합니다.

"힘들고 엄격하고 좁은 길이라면, 저는 사양하겠습니다"라고 말할 분들이 있을지도 모릅니다. 그런데 좁은 길을 걸을 때 놀라운 점은, 그리스도가 직접 이 힘든 발걸음을 부담해 주신다는 사실입니다. 그분은 "이는 내 멍에는 쉽고 내 짐은 가벼움이라"(마 11:30)고 말씀하셨습니다. 그러나 좁은 길을 걷기로 했다면, 그 길이 어떤 곳인지 잘 알아야 할 필요는 있습니다.

누가복음 14장 25-26절은 "수많은 무리가 함께 갈새 예수께서 돌이키사 이르시되 무릇 내게 오는 자가 자기 부모와 처자와 형제와 자매와 더욱이 자기 목숨까지 미워하지 아니하면 능히 내 제자가 되지 못하고"라고 말합니다. 옆 사람에게 복음을 전할 때 이 말도 빠뜨리지 마십시오! 그분이 하신 말씀은 이런 뜻입니다. "그리스도인이 되려면, 여러분의 아버지, 어머니, 형제, 자매를 미워해야 합니다. 수많은 사람들 사이에서 빠져나와 여러분이 사랑하는 모든 사람에게 작별을 고하지 않으면, 내 제자가 될 수 없습니다. 그런 다음에는 십자가를 지고 십자가에 못 박히는 삶을 살아갈 것입니다." 부흥회 때 이런 말씀을 전하면, 과연 얼마나 많은 사람들이 그리스도를 영접하러 앞으로 나올지 궁금합니다! 어떤 사람들이 앞으로 나올까요? 나올 사람은 다 나옵니다. 제대로 헌신할 각오가 된 사람들 말입니다.

예수님은 몇 가지 예화로 자신의 생각을 자세히 설명해 주셨습니다. 누가복음 14장 28절입니다. "너희 중의 누가 망대를 세우고자 할진대 자기의 가진 것이 준공하기까지에 족할지 먼저 앉아 그 비용을 계산하지 아니하겠느냐". 다시 말해, 공사 견적을 내보지도 않고 건축을 시작해서는 안 된다는 말씀입니다. 다른 예화가 이어집니다.

> 또 어떤 임금이 다른 임금과 싸우러 갈 때에 먼저 앉아 일만 명으로써 저 이만 명을 거느리고 오는 자를 대적할 수 있을까 헤아리지 아니하겠느냐…이와 같이 너희 중의 누구든지 자기의 모든 소유를 버리지 아니하면 능히 내 제자가 되지 못하리라(눅 14:31, 33).

예수님은 명확하게 선을 그으셨습니다. 모든 것을 부정하고 좁은 길을 따라 걸을 각오가 되어 있지 않으면, 여러분은 그리스도의 제자가 될 수 없습니다. 그리고 정말로 좁은 길을 걷게 된다면, 여러분이 그 길을 걸을 수 있도록 능력 주시는 분은 바로 하나님이라는 사실을 잊지 마십시오. 혼자 힘으로는 좁은 길을 걸을 수 없지만, 하나님이 여러분에게 은혜를 주셔서 여러분의 약함을 통해 그분의 능력이 흘러나와 능히 감당할 수 있게 하십니다. 하나님이 원하시는 방법대로 살아갈 각오가 되었다면, 제대로 된 길로 그분께 나아오십시오. 단, 여러분 앞에 박해와 시련이 기다리고 있다는 사실을 잊지 마십시오. 예수님은 제자들에게 "때가 이르면 무릇 너희를 죽이는 자가 생각하기를 이것이 하나님을 섬기는 일이라 하리라"(요 16:2)고 말씀하셨습니다. 여러분은 여러분을 박해하려는 사람들을 평생 피해 다녀야 할 운명입니다.

좁은 길은 아름다운 목초지가 아니라서 맨발로는 걸을 수 없습니다. 길이 험합니다. 예수님은 기독교를 마음 여린 사람들을 위한 만만한 대안으로 제시하신 적이 없습니다. 좁은 문을 통과하는 사람은 지옥에 전쟁을 선포하는 것입니다. 지옥은 거세게 싸움을 걸어올 것입니다. 여러분은 산상수훈의 태도로 살아가야 합니다. 자신의 교만과 이기적인 욕망과 끊임없이 싸워야 합니다. 예수님은 베드로에게 "나를 따르라. 하지만 나를 따르려면 목숨을 걸어야 한다"라고 말씀하셨습니다.

여러분은 이 조건에 응하시겠습니까? 좁은 길은 그런 곳입니다. 험하고 힘들고 좁습니다. 길에서 벗어나면 하나님이 훈계하실 것입니다. "너무 힘들겠는걸요!" 그렇지 않습니다. 예수님이 여러분의 짐을 대신 져 주십니다.

어느 길로 갈지 결정할 때는 각각의 목적지도 염두에 두어야 합니다.

두 종류의 목적지

마태복음 7장에 따르면, 넓은 길은 멸망으로 인도하고 좁은 길은 생명으로 인도합니다. 여기서 '멸망'은 지옥에서 맞이할 최후의 심판을 가리킵니다. 모세, 여호수아, 예레미야, 엘리야는 이구동성으로 생명의 길과 사망의 길을 말했습니다. 시편 1편은 경건한 사람은 복이 있고, 악인은 망한다고 말합니다.

주님은 모든 사람은 둘 중 어느 한 곳에 도착하게 된다고 말씀하십니다. 세상 모든 종교(하나님이 그리스도 안에서 성취하신 종교만 제외)는 목적지가 같습니다. 바로, 멸망입니다. 그리로 이끄는 길에 서기는 아주 쉽습니다. 원하는 것은 다 들고 갈 수 있습니다. 아무 기준이 없습니다. 하지만 그 길 끝에 이르면 상황이 악화됩니다. 그 길에는 아무 제한이 없어서 많은 사람들이 따라 가지만, 그 종착지는 지옥입니다. 존 번연은 "어떤 이들에게는 지옥 입구가 천국 문에서부터 시작된다"라고 말했습니다. 자신이 사실은 지옥으로 가고 있다는 것을 깨달을 때 이들의 충격이 얼마나 크겠습니까!

반대로, 좁은 길 끝에는 영원한 축복이 펼쳐집니다. 넓은 길은 점점 좁아져 끔찍한 구덩이에 다다르지만, 좁은 길은 점점 넓어져 우리가 감히 상상조차 할 수 없는, 하나님과 영원히 함께하는 기쁨의 교제로 이어집니다. 영생은 양이 아니라 질입니다. 선택은 여러분의 몫입니다. 여러분이 선택한 길의 목적지를 생각해 보십시오. 여러분은 거기서 영원히 살게 됩니다. 대부분의 사람들은 어떤 선택을 할까요? 마지막으로 이 질문에 대한 답을 살펴보겠습니다.

두 종류의 사람들

마태복음 7장 13절은 "멸망으로 인도하는 문은 크고 그 길이 넓어 그리로 들어가는 자가 많고"라고 말합니다. 계속해서 14절은 "생명으로 인도하는 문은 좁고 길이 협착하여 찾는 자가 적음이라"고 말합니다. 놀랍지 않습니까. 대부분의 사람들이 인간의 성취라는 길을 택합니다만, 사실 그들은 잘못된 길에 들어선 것입니다.

저는 이런 질문을 많이 받습니다. "천국에 사람이 더 많을까요, 지옥에 더 많을까요?" 마태복음 7장 13-14절에서 예수님이 그 답을 주셨습니다. 구약 성경에 보면 믿는 사람들 중에 늘 '남은 자'가 있었습니다. 하나님의 구속사에서 유일무이한 시대가 있으니, 바로 환난기입니다. 요한계시록 7장에 보면, 각 나라와 족속과 백성과 방언에서 아무도 능히 셀 수 없는 큰 이방인 무리가 나옵니다(계 7:9). 거기에는 물론 이스라엘 민족 중에서 구속받은 사람들도 있습니다(계 4-8; 롬 11:26). 환난기에는 복음에 반응하는 사람들이 많을지 모르나, 오늘날 그리스도에 대한 반응은 미미합니다. 이는 사람들이 자기 죄를 붙잡고 놓지 않으려 하기 때문입니다. 예수님은 사람들이 자신의 어둠을 사랑한다고 말씀하셨습니다(요 3:19).

누가복음 12장 32절에서 예수님은 제자들에게 "적은 무리여 무서워 말라"고 말씀하셨습니다. 여기서 '적은'이라는 단어가 헬라어 '미크론(micron)'입니다. 이 헬라어 단어에서 '작은 물질'을 뜻하는 영어 단어 '마이크로(micro)'가 나왔습니다. 마태복음 13장 32절에 나오는 겨자씨에도 같은 단어가 사용되었습니다. 겨자씨는 씨 중에 가장 작습니다. 전심으로 천국에 가는 길을 찾는 사람은 늘 소수에 불과했습니다. 자기 힘으로 천국에 들어갈 수 없다는 사실에 괴로워하고, 좁은 길을 걷는 대가를 기꺼이 계산해 보려는 사람은 아주 적습니다. 그래서 예수님도 마태복음 22장 14절에서 "청함을 받은 자는 많되 택함을 입은 자는 적으니라"고 말씀하셨습니다.

넓은 길을 택하기는 어렵지 않습니다. 그냥 사람들에 떠밀려 가면 그만입니다. 자신을 부인할 필요도 없습니다. 여러분의 삶에 예수님을 덤으로 얹고, 자신의 독실한 신앙심을 느끼며 교회에 다니면 됩니다. 천국행이라고 쓰여 있는 종교 제도에 가입할 수도 있습니다. 어느 쪽이든, 그 길 끝에는 재앙이 기다리고 있습니다.

예수님은 누가복음 13장에서 이렇게 말씀하셨습니다.

좁은 문으로 들어가기를 힘쓰라 내가 너희에게 이르노니 들어가기를 구하여도 못하는 자가 많으리라 집 주인이 일어나 문을 한 번 닫은 후에 너희가 밖에 서서 문을 두드리며 주여 열어 주소서 하면 그가 대답하여 이르되 나는 너희가 어디에서 온 자인지 알지 못하노라 하리니 그 때에 너희가 말하되 우리는 주 앞에서 먹고 마셨으며 주는 또한 우리를 길거리에서 가르치셨나이다 하나 그가 너희에게 말하여 이르되 나는 너희가 어디에서 왔는지 알지 못하노라 행악하는 모든 자들아 나를 떠나가라 하리라 너희가 아브라함과 이삭과 야곱과 모든 선지자는 하나님 나라에 있고 오직 너희는 밖에 쫓겨난 것을 볼 때에 거기서 슬피 울며 이를 갈리라…보라 나중 된 자로서 먼저 될 자도 있고, 먼저 된 자로서 나중 될 자도 있느니라 하시더라(눅 13:24-28, 30).

예수님은 종교 없는 사람들을 말씀하고 계신 것이 아닙니다. 스스로 옳은 길에 있다고 생각하는 종교적인 사람들을 언급하고 계신 것입니다. 자기가 구원받았다고 착각하고 있다가 천국 문이 닫히는 것을 보는 것보다 더 끔찍한 장면이 어디 있겠습니까.

예수님은 많은 사람들이 넓은 길로 들어갈 것이라고 말씀하셨습니다(마 7:13). 이어서 마태복음 7장 22-23절에서 말씀하십니다.

그 날에 많은 사람이 나더러 이르되 주여 주여 우리가 주의 이름으로 선지자 노릇 하며 주의 이름으로 귀신을 쫓아내며 주의 이름으로 많은 권능을 행하지 아니하였나이까 하리니 그 때에 내가 그들에게 밝히 말하되 내가 너희를 도무지 알지 못하니 불법을 행하는 자들아 내게서 떠나가라 하리라.

이 얼마나 충격적인 장면입니까! 넓은 길로 간 많은 사람들은 그 길이 천국으로 인도하지 않는다는 사실을 알게 될 것입니다. 천국 문은 그들 앞에서 영원히 닫히고 말 것입니다.

천국으로 가는 길은 좁습니다. 하지만 그 길은, 죄인 중에 괴수를 보듬을 만큼 또 넓습니다(딤전 1:13, 15). 여러분은 혼자 좁은 문으로 들어가야 합니다. 아무 길도 선택하지 않는 것도 하나의 선택입니다. 그리고 여러분은 그 선택의 결과를 받아들여야 합니다.

4

한눈에 보는 요한계시록

요한계시록 전체

1982. 12. 5.

이 설교는 이 책에 실린 설교 중에 가장 독특하다. 성경의 책 한 권을 처음부터 끝까지 훑는 이 설교는, 사도 요한이 밧모 섬에서 본 환상을 중심으로 성경적 종말 신학에 대한 독특한 개요를 담고 있다.

이 설교를 전한 일요일에 로널드 레이건 대통령은 임기 둘째 해를 맞았다. '팩맨'(Pac-Man)과 '동키콩'(Donkey Kong) 같은 비디오 게임의 인기가 최고조에 달한 때였다. 존 맥아더는 그다음 해에 출간 예정인 『가장 중요한 우선순위』(The Ultimate Priority)의 마지막 장을 마무리하고 있었다.

성경에서 요한계시록만큼 하나님과 그리스도의 영광을 화려하게 묘사한 책이 또 있을까요. 하지만 그만큼 오해와 오독이 많고 소홀히 여겨지는 책 역시, 요한계시록입니다. 요한계시록 22장 10절은 "이 두루마리의 예언의 말씀을 인봉하지 말라 때가 가까우니라"라고 말합니다. 하나님이 요한계시록에서 원하시는 한 가지는, 우리가 요한계시록의 내용을 깨닫는 것입니다. 이 책은 축복으로 시작해서 축복으로 끝납니다. "이 예언의 말씀을 읽는 자…는 복이 있나니"(계 1:3). "이 두루마리의 예언의 말씀을 지키는 자는 복이 있으리라"(계 22:7). 말씀을 읽는 사람에게 축복을 약속하는 말씀으로 시작하고 끝을 맺는 책은, 성경에서 요한

계시록이 유일합니다. 이 책은 때가 가까웠기에 우리가 이 말씀을 깨달아야 한다고 말합니다.

이 책의 핵심은 1장 1절에 나와 있습니다. "예수 그리스도의 계시라". 이 책은 종말, 드러난 것들, 이전에는 알려지지 않았던 그리스도에 대한 진리의 계시를 다룹니다. 우리는 여기서 이 책이 아니면 결코 알지 못했을 예수 그리스도에 대한 사실을 배울 것입니다. 이것이 곧 "하나님이 그에게 주사 반드시 속히 일어날 일들을 그 종들에게 보이시려고 그의 천사를 그 종 요한에게 보내어 알게 하신 것"(계 1:1)입니다. 하나님은 예수 그리스도를 온전한 영광 가운데 드러내기 원하셨고, 그것이 바로 미래에 나타날 현실입니다.

요한은 2절에 그 내용을 적었습니다.

> 하나님의 말씀과 예수 그리스도의 증거 곧 자기가 본 것을 다 증언하였느니라 이 예언의 말씀을 읽는 자와 듣는 자와 그 가운데에 기록한 것을 지키는 자는 복이 있나니 때가 가까움이라(계 1:2-3).

3절 끝부분은 시간이 아니라, 사건의 순서를 가리킨다고 보는 편이 좋습니다. 이 사건이 바로 하나님의 달력에 곧 나타날 메시아적 사건입니다. 따라서 이것은 예수 그리스도에 대한 계시입니다. 그분은 영광스러운 재림 가운데 온전히 드러나실 것입니다. 이 땅에 처음 오신 예수님이 변화산에서 제자들에게 재림의 영광을 슬쩍 보여주셨을 때 우리는 그 영광을 미리 맛보았습니다(마 17:1-2).

　4절은 조금 더 공식적인 소개글입니다. 요한은 특별히 소아시아 일곱 교회에 보내려는 목적으로 이 책을 쓰고 있습니다. 그곳은 지금의 터키 지역입니다. 일곱 교회의 이름은 2장과 3장에 등장합니다. 일곱 교회는 실존 교회이자 이 편지의 첫 수신자들이었습니다. 그다음에 이 편지는 다른 교회에도 전해졌고, 오늘날 우리에게까지 읽히고 있습니다. 이 교회들은 바울의 에베소 사역의 결과로 세워졌습니다. 에베소 교회는 이 지역의 핵심 교회였습니다. 에베소에서부터 시작되어 하나님의 말씀이 이 지역에 퍼졌습니다. 이렇게 널리 전파된 하나님의 말씀이 소아시아 지역 교회 설립의 원인이 되었다는 점은 의심의 여지가 없습니다.

　다음으로 인사말이 이어집니다.

　　이제도 계시고 전에도 계셨고 장차 오실 이…로 말미암아 은혜와 평강이 너희에게 있기를 원하노라(계 1:4-5).

　이 말씀은 전에도 계셨고 이제도 계시고 장차 오실 영원하신 하나님을 묘사합니다. 요한은 "그의 보좌 앞에 있는 일곱 영"으로 말미암아 인사합니다(계 1:4). 그가 일곱 영이라고 말하지만, 실제로는 성령의 일곱 가지 측면을 가리킵니다. 이사야 11장 2절은 요한계시록 1장 4절의 관주입니다. 이사야 본문에는 성령의 일곱 가지 독특한 사역이 나와 있습니다. 따라서 '그의 보좌 앞에 있는 일곱 영'이란 성령의 일곱 측면, 즉 그분의 사역을 온전히 설명해 준다고 볼 수 있습니다. 이 책은 하나님 아버지와 성령, "예수 그리스도로 말미암아"(계 1:5) 인사를 전합니다. 요한계시록은 삼위일체로 말미암은 편지라고 할 수 있습니다.

이 책은 예수 그리스도에 대한 계시이기에, 요한은 예수님을 죽은 자들 가운데에서 먼저 나신 분으로 묘사합니다(계 1:5). 이는 예수님이 죽은 자들 가운데서 가장 먼저 사셨다는 뜻이 아닙니다. 그분 이전에도 죽었다가 다시 산 사람은 있었습니다(요 11:43-44). 이 말은 성인을 비롯하여 죽었다가 다시 산 모든 사람 중에서, 예수님이 가장 중요하고 위대한 분이요 최고라는 뜻입니다(참고. 골 1:18).

이 세상의 모든 사람은 죽음에서 일어날 것입니다. 어떤 사람은 생명의 부활을, 어떤 사람은 심판의 부활을 맞습니다(요 5:29). 그러나 죽음에서 일어난 모든 사람 중에 예수님이 최고이십니다. 그분은 "땅의 임금들의 머리"이십니다(계 1:5). 성령이 천사를 통해 요한에게 기록하게 하신 이 책은 오늘날 우리에게까지 전해져 읽히고 있습니다. 그렇지만 요한은 무엇보다 이 책이 예수님께 바치는 책임을 분명히 합니다.

> 우리를 사랑하사 그의 피로 우리 죄에서 우리를 해방하시고 그의 아버지 하나님을 위하여 우리를 나라와 제사장으로 삼으신 그에게 영광과 능력이 세세토록 있기를 원하노라 아멘(계 1:5-6).

헌사 뒤에 이어지는 7절 말씀을 봅시다.

볼지어다 그가 구름을 타고 오시리라 각 사람의 눈이 그를 보겠고 그를 찌른 자들도 볼 것이요 땅에 있는 모든 족속이 그로 말미암아 애곡하리니 그러하리라 아멘(계 1:7).

삼위일체로 말미암은 이 책은 다시 오실 예수 그리스도께 바쳐졌는데, 그분이 오실 때는 각 사람의 눈이 그를 볼 것이라고 말합니다. 여기서 우리는 요한계시록의 주제인 예수 그리스도의 재림을 희미하게나마 엿볼 수 있습니다. 그분은 "나는 알파와 오메가라 이제도 있고 전에도 있었고 장차 올 자요 전능한 자"라고 말씀하십니다(계 1:8). 이 말씀은 하나님의 본질과, 삼위일체 가운데 하나님과 특별한 관계를 맺고 계신 그리스도를 보여줍니다.

삼위일체가 요한을 통해 일곱 교회에 보낸 이 편지는 이후 전 세계로 퍼져 나갑니다. 요한계시록은 다시 오실 예수 그리스도, 다름 아닌 전능하신 하나님께 바치는 책입니다. 이 책은 예수 그리스도의 재림을 이야기합니다. 다시 오실 예수님, 그리고 그분의 재림 때 벌어질 사실들을 이야기합니다.

9절에서 보는 것처럼, 요한은 하나님이 그를 위해 준비하신 여러 환상 중에 첫 번째 환상을 받습니다. 그는 하나님이 왜 자신에게 이런 엄청난 특권을 주셨는지 의아했을 것입니다.

나 요한은 너희 형제요 예수의 환난과 나라와 참음에 동참하는 자라 하나님의 말씀과 예수를 증언하였음으로 말미암아 밧모라 하는 섬에 있었더니(계 1:9).

종교 지도자들은 요한의 입을 막고 주류 무대에서 내쫓을 심산으로 그를 밧모 섬에 유배했습니다. 하지만 요한은 거기서 생을 마감할 때까지 계속해서 그리스도와 하나님의 말씀을 선포했습니다.

요한은 계속해서 말합니다. "주의 날에 내가 성령에 감동되어 내 뒤에서 나는 나팔 소리 같은 큰 음성을 들으니"(계 1:10). 여기서 요한이 말하는 날을 주일이라고 생각하는 사람들이 있는가 하면, 예언적인 의미로 보는 사람들도 있습니다. 저는 그날이 주일을 가리킨다고 보는 쪽입니다. 요한은 그날에 예배를 드리던 중에 성령에 감동되었습니다.

내 뒤에서 나는 나팔 소리 같은 큰 음성을 들으니 이르되 네가 보는 것을 두루마리에 써서 에베소, 서머나, 버가모, 두아디라, 사데, 빌라델비아, 라오디게아 등 일곱 교회에 보내라 하시기로(계 1:10-11).

그리고 나서 요한은 자신에게 말씀하는 분을 보려고 몸을 돌이키다가 예수 그리스도의 환상을 보았습니다(계 1:12). 그는 예수 그리스도가 일곱 교회를 상징하는 일곱 금 촛대 사이에서 움직이시는 모습을 봅니다.

일곱은 완전수입니다. 일곱 교회는 전 세계 모든 교회를 대표하고, 그리스도는 그분이 다스리시는 교회들 사이에 계십니다.

16절은 "그의 오른손에 일곱 별이 있고"라고 말하는데, 20절을 보면 이 일곱 별이 일곱 교회의 목회자를 가리키는 것을 알 수 있습니다. 그분은 주님의 교회 가운데서 움직이십니다. 교회를 다스리고 촛대를 다듬고 지혜를 주며 정화와 심판 사역을 하십니다. 요한은 그리스도가 영광 가운데 교회에 사역하시는 모습을 목격합니다.

19절은 이 책의 내용을 잘 요약해 줍니다. "그러므로 네가 본 것과 지금 있는 일과 장차 될 일을 기록하라"(계 1:19). 여기서 '네가 본 것'은 첫 번째 환상을, '지금 있는 일'은 요한 당대에 전할 내용(계 2-3장)을 가리킵니다. 그리고 '장차 될 일'의 내용은 4장부터 시작됩니다. 이것이 요한계시록의 대략적인 내용입니다. '지금 있는 일'은 교회 시대에 계시된 그리스도와 함께 시작됩니다. 교회 시대란 요한이 계시록을 쓰고 있는 당대, 그리스도가 교회들 가운데 사역하고 계신 그때를 가리킵니다. 예수님이 하신 사역은 개 교회에 보낸 일곱 편지에 나타나 있습니다.

우리는 요한계시록 2장에서부터 일곱 교회에 보낸 이 편지들을 살펴볼 것입니다. 일곱 교회는 실제 이 도시들에 있었던 교회입니다. 이 편지들을 자세히 살펴보면 각각의 편지 내용이 수신 도시의 역사적·문화적·지리적 배경과 정확히 맞아떨어지는 것을 알 수 있습니다. 하지만 이들 교회는 각각의 독특한 특징을 지닌 전형성을 드러내기도 합니다. 각 교회가 고유한 교회로서, 지금까지 역사에 존재한 모든 교회들을 대표하는 것입니다. 각 교회는 주님께 특별한 메시지를 받습니다. 그리고 이것이 교회 시대에 그분이 하시는 사역입니다.

일곱 교회 중 첫 번째는 에베소 교회입니다. 에베소는 어떤 종류의 교회였습니까? 정통 교리를 고수하지만, 냉랭한 교회였습니다. 그들은 '처음 사랑'을 버렸습니다.

> 그러나 너를 책망할 것이 있나니 너의 처음 사랑을 버렸느니라 그러므로 어디서 떨어졌는지를 생각하고 회개하여 처음 행위를 가지라(계 2:4-5).

에베소 교회는 올바른 교리를 가진 정통 교회입니다. 2-3절을 보면, 주님은 이들이 "악한 자들을 용납하지 아니한 것과 자칭 사도라 하되 아닌 자들을 시험하여 그의 거짓된 것을 네가 드러낸 것과 또 네가 참고 내 이름을 위하여 견디고 게으르지 아니한 것"을 아셨습니다. 그러나 이들은 사랑을 버렸기에 냉랭한 교회가 되고 말았습니다. 과거에도, 오늘날에도 이런 교회는 늘 있습니다. 이들은 올바른 메시지 앞에서도 냉랭하고 무심한 태도로 일관합니다.

두 번째로 만나볼 교회는 8-11절에 나오는 서머나 교회입니다. 이 교회는 박해로 힘들어하고 있습니다. 10절 말씀입니다.

> 너는 장차 받을 고난을 두려워하지 말라 볼지어다 마귀가 장차 너희 가운데에서 몇 사람을 옥에 던져 시험을 받게 하리니 너희가 십 일 동안 환난을 받으리라 네가 죽도록 충성하라 그리하면 내가 생명의 관

을 네게 주리라(계 12:10).

주님은 이 교회의 단점을 하나도 지적하지 않으십니다. 왜 그럴까요? 박해받는 교회는 늘 깨끗하기 때문입니다. 박해를 받는 동안 거짓 성도들이 다 떨어져 나가기 때문입니다. 이기적이고 불순한 동기로 교회에 나오는 사람들은 박해가 시작되면 교회를 떠납니다. 목숨을 걸 만큼 중요한 게 있지 않다면, 사람들은 남아 있지도, 그 때문에 대학살을 당하지도 않을 겁니다. 교회 역사 면면히 박해를 견뎌낸 교회가 많았고 지금도 세상에는 그런 교회가 있습니다.

세 번째 편지의 수신인은 버가모에 있는 교회입니다(계 2:12-17). 버가모 교회는 세상과 결혼한 세속적인 교회입니다. 그리스도는 15절까지 이들의 세속성을 말씀하시다가 16절에서 이렇게 말씀하십니다. "그러므로 회개하라 그리하지 아니하면 내가 네게 속히 가서 내 입의 검으로 그들과 싸우리라"(계 2:16). 교회 역사에도 세속적인 교회가 많았습니다. 그런 교회는 세상에서 사람들을 빼오는 것이 아니라, 오히려 세상에 영합하여 세상이 원하는 대로 움직이고 세상의 길을 따랐습니다.

계속해서 2장 18-29절에서 주님은 두아디라 교회에 말씀하십니다. 두아디라 교회는 죄를 용인합니다. 특별히 이 교회가 용인한 이세벨 같은 여인은, 종들을 꾀어 행음하게 하고 우상에게 바쳐진 제물을 먹게 한 자였습니다. 두아디라 교회는 죄를 용인하고, 훈계하지 않으며, 교인들을 정결케 하지 않았기에 경고를 받았습니다. 이런 교회는 어디에나 있습니다.

다섯 번째로 3장 1-6절은 사데 교회를 소개합니다. 이 교회의 문제가 뭔지는 금세 알아챌 수 있습니다. 1절 말씀입니다. "내가 네 행위를 아노니 네가 살았다 하는 이름은 가졌으나 죽은 자로다"(계 3:1). 사데 교회는 죽은 교회입니다. 언뜻 보기에는 살아 있지 않나 착각하게 만드는 모습이 있지만, 사실은 죽기 일보직전이었습니다. 여러분도 이런 교회를 본 적이 있을 겁니다. 과거에 이런 교회를 다닌 분도 있을지 모릅니다. 이런 교회에서는 아무 일도 일어나지 않습니다. 생명도, 성장도, 생산성도, 열매도, 기쁨도 없습니다.

여섯 번째는 3장 7-13절에 등장하는 빌라델비아 교회입니다. 빌라델비아 교회는 신실한 교회였습니다. 그리스도도 "네가…내 말을 지키며 내 이름을 배반하지 아니하였도다"(계 3:8)라고 말씀하십니다. 이 교회의 문은 활짝 열려 있어서 누구나 들어갈 수 있습니다. 이런 교회를 선교적 교회라고 할 수 있을 것 같습니다.

마지막으로 일곱 번째 교회가 3장 14-22절에 나옵니다. 이 본문은 라오디게아에 있는 교회, 즉 변절한 교회, 구원받지 못한 교회, 오늘날의 자유주의 교회를 보여줍니다. 이런 교회의 특징은 이렇습니다.

> 내가 네 행위를 아노니 네가 차지도 아니하고 뜨겁지도 아니하도다 네가 차든지 뜨겁든지 하기를 원하노라 네가 이같이 미지근하여 뜨겁지도 아니하고 차지도 아니하니 내 입에서 너를 토하여 버리리라(계

3:15-16).

주님은 이 거짓 교회를 거절하십니다.

이제 정리를 해봅시다. 가장 먼저 2장에는 냉랭한 정통 교회가 나옵니다. 그다음에는 박해를 받는 교회, 세상과 결혼한 교회, 죄를 용납하는 교회, 죽은 교회, 신실한 교회, 변절한 교회가 차례대로 나옵니다. 제가 말씀드렸듯이, 각 교회는 실제로 있었던 교회인 동시에 역사에 존재하는 모든 교회를 대표하기도 합니다. 따라서 이 일곱 교회를 향한 메시지는 교회 시대의 모든 교회를 향한 메시지이기도 합니다. 저는 이 일곱 편지를 오늘날의 교회에도 똑같이 적용할 수 있다고 믿습니다.

그러면 이런 질문이 나오겠지요. "각 교회가 어느 부류에 속하는지 어떻게 알 수 있습니까?" 그 방법을 알려드리겠습니다. 그 교회를 지배하는 가장 큰 영향력이 무엇인지에 따라 구분할 수 있습니다. 냉랭한 정통 신학이 두드러지는 교회는 그 가운데 일부 열정적인 성도가 있다 하더라도 전반적으로 냉랭한 시각을 드러낼 것입니다. 하나님에 대한 무관심이 두드러지는 교회는 영적으로 활발한 성도가 소수 있다고 해도 죽은 교회일 수밖에 없습니다. 반면, 열린 문을 통과한 신실한 성도들 다수가 있고 하나님의 말씀을 늘 지닌 교회는, 빌라델비아 교회처럼 신실한 교회의 특징을 나타냅니다.

요한계시록 3장 마지막을 장식하는 단어는 '교회들'입니다. 일곱 교회에 보낸 메시지의 마지막 부분도 똑같습니다. "귀 있는 자는 성령이 교회들에게 하시는 말씀을 들을지어다"(계 2:7, 11, 29; 계 3:6, 13, 22). 이 메시지는 일곱 교회뿐 아니라 영적인 귀가 있는 모든 사람을 위한 것입니다.

이제 교회 시대를 뒤로하고 4장으로 갑니다. 저는 도대체 휴거는 언제 일어났느냐는 질문을 자주 받는데, 그 답은 바로 3장과 4장의 행간에 있습니다. 우리는 2장과 3장에서 지상의 교회를 보다가, 4장에서는 천국을 목격합니다. 천국의 주제는 예배입니다. "이 일 후에 내가 보니 하늘에 열린 문이 있는데 내가 들은 바 처음에 내게 말하던 나팔 소리 같은 그 음성이 이르되 이리로 올라오라 이 후에 마땅히 일어날 일들을 내가 네게 보이리라 하시더라"(계 4:1). 이제부터는 계시록의 개요에서 세 번째 단계로 넘어갑니다. 요한계시록은 시간의 흐름과 개요를 매우 신중하게 배열했습니다. "네가 본 것과 지금 있는 일"은 1장부터 3장에서 이미 살펴보았고, 이제는 "장차 될 일"을 살펴볼 차례입니다.

"내가 곧 성령에 감동되었더니"(계 4:2)라는 말은 요한이 성령에 이끌려 이 환상을 보게 되었다는 뜻입니다. 그는 이런 장면을 보았습니다. "보라 하늘에 보좌를 베풀었고"(계 4:2). '베풀다'의 헬라어 단어는 공연을 암시합니다. 이것은 곧 사라질 보좌가 아니라 영원하고 영구한 보좌, 하나님의 보좌입니다. 다음 말씀에서 그 사실을 확인할 수 있습니다. "앉으신 이의 모양이 벽옥과 홍보석 같고 또 무지개가 있어 보좌에 둘렸는데 그 모양이 녹보석 같더라"(계 4:2-3). 녹보석 무지개는 아마도 하나님의 신실하심을 상징할 것입니다. 요한은 환상 속에서 하늘 보좌에 앉아 계신 하나님을 보고 있습니다. 그는 하늘이 땅에 영향을 미치기 시작하면서 펼쳐질 일들을 차례차례 알게 됩니다.

우선, 하늘에는 누가 있는지 알아봅시다. "또 보좌에 둘려 이십사 보좌들이 있고 그 보좌들 위에 이십사 장로들이 흰 옷을 입고 머리에 금관을 쓰고 앉았더라"(계 4:4). 이들은 누구입니까? 저는 이들이 예수 그리스도의 교회를 나타낸다고 봅니다. 이 장면은 보상의 시기를 묘사하는데, 여기서 주목할 것은 장로들이 쓴 금관입니다. 저는 이것이 하늘로 올라간 교회가 천국에서 비로소 완성되는 장면이라고 생각합니다. 교회는 상을 받은 후에 영광스러운 하나님의 보좌를 두르고 그분과 함께 다스립니다. 예수님은 세상에 오셔서 교회를 하늘로 데려가시면서 이렇게 말씀하십니다. "보라 내가 속히 오리니 내가 줄 상이 내게 있어"(계 22:12). 제 생각에, 휴거 때 가장 먼저 일어나는 일은 우리가 하늘로 올라가 상을 받는 것입니다. 여기 보면, 장로들이 왕관을 쓰고 흰 옷을 입은 채 보좌에 앉아 있습니다. 왕관, 흰 옷, 보좌 이 세 가지는 모두 교회에 주겠다고 약속하신 것들입니다. 저는 이 장로들이 이스라엘을 상징한다고 생각하지 않는데, 그 근거는 5장 9-10절에 있습니다.

그들이 새 노래를 불러 이르되 두루마리를 가지시고 그 인봉을 떼기에 합당하시도다 일찍이 죽임을 당하사 각 족속과 방언과 백성과 나라 가운데에서 사람들을 피로 사서 하나님께 드리시고 그들로 우리 하나님 앞에서 나라와 제사장들을 삼으셨으니 그들이 땅에서 왕 노릇 하리로다 하더라.

이 노래는 구속받은 사람들이 부르는 노래입니다. 저는 이 장면이 구속받은 사람들, 구원받은 사람들, 각 족속과 방언과 백성과 나라 가운데서 건짐을 받은 사람들을 가리킨다고 생각합니다.

환상은 계속 이어집니다. "보좌로부터 번개와 음성과 우렛소리가 나고"(계 4:5). 그러고 나서 요한은 보좌 앞에 있는 일곱 영의 환상을 다시 봅니다. 그때 요한이 말합니다. "보좌 앞에 수정과 같은 유리 바다가 있고"(계 4:6). 에스겔 1장에 이와 비슷한 이미지가 나옵니다. 계속해서 요한은 보좌 주위에 있는 네 생물을 묘사합니다. 저는 이 생물들이 천사라고 생각하는데, 요한은 그들이 예배하는 장면을 기록합니다(계 4:9-11). 천사들, 성인들, 교회, 천국의 모든 이들이 하나님을 예배합니다. 모두가 하나님께 영광과 찬양을 돌리고 있습니다. 앞에서 언급했듯이, 이것이 바로 천국의 주제입니다. 천국은 모든 사람이 하나님을 예배하는 곳입니다. 요한도 천국에 대한 환상에서 그 모습을 목격합니다.

그러다가 5장에서 심상치 않은 일이 벌어집니다. 갑자기 예배가 멈춥니다. "내가 보매 보좌에 앉으신 이의 오른손에 두루마리가 있으니"(계 5:1). 이 두루마리가 뭔지 아십니까? 이 땅에 대한 권리 증서입니다. "안팎으로 썼고 일곱 인으로 봉하였더라"(계 5:1)는 구절에서 알 수 있습니다. 로마법에 따르면, 유언장은 반드시 일곱 인으로 봉해야 했습니다. 두루마리를 조금 만 다음에 봉인하고, 조금 더 만 다음에 다시 봉인하고, 그렇게 일곱 번을 반복합니다. 이렇게 여러 번 봉인을 하면, 누군가 문서를 펼쳐 봤을 때 금방 알아차릴 수 있기 때문입니다. 저는 이 두루마리가 이 땅을 예수 그리스도께 준다는 하나님의 유언장이라고 믿습니다. 시편 2편 8-9절에서 하나님이 그렇게 약속하셨습니다. "내가 이방 나라를 네 유업으로 주리니…네가 철장으로 그들을 깨뜨림이여 질그릇같이 부수리라 하시도다"(시 2:8-9). 이것이 바로 아들에게 주신 아버지의 약속이었습니다.

천국 장면은 계속됩니다.

또 보매 힘 있는 천사가 큰 음성으로 외치기를 누가 그 두루마리를 펴며 그 인을 떼기에 합당하냐 하나 하늘 위에나 땅 위에나 땅 아래에 능히 그 두루마리를 펴거나 보거나 할 자가 없더라 그 두루마리를 펴거나 보거나 하기에 합당한 자가 보이지 아니하기로 내가 크게 울었더니 장로 중의 한 사람이 내게 말하되 울지 말라 유대 지파의 사자 다윗의 뿌리가 이겼으니 그 두루마리와 그 일곱 인을 떼시리라 하더라(계 5:2-5).

장로 중의 한 사람은 예수 그리스도가 인을 떼시기에 합당한 분이라는 사실을 압니다. 6절은 그분이 생물들 사이에서 앞으로 나온다고 말합니다. "한 어린양이 서 있는데 일찍이 죽임을 당한 것 같더라 그에게 일곱 뿔[충만한 능력, 일곱은 완전수이고 동물의 뿔은 능력을 가리킨다]과 일곱 눈[온전한 지혜]이 있으니 이 눈들은 온 땅에 보내심을 받은 하나님의 일곱 영[성령]이더라"(계 5:6)

이어서 말합니다. 하나님의 영으로 지혜와 능력이 충만하신 그리스도가 여기 계신데, "그 어린양이 나아와서 보좌에 앉으신 이의 오른손에서 두루마리를 취하시니라"(계 5:7). 이 구절을 염두에 두십시오. 밑줄을 그으셔도 좋겠습니다.

앞으로 벌어질 모든 일들이 이제부터 차례차례 펼쳐집니다. 예수님은 두루마리를 취하시고 이 땅을 회복하실 것입니다. 낙원을 되찾을 것입니다. 그렇게 되면 하늘에서는 어떤 일이 벌어질까요? 예배가 더 활발히 일어납니다(계 5:8-14). 하늘에서 이렇게 기뻐하는 이유는 무엇이겠습니까? 그들은 계속된 땅의 반항에 지칠 대로 지쳐 있었습니다. 그런데 그리스도가 두루마리를 취하고 펼쳐서 땅을 회복하시려는 모습을 보고, 그들은 환호합니다. 말할 수 없는 영광과 찬양과 예배가 5장 12절의 놀라운 고백으로 터져 나옵니다. "죽임을 당하신 어린양은 능력과 부와 지혜와 힘과 존귀와 영광과 찬송을 받으시기에 합당하도다"(계 5:12). 이 구절을 읽는 사람들은 누구나 메시아를 떠올릴 수밖에 없을 것입니다.

요한계시록 대요(大要)의 마지막 단계는 하늘에서 시작됩니다. 보좌에 앉으신 하나님의 손에는 땅에 대한 권리 증서가 들려 있습니다. 하늘이 두루마리를 취해 땅을 회복하기에 합당한 사람을 찾으며 예배하는 동안, 어린양이 나아와 권리 증서를 취하고 땅을 회복하십니다. 그러자 더 많은 할렐루야가 터져 나옵니다.

6장은 인을 떼시는 주님의 모습으로 시작됩니다. 일곱 인이 있는데, 각 인을 뗄 때마다 앞으로 땅에서 일어날 일이 드러납니다. 첫 번째 인은 평화입니다.

> 내가 보매 어린양이 일곱 인 중의 하나를 떼시는데 그 때에 내가 들으니 네 생물 중의 하나가 우렛소리 같이 말하되 오라 하기로 이에 내가 보니 흰 말이 있는데 그 탄 자가 활을 가졌고 면류관을 받고 나아가서 이기고 또 이기려고 하더라(계 6:1-2).

흰 말을 탄 사람은 누구입니까? 그는 전쟁을 걸 필요가 없었기에 활과 살이 필요 없는 정복자입니다. 그는 평화의 정복자입니다.

땅의 환난기는 적그리스도가 불러온 거짓 평화와 함께 시작됩니다. 이 구절을 다니엘 9장 27절과 비교해 보십시오. 적그리스도는 하나님의 백성과 짜고 거짓 평화를 내세웁니다. 따라서 그는 평화처럼 보이는 가짜 평화를 전하는 거짓 그리스도입니다. 하지만 그의 평화는 오래가지 못합니다. 4절에서 둘째 인을 떼 보니 다른 말이 나오기 때문입니다. 이번에는 붉은 말입니다. 흰 말을 탄 자와 붉은 말을 탄 자는, 종말을 상징하는 말 탄 자 네 사람 중 두 사람입니다. "그 탄 자가 허락을 받아 땅에서 화평을 제하여 버리며 서로 죽이게 하고 또 큰 칼을 받았더라"(계 6:4). 두 번째 인은 전쟁입니다. 이어서 셋째 인을 떼십니다.

> 내가 보니 검은 말이 나오는데 그 탄 자가 손에 저울을 가졌더라 내가 네 생물 사이로부터 나는 듯한 음성을 들으니 이르되 한 데나리온에

밀 한 되요 한 데나리온에 보리 석 되로다(계 6:5-6).

이 구절은 한 사람이 일당으로 보리 세 컵과 밀 한 컵을 받는다고 합니다. 다시 말해, 하루 꼬박 일하면 하루 식량을 벌 수 있다는 뜻입니다. 즉, 기근 상태입니다. 6절은 "또 감람유와 포도주는 해치지 말라"는 말씀으로 끝납니다. 기름과 포도주는 부자들이 먹는 음식이어서 보통 사람들은 손도 못 댑니다. 이렇게 평화에 이어 전쟁이 찾아오고 전쟁 다음에는 기근이 찾아옵니다. 세계적인 전쟁 뒤에는 세계적인 기근이 있습니다.

다음은 넷째 인입니다. 전쟁과 기근 다음에는 무엇이 옵니까? 죽음입니다. 8절 말씀입니다. "내가 보매 청황색 말이 나오는데 그 탄 자의 이름은 사망이니 음부가 그 뒤를 따르더라 그들이 땅 사분의 일의 권세를 얻어 검과 흉년과 사망과 땅의 짐승들로써 죽이더라"(계 6:8).

다섯째 인을 떼려고 보니, 제단 아래에 사람들이 있습니다(계 6:9). 이들은 땅에서 죽임당한 구속받은 사람들이 틀림없습니다. 이제 하늘로 올라온 그들은 하나님의 제단에서 이렇게 기도합니다. "거룩하고 참되신 대주재여 땅에 거하는 자들을 심판하여 우리 피를 갚아 주지 아니하시기를 어느 때까지 하시려 하나이까"(계 6:10). 구속받은 사람들은 전쟁과 대학살, 기근을 겪으면서 적그리스도에게 처형당합니다. 이 부분은 아주 중요한 대목입니다. 후대에 요한계시록을 둘러싼 많은 논란들이 이 전제에 기초하기 때문입니다. 11절을 봅시다. "각각 그들에게 흰 두루마기를 주시며 이르시되 아직 잠시 동안 쉬되 그들의 동무 종들과 형제들도 자기처럼 죽임을 당하여 그 수가 차기까지 하라 하시더라"(계 6:11).

순교한 성인들은 기다려야 한다는 말입니다. 땅의 다른 순교자들이 모두 순교할 때까지 이들은 흰 두루마기(천상의 의복)를 받아 입고 쉬게 됩니다.

다시 땅으로 돌아가 여섯째 인을 뗍니다. 이번에는 지진입니다. "해가 검은 털로 짠 상복같이 검어지고 달은 온통 피같이 되며"(계 6:12). 요엘도, 오순절 당시 베드로도 이 사건을 언급했습니다(욜 2:28-32; 행 2:17-21). "하늘의 별들이 무화과나무가 대풍에 흔들려 설익은 열매가 떨어지는 것 같이 땅에 떨어지며"(계 6:13). 이렇게 상상해 봅시다. 해가 어두워지고, 달이 피처럼 붉어지고, 하늘에서 별이 떨어집니다. 하늘이 두루마리가 말리는 것같이 떠나갑니다(계 6:14). 창문에 단 블라인드를 잡아 당겼다가 놓으면 어떻게 됩니까? 하늘이 그렇게 되었습니다. "각 산과 섬이 제 자리에서 옮겨지매"(계 6:14). 사람들이 두려워합니다. 15-17절에서는 어마어마한 공포심을 엿볼 수 있습니다. 사람들은 산들과 바위를 찾아 헤매며 말합니다.

우리 위에 떨어져 보좌에 앉으신 이의 얼굴에서와 그 어린양의 진노에서 우리를 가리라 그들의 진노의 큰 날이 이르렀으니 누가 능히 서리요(계 6:16-17).

이 정도 묘사만으로도 우리는 현기증을 느낍니다. 그런데 처음부터 끝까지 이 환상을 본 요한은 어땠을지 상상이 가십니까? 그래서 주님은 7장에서 잠시 쉬었다 가시는데, 이렇게 어마어마한 혼란 가운데서도 축복은 엿보입니다. 이 심판에서도 무사히 살아남은 사람들이 있을 것입니다. 어떤 사람들이 살아남습니까? 단 지파를 제외하고 이스라엘 각 지파에서 나온 14만 4천 명의 유대인입니다. 단 지파는 역겨운 우상숭배 때문에 제외되었습니다(신 27-28장). 그러나 너무 염려하진 마십시오. 에스겔 48장 1-2절을 보면 그들도 하나님 나라에 들어갑니다. 단 지파도 하나님의 은혜로 그 나라에 포함되지만, 이 특정 사역에는 제외된 것입니다.

대참사가 시작된 주의 중반쯤에는 이미 예수 그리스도를 구세주로 믿는 사람들이 있을 것입니다. 그리고 그들은 죽지 않고 환난기를 통과할 것입니다. 하나님이 인치시고 보호하시기 때문에 그들은 해를 입지 않습니다(계 7:2-3). 아무것도 그들을 해칠 수 없기에, 환난기의 후반부에는 이 14만 4천 명의 유대인이 복음을 선포할 것입니다. 그리고 그 효과는 대단할 것입니다.

> 이 일 후에 내가 보니 각 나라와 족속과 백성과 방언에서 아무도 능히 셀 수 없는 큰 무리가 나와 흰 옷을 입고 손에 종려 가지를 들고 보좌 앞과 어린양 앞에 서서 큰 소리로 외쳐 이르되 구원하심이 보좌에 앉으신 우리 하나님과 어린양에게 있도다 하니(계 7:9-10).

이 사람들이 다 어디서 왔겠습니까? 14만 4천 명의 유대인이 낳은 열매입니다. 하나님의 주권적 구원을 표현하는 놀라운 말씀입니다. 하나님은 유대인 14만 4천 명을 구원하기로 작정하시고 이스라엘 각 지파에서 1만 2천 명씩 택하실 것입니다. 이들이 어디서 자기 지파를 만날지는 그분만 아십니다. 이스라엘 민족은 주후 70년에 예루살렘이 멸망하면서 모든 역사를 잃어 버렸습니다. 그러나 하나님의 역사는 다릅니다. 이 구속받은 14만 4천 명의 유대인들이 복음전도자가 될 것입니다. 이들의 복음 전파로 각 족속과 방언과 나라와 백성에서 능히 셀 수 없는 큰 무리가 나와 주 예수 그리스도를 찬양할 것입니다. 이 일 후에 7장 나머지 부분에는 더 많은 예배가 일어납니다.

이제 8장으로 가서 일곱째 인을 살펴볼 차례입니다. 일곱째 인은 앞서 나온 여섯 인에 대한 반응입니다. 마찬가지로, 이후에 등장할 일곱 나팔과 일곱 대접도 그 앞에 나온 여섯 나팔과 여섯 대접에 대한 반응이 될 것입니다. 1절 말씀입니다. "일곱째 인을 떼실 때에 하늘이 반 시간쯤 고요하더니"(계 8:1). 이 말씀은 무슨 뜻입니까? 과연 무엇이 멈췄을까요? 예배는 하늘에 있는 모든 존재에게 일상이었는데, 반 시간쯤 예배가 멈췄습니다. 왜입니까? 모두가 하나님의 분노로 쏟아진 대참사에 놀랐기 때문입니다.

그래서 여기서부터 일곱 나팔 심판이 등장합니다. 주님이 인을 떼시자 마지막에 심판을 선언하는 나팔 소리가 나옵니다.

일곱 나팔을 가진 일곱 천사가 나팔 불기를 준비하더라 첫째 천사가 나팔을 부니 피 섞인 우박과 불이 나와서 땅에 쏟아지매 땅의 삼분의 일이 타 버리고 수목의 삼분의 일도 타 버리고 각종 푸른 풀도 타 버렸더라(계 8:6-7).

이것은 식물에 대한 심판인데, 식물에 대한 심판은 곧 사람에 대한 심판입니다. 사람은 식물 없이 살 수 없기 때문입니다. 같은 이유로, 식물에 대한 심판은 동물에 대한 심판이기도 합니다.
요한은 계속해서 말합니다.

둘째 천사가 나팔을 부니 불붙는 큰 산과 같은 것이 바다에 던져지매 바다의 삼분의 일이 피가 되고 바다 가운데 생명 가진 피조물들의 삼분의 일이 죽고 배들의 삼분의 일이 깨지더라(계 8:8-9).

이런 장면을 상상해 보십시오. 하나님의 심판으로 전체 식물의 삼분의 일이 타 버리고, 바다의 삼분의 일은 피가 되고, 바다 생물의 삼분의 일은 죽습니다. 전 세계 해수면의 삼분의 일은 악취를 풍기는 썩은 물질이 차지하고 있습니다. 창조세계가 하나님이 주신 선물임을 인간이 깨닫지 못하자, 그분은 모든 것을 거두어 가십니다. 인간은 푸른 풀과 식물, 나무, 바다와 그 가운데 있는 모든 것을 비롯하여 하나님이 만드신 아름다운 것들로 그분께 영광을 돌리지 못했습니다.
계속해서 10-11절에 세 번째 나팔 소리가 들립니다.

횃불 같이 타는 큰 별이 하늘에서 떨어져 강들의 삼분의 일과 여러 물 샘에 떨어지니 이 별 이름은 쓴 쑥이라 물의 삼분의 일이 쓴 쑥이 되매 그 물이 쓴 물이 되므로 많은 사람이 죽더라(계 8:10-11).

이것은 깨끗한 물에 내린 심판입니다. 모든 담수의 근원이 쓴맛에 물들었습니다. 앞서와 마찬가지로, 물의 삼분의 일이 오염되었습니다.

넷째 천사가 나팔을 부니 해 삼분의 일이 타격을 받습니다. 이 현상이 달력과 사람들의 일상에 어떤 영향을 미칠지 상상이 가십니까? 생각만 해도 끔찍합니다. 그뿐이 아닙니다. "달 삼분의 일과 별들의 삼분의 일이 타격을 받아 그 삼분의 일이 어두워지니 낮 삼분의 일은 비추임이 없고 밤도 그러하더라"(계 8:12). 마치 하늘에 때아닌 일식과 월식이 동시에 나타나는 것과 같습니다. 그리고 나서 요한이 말합니다. "내가 또 보고 들으니 공중에 날아가는 독수리가 큰 소리로 이르되…화, 화, 화가 있으리니"(계 8:13). 독수리의 말은 이런 뜻입니다. "너희는 세상에 이런 험한 일이 또 있을까 생각하겠지만, 나팔 소리가 세 번 더 들리면 생각이 달라질 것이다."

9장에서는 다섯 번째 나팔 소리가 들리고 하늘에서 별이 하나 떨어집니다(계 9:1). 이건 또 무슨 뜻입니까? 이 별은 루시퍼인데 그에게는 무저갱의 열쇠가 있습니다. 무저갱에는 누가 있는지 아시지요? 하나님이 가둬 놓은 악령들이 있습니다. 하지만 루시퍼는 그 열쇠를 손에 넣고 무저갱의 문을 열기 위해 내려옵니다. 자, 이제 무슨 일이 벌어질까요? 수천 년간 거기 갇혀 있던 온갖 악령들이 드디어 탈출할 것입니다. 2절 말씀입니다. "그 구멍에서 큰 화덕의 연기 같은 연기가 올라오매 해와 공기가 그 구멍의 연기로 말미암아 어두워지며"(계 9:2). 메뚜기 떼처럼 쏟아져 나온 악령들이 땅을 휩씁니다(계 9:3).

여러분은 왜 환난기가 견디기 어려운 시기인 줄 아십니까? 지옥에 묶여 있던 악령들이 풀려나 이미 이 땅에 있는 악령들에 더해지기 때문입니다.

그들에게 이르시되 땅의 풀이나 푸른 것이나 각종 수목은 해하지 말고 오직 이마에 하나님의 인침을 받지 아니한 사람들만 해하라 하시더라 그러나 그들을 죽이지는 못하게 하시고 다섯 달 동안 괴롭게만 하게 하시는데 그 괴롭게 함은 전갈이 사람을 쏠 때에 괴롭게 함과 같더라 그 날에는 사람들이 죽기를 구하여도 죽지 못하고 죽고 싶으나 죽음이 그들을 피하리로다(계 9:4-6).

악령의 메뚜기 떼는 전 세계를 돌며 다섯 달 동안 사람들을 괴롭히는데, 사람들은 마음대로 죽지도 못합니다. 7-10절은 상징 언어로 이 악령들을 묘사합니다. 그러고 나서 11절에서는 "그들에게 왕이 있으니 무저갱의 사자라 히브리어로는 그 이름이 아바돈[파괴자]이요 헬라어로는 그 이름이 아볼루온[파괴자]이더라"고 말합니다.

이 정도만으로도 충분히 끔찍하다고 생각하겠지만, 아직

도 나팔 두 개가 더 남아 있습니다. 여섯 번째 나팔 소리가 들리면, 유브라데 강이 열립니다. "네 천사가 놓였으니 그들은 그 년 월 일 시에 이르러 사람 삼분의 일을 죽이기로 준비된 자들이더라"(계 9:15). 천사가 놓아 준 무리는 세상 사람 삼분의 일을 죽일 것입니다. 마병대의 수는 2억인데, 그들은 유브라데 강을 건너 동쪽에서부터 옵니다(계 9:16).

18절에 이르면, 인류의 삼분의 일은 이 무리의 입에서 나오는 불과 연기와 유황 때문에 죽습니다. 이것은 아마도 고대 언어로 무기를 묘사하는 방법인 듯합니다.

> 이 재앙에 죽지 않고 남은 사람들은 손으로 행한 일을 회개하지 아니하고 오히려 여러 귀신과 또는 보거나 듣거나 다니거나 하지 못하는 금, 은, 동과 목석의 우상에게 절하고 또 그 살인과 복술과 음행과 도둑질을 회개하지 아니하더라(계 9:20-21).

인간은 회개하지 않고 그저 하나님을 저주했습니다.

여기까지는 어마어마한 나팔 소리가 이어졌습니다. 그런데 교회에 대한 언급이 전혀 없다는 점을 눈치채셨습니까? 10장에서는 또다시 잠시 쉬어 갑니다. 그 사이 요한은 환상에서 좋은 부분을 잠시 언급합니다.

> 내가 또 보니 힘 센 다른 천사가 구름을 입고 하늘에서 내려오는데 그 머리 위에 무지개가 있고 그 얼굴은 해 같고 그 발은 불기둥 같으며

그 손에는 펴 놓인 작은 두루마리를 들고 그 오른 발은 바다를 밟고 왼 발은 땅을 밟고 사자가 부르짖는 것같이 큰 소리로 외치니 그가 외칠 때에 일곱 우레가 그 소리를 내어 말하더라(계 10:1-3).

그때 4절에서 이 천사가 요한에게 말합니다. "일곱 우레가 말한 것을 인봉하고 기록하지 말라"(계 10:4). 죄인들에게 임하는 심판은 너무 두렵고 끔찍합니다. 그들이 밝히지 않은 하나님의 비밀은 결국 이루어질 것입니다(계 10:7).

요한은 이 환상에서 땅에 대한 권리 증서를 상징하는 작은 두루마리를 보았습니다. 그는 그 두루마리를 먹으라는 말씀을 듣고 그대로 삼킨 다음 "내 입에는 꿀 같이 다나 먹은 후에 내 배에서는 쓰게 되더라"(계 10:10)고 말했습니다. 이 말은 무슨 뜻입니까? 저는 영광 가운데 오시는 예수 그리스도를 볼 때 단맛을 느낍니다. 그리스도는 영광 가운데 다스리기 합당하신 분이기 때문입니다. 그러나 영광 가운데 통치하러 오시는 그분을 볼 때 쓴맛도 동시에 느낍니다. 그분이 오시면 이 세상에는 영원한 저주와 파괴가 임할 것이기 때문입니다. 그래서 예수 그리스도의 재림은 달면서도 씁니다.

일곱 번째 나팔 소리가 들리기 전에 우리는 11장에서 하나님의 은혜를 또다시 엿보게 됩니다. 여기에 제가 성경에서 가장 좋아하는 두 사람이 등장합니다. 그러나 저는 사실 그들이 누군지 잘 모릅니다. 그들은 "이 땅의 주 앞에 서 있는 두 감람나무와 두 촛대"입니다(계 11:4). 세상은 그들을 싫어할 것입니다. 뉴 에

이지 사회도 그들을 미워할 것입니다. 우리가 고차원의 의식에 도달하지 못하게 막는 사람들을 모두 제거해 버렸다는 식으로 휴거를 설명하는 사람들도, 그들을 미워할 것입니다. 특히나 그들이 예수 그리스도를 선포할 때는 더욱 그럴 것입니다.

하지만 무슨 일이 벌어지는지 보십시오. "만일 누구든지 그들을 해하고자 하면 그들의 입에서 불이 나와서 그들의 원수를 삼켜 버릴 것이요"(계 11:5). 여러분은 박해와 미움을 받고 있습니다. 사람들은 여러분의 메시지를 믿지 않고 여러분의 목숨을 앗아가려 합니다. 그런데 6절은 세상이 미워하는 그들에게 하늘을 닫는 권능이 있다고 말합니다. 그들은 자신들이 가뭄을 불러올 수 있다고 말하기만 하면, 어디든 가서 예수 그리스도의 복음을 전할 수 있습니다. 그들은 그렇게 날씨를 좌지우지할 수 있습니다. "그들이 권능을 가지고 하늘을 닫아 그 예언을 하는 날 동안 비가 오지 못하게 하고 또 권능을 가지고 물을 피로 변하게 하고 아무 때든지 원하는 대로 여러 가지 재앙으로 땅을 치리로다"(계 11:6).

자, 매일 밤 텔레비전에 어떤 뉴스가 나올 것 같습니까? "다음은 두 증인 관련 보도입니다. 이번 주에는 신시내티로 갔다고 합니다. 비가 오지 않고, 강은 모두 피로 변했으며, 사람들은 전염병에 걸렸습니다. 이 두 사람에 대해 뭔가 대책을 세워야 할 텐데, 번번이 수포로 돌아갑니다."

그다음에는 과연 어떤 일이 벌어질까요? 드디어 무저갱에서 짐승이 직접 올라와 그들을 이기고 죽입니다(계 11: 7). "그들의 시체가 큰 성 길에 있으리니 그 성은 영적으로 하면 소돔이라고도

하고 애굽이라고도 하니 곧 그들의 주께서 십자가에 못 박히신 곳이라"(계 11:8). 그렇게 그들은 예루살렘에서 죽임을 당합니다. 8절은 그들의 시체가 길거리에 나뒹굴어 다닌다고 말합니다. 요즘에는 어떤 나라도 길거리에 시체를 방치하지 않습니다. "백성들과 족속과 방언과 나라 중에서 사람들이 그 시체를 사흘 반 동안을 보며"(계 11:9). 도대체 어떻게 전 세계가 예루살렘에 있는 시체 두 구를 볼 수 있겠습니까? 방법은 한 가지밖에 없습니다. 바로 텔레비전 중계입니다. 하지만 수백 년 전에는 꿈도 못 꿀 일이었습니다. 또 "[그들을] 무덤에 장사하지 못하게 하리로다"(9절). 이유가 뭡니까? 10절을 봅시다. "이 두 선지자가 땅에 사는 자들을 괴롭게 한 고로 땅에 사는 자들이 그들의 죽음을 즐거워하고 기뻐하여 서로 예물을 보내리라 하더라." 온 세계가 이들의 죽음을 즐거워합니다. 제 귀에는 그 현장에 출동한 기자의 음성이 들리는 것 같습니다. "이들이 죽은 지 사흘 하고도 반나절이 흘렀습니다. 이 사람들이 지구에서 사라져서 얼마나 다행인지 모르겠습니다." 그런데 11절부터 이런 말이 나옵니다.

삼 일 반 후에 하나님께로부터 생기가 그들 속에 들어가매 그들이 발로 일어서니 구경하는 자들이 크게 두려워하더라 하늘로부터 큰 음성이 있어 이리로 올라오라 함을 그들이 듣고 구름을 타고 하늘로 올라가니 그들의 원수들도 구경하더라 그 때에 큰 지진이 나서 성 십분의 일이 무너지고 지진에 죽은 사람이 칠천이라 그 남은 자들이 두려워하여 영광을 하늘의 하나님께 돌리더라(계 11:11-13).

이처럼 하나님께는 늘 증인들이 있습니다. 이렇게 막간이 끝나고, 다시 일곱 번째 나팔로 돌아갑니다. 일곱째 나팔 소리가 울려 퍼지면, 대단원의 막이 내립니다. "일곱째 천사가 나팔을 불매 하늘에 큰 음성들이 나서 이르되 세상 나라가 우리 주와 그의 그리스도의 나라가 되어 그가 세세토록 왕 노릇 하시리로다 하니"(계 11:15). 일곱째 나팔 소리가 들리면, 이 세상 모든 나라가 예수 그리스도께 속하게 됩니다.

12장부터 일곱 대접 이야기가 나오기 전까지는 좀 더 자세한 설명이 이어집니다. 사탄은 이스라엘과 메시아, 하나님의 백성을 끊임없이 박해합니다. 사탄은 하나님의 백성에 맞서 늘 전쟁을 일으킵니다. 12장에 나오는 여자는 이스라엘이고, 아들은 그리스도, 용은 사탄입니다. 용은 여자가 낳은 아들을 집요하게 쫓습니다. 용은 과거에도 싸웠고 미래에도 싸울 것입니다. 7절은 사탄과 그의 사자들이 미가엘과 그의 천사들에 맞서 하늘에서 전쟁을 한다고 말합니다. 천사장 미가엘과 그의 천사들이 이기고, 사탄과 그의 사자들은 땅으로 내쫓길 것입니다(계 12:9).

이 장면을 다시 한 번 봅시다. 무저갱에서 악령들이 메뚜기 떼처럼 몰려나와 온 땅에 퍼집니다. 높은 곳에서 다스리던 이들은 밑으로 내쫓겨나 더 이상 예전처럼 하나님 앞에 나아갈 수 없게 되었습니다. 욥기에는 사탄이 하나님의 보좌 앞에 선 장면이 나옵니다(욥 1:6). 여러분은 이렇게 악의 세력이 뒤덮은 세상이 어떤 모습일지 상상이 가실 겁니다. 이들은 이스라엘을 집중 공격했지만, 12장 나머지 부분에는 하나님이 이스라엘을 놀랍게 보호하신 내용이 나옵니다. 그중 한 장면에서는, 용이 여자를 추격하지만 땅이 입을 벌려 그들을 삼켜 버립니다(계 12:16).

13장에는 새로운 존재가 등장하는데, 바로 세상의 통치자 적그리스도입니다. 적그리스도는 하나님의 백성에게 전면전을 선포합니다.

누가 이 짐승과 같으냐 누가 능히 이와 더불어 싸우리요 하더라 또 짐승이 과장되고 신성 모독을 말하는 입을 받고 또 마흔두 달 동안 일할 권세를 받으니라(계 13:4-5).

마흔두 달이면 3년 반인데, 이 기간은 환난기의 후반부입니다. 그리고 6-7절입니다.

짐승이 입을 벌려 하나님을 향하여 비방하되 그의 이름과 그의 장막 곧 하늘에 사는 자들을 비방하더라 또 권세를 받아 성도들과 싸워 이기게 되고 각 족속과 백성과 방언과 나라를 다스리는 권세를 받으니.

적그리스도에게도 지지자가 있습니다. 요한계시록 13장 11-18절에는 거짓 선지자가 등장합니다. 여기 나오는 짐승은 적그리스도이고 거짓 선지자는 그의 지지자입니다. 바로에게는 얀네와 얌브레가(딤후 3:8), 발락에게는 발람이(민 22-24장), 압살롬에게는 아히도벨이 있었듯이(삼하 15-17장), 적그리스도에게도 지지세력이 있습니다. 거짓 선지자의 역할은 모든 사람에게 적그리스도를 알리고 그를 경배하게 하는 것입니다(계 13:12). 거짓 선지자는 가짜 이적을 행하고, 사람들이 짐승을 위해 우상을 만들게 한 다음, 악령의 힘으로 그 우상에게 생기를 줍니다(계 13:13-15). 이쯤 되면 온 세상이 악령의 세력에 휩싸여 사람들은 반미치광이가 되었을지도 모릅니다. 무덤에 살면서 돌로 자기 몸을 해치는 거라사인의 귀신 들린 사람처럼 말입니다(막 5:1-13). 온 세상에는 악령이 우글대고, 그들이 모든 것을 지배합니다. 그들은 우상이 말하게 만들고 온 세상이 적그리스도를 경배하게 만듭니다. 이것이 바로 거짓 선지자가 하는 일입니다.

요한은 환상 속에서, 특정 숫자가 없는 사람들이 사지도 팔지도 못하는 모습을 봅니다. 이런 사람들은 사회에서 제대로 살아갈 수가 없습니다. 그 숫자는 666입니다. 이 숫자는 사람을 상징한다는 것 외에는 별 다른 의미가 없습니다. 사람은 여섯째 날에 창조되었고, 7은 하나님의 완전수입니다. 사람은 아무리 애쓴다 해도 666에 그칩니다. 완벽할 수가 없습니다. 666은 인간 제도의 숫자입니다. 이마나 손에 이 숫자가 없는 사람은(계 13:16) 사회에서 제대로 살아갈 수가 없습니다. 오늘날 우리도 거의 그 수준에 와 있습니다. 신용카드와 숫자가 발달해, 은행이나 가게에서 카드로, 현금을 인출하거나 물건을 구입할 수 있습니다. 카드 이용 내역을 보면 여러분의 재정 상태를 파악할 수 있습니다. 행정 당국은 당신이 어떤 사람인지, 당신의 거의 모든 것을 알 수 있습니다. 상황이 이 정도이니, 현금이 사라진 먼 미래에 그들이 여러분의 구매력을 막아 버리기로 결정한다면, 여러분의 숫자를 지워 버리면 그만입니다. 적그리스도는 자신의 권력으로 온 세상을 다스리고 통제할 것입니다.

요한계시록 14장 1절은 주 예수 그리스도의 승리를 그리고 있습니다. 14만 4천 명은 하늘에서 예수 그리스도의 승리를 기리는 찬양을 부릅니다. 대참사는 아마겟돈에서 최후의 절정에 다다릅니다(계 16:16). 14장에서 우리는 아마겟돈의 전조와 함께 낫을 휘두른다는 개념(계 14:15)을 엿볼 수 있습니다. 추수기에 사용하는 낫은 심판을 가리킵니다. 주님은 무시무시한 심판과 함께 오십니다. 20절이 그 끔찍한 심판을 잘 요약해 줍니다. "성 밖에서 그 틀이 밟히니 틀에서 피가 나서 말 굴레에까지 닿았고 천 육백 스타디온에 퍼졌더라"(계 14:20). 이 구절은 피가 13-16미터 높이로 300킬로미터 밖까지 퍼졌다는 뜻입니다. 300킬로미터는 이스라엘의 길이에 해당하는데, 이는 대량 학살을 상징합니다. 포도는 전능하신 하나님의 발밑에서 아무 힘 없이 짓밟히고, 이제 우리는 분노의 심판을 쏟으시는 하나님을 봅니다(계 14:19-20).

한편, 12절은 다가올 심판을 견뎌내라고 성도들을 격려합니다. 13절은 순교자에 대해 "지금 이후로 주 안에서 죽는 자들은 복이 있도다"라고 말합니다. 걱정할 필요 없습니다. 하나님이 그분의 분노와 심판을 행하실 것입니다.

15장에서 우리는 드디어 마지막 일곱 심판을 만납니다. 환난기의 최후에 나타날 이 심판들은 마치 기관총에서 총알이 쏟아져 나오는 것처럼 펼쳐집니다. 이 마지막 일곱 재앙으로 하나님의 진노가 마칩니다(계 15:1). "하나님의 영광과 능력으로 말미암아 성전에 연기가 가득 차매 일곱 천사의 일곱 재앙이 마치기까지는 성전에 능히 들어갈 자가 없더라"(계 15:8). 하나님이 하늘을 연기로 가득 채우시면, 16장에서 일곱 천사가 나타납니다. 2절을 보면 "첫째 천사가 가서 그 대접을 땅에 쏟으매 짐승의 표를 받은 사람들과 그 우상에게 경배하는 자들에게 악하고 독한 종기가 나더라"고 나옵니다. 여기서 독한 종기는 암으로 인한 염증을 가리키는 듯합니다. 그다음에는 곧바로 "둘째 천사가 그 대접을 바다에 쏟으매 바다가 곧 죽은 자의 피 같이 되니 바다 가운데 모든 생물이 죽더라"(계 16:3). 죽은 생명체로 해수면이 뒤덮인 바다는 말할 수 없이 고약한 냄새를 풍기며 장관을 연출할 것입니다. "셋째 천사가 그 대접을 강과 물 근원에 쏟으매 피가 되더라"(계 16:4). 이제는 사분의 일이나 삼분의 일 정도가 아니라, 전체가 망가지기 시작합니다. 이 세상의 모든 물이 오염되는 끔찍한 재앙입니다.

> 넷째 천사가 그 대접을 해에 쏟으매 해가 권세를 받아 불로 사람들을 태우니 사람들이 크게 태움에 태워진지라 이 재앙들을 행하는 권세를 가지신 하나님의 이름을 비방하며 또 회개하지 아니하고 주께 영광을 돌리지 아니하더라(계 16:8-9).

다섯 번째 대접을 쏟으니, 이글거리는 태양 다음으로 흑암이 찾아오고 사람들이 아파서 자기 혀를 깨문다고 합니다(계 16:10). 사람들은 자신이 어디로 가는지 알 수가 없었습니다. 빛은 전혀 없고 칠흑 같은 어둠뿐이니 사람들은 끔찍한 부상과 고통을 당하기 쉽습니다. 자기가 어디에 있는 줄 모르니 안심할 수도 없습니다. 그다음 11절은 "아픈 것과 종기로 말미암아 하늘의 하나님을 비방하고 그들의 행위를 회개하지 아니하더라"고 말합니다. 이렇게 해서 첫 번째 재앙으로 되돌아갑니다. 그리고 재앙은 계속해서 반복됩니다.

"또 여섯째 천사가 그 대접을 큰 강 유브라데에 쏟으매"(계 16:12). 이제 동쪽의 왕들이 도착할 시간입니다. 그런 다음 아마겟돈, 즉 아마겟돈 평원의 마지막 전투가 벌어집니다. 저는 그곳에 가 봤습니다. 그 평원에 서 보았습니다. 나폴레옹은 그곳을 가리켜 전 세계에서 가장 훌륭한 전투지라고 말했습니다. "개구리 같은 세 더러운 영"은 용의 입과 짐승의 입과 거짓 선지자의 입에서 나온, 즉 끈적끈적한 지옥에서 나온 특수한 종류의 영입니다(계 16:13). 이들은 기적을 베푸는 귀신의 영인데, 이날이 전능하신 하나님의 큰 날인 줄도 모른 채 온 세상을 아마겟돈 전쟁에 모읍니다. 세상이 싸우기 위해 아마겟돈으로 옵니다. 다니엘 11장은 그 장면을 남방의 왕들이 북방을 일소한다고 묘사합니다. 그리고 전쟁이 한창일 때 하늘에서 예수 그리스도가 오십니다. 16장 마지막 부분에서 일곱째 대접을 쏟으면, 번개와 우렛소리가 나고 각 섬도 없어지고 산악도 간데없어집니다. 그리고 무게가 한 달란트나 되는 큰 우박이 하늘로부터 사람들에게 내리는데, 이것이 마지막입니다(계 16:18, 20-21).

이쯤에서 여러분은 이런 질문을 던집니다. "요한, 환난기에 종교는 어떻게 됩니까? 그때 종교가 있기는 한가요?" 17장은 그때에도 종교가 있다고 암시합니다. 진짜 교회가 신부라면, 가짜 교회는 무엇입니까? 음녀입니다. 음녀가 많은 물 위에 앉아 있습니다(계 17:1). 땅의 임금들도 "그 음행의 포도주에 취하였고"(계 17:2), 여자는 짐승 위에 앉아 있습니다(계 17:3). 음녀가 적그리스도를 타고 있습니다. 이 장면은 적그리스도의 정치 세력이 음녀의 거짓 종교계와 야합하는 것을 보여줍니다. 하지만 자기 권력에 사로잡힌 적그리스도는 음녀를 해치우고, 세계 정복에 나섭니다(계 17:16-17). 저는 이때가 바로 거짓 선지자가 짐승의 우상을 세우고, 그에게 경배하라고 전 세계에 명령하는 때라고 봅니다(계 13:15).

이제 18장으로 넘어가면, 우리에게 또 다른 질문이 떠오릅니다. "이때 세계 경제는 어떤 상태일까요?" 이 모든 혼란 가운데 한 천사가 말합니다. "무너졌도다 무너졌도다 큰 성 바벨론이여 귀신의 처소…되었도다"(계 18:2). 바벨론은 최후의 세계 경제 체제를 지칭하는 이름입니다. 악령이 온 세상을 접수했고, 열방은 슬퍼합니다. 5절은 "그의 죄는 하늘에 사무쳤으며 하나님은 그의 불의한 일을 기억하신지라"고 말합니다. 모든 제도가 무너지면, 세계 경제도 무너집니다. 그때 땅의 왕들이 말합니다.

화 있도다 화 있도다 큰 성 견고한 성 바벨론이여 한 시간에 네 심판이 이르렀다 하리로다 땅의 상인들이 그를 위하여 울고 애통하는 것은 다시 그들의 상품을 사는 자가 없음이라(계 18:10-11).

사람들은 더 이상 돈에 신경 쓰지 않습니다. 그저 목숨을 구하려고 애쓸 뿐입니다. 이 와중에 도대체 누가 장을 보러 가고 백화점에 가겠습니까? 아무도 이런 것들에 신경 쓰지 않습니다.

그 상품은 금과 은과 보석과 진주와 세마포와 자주 옷감과 비단과 붉은 옷감이요 각종 향목과 각종 상아 그릇이요 값진 나무와 구리와 철과 대리석으로 만든 각종 그릇이요 계피와 향료와 향과 향유와 유향과 포도주와 감람유와 고운 밀가루와 밀이요 소와 양과 말과 수레와 종들과 사람의 영혼들이라(계 18:12-13).

해상 무역도 사라지고 운송 체제는 엉망이 될 것입니다. 사람들은 머리에 먼지를 뒤집어쓰고 울며 애통할 것입니다(계 18:19). 땅의 모든 사람이 애통하는 사이, 20절은 말합니다. "하늘과 성도들과 사도들과 선지자들아 그로 말미암아 즐거워하라"(계 18:20).

여러분은 세상에서 가장 끔찍한 것이 뭔 줄 아십니까? 음악이 그치는 것입니다. "또 거문고 타는 자와 풍류하는 자와 퉁소 부는 자와 나팔 부는 자들의 소리가 결코 다시 네 안에서 들리지 아니하고"(계 18:22). 음악도, 세공업자도, 예술도 없습니다. 모든 것의 종말입니다. 이 땅의 잔치는 끝났습니다.

그렇다면 19장에서는 무슨 일이 벌어질까요? 이 땅이 아닌 하늘에서 잔치를 시작합니다. 1절과 3절, 4절과 6절에서 "할렐루야"를 외칩니다. 왜 하늘에서는 이토록 기뻐할까요?

주 우리 하나님 곧 전능하신 이가 통치하시도다 우리가 즐거워하고 크게 기뻐하며 그에게 영광을 돌리세 어린양의 혼인 기약이 이르렀고 그의 아내가 자신을 준비하였으므로 그에게 빛나고 깨끗한 세마포 옷을 입도록 허락하셨으니 이 세마포 옷은 성도들의 옳은 행실이로다 하더라(계 19:6-8).

이것이 바로 구속받은 사람들이 가득한 하늘에서 벌어지는 일입니다. 어떻게 하면 우리도 그곳에 갈 수 있을까요? 요한이 말합니다.

또 내가 하늘이 열린 것을 보니 보라 백마와 그것을 탄 자가 있으니 그 이름은 충신과 진실이라 그가 공의로 심판하며 싸우더라 그 눈은 불꽃 같고 그 머리에는 많은 관들이 있고 또 이름 쓴 것 하나가 있으니 자기밖에 아는 자가 없고(계 19:11-12).

계속해서 요한은 그분을 묘사합니다. 그분은 그 나라를 땅에 세우기 위해 불타는 영광 가운데 아마겟돈에 내려가셨듯이, 그 나라를 세우기 위해 다시 오고 계십니다. 그리스도는 흰 옷을 입고 백마를 타고 오십니다. 우리도 흰 옷을 입고 백마를 타고 그분과 함께 옵니다. 우리는 그분과 함께하고자 갔다가, 그분과 함께 영광 가운데 다시 올 것입니다.

16절은 그분의 이름이 "만왕의 왕이요 만주의 주"라고 말합니다. 그분이 오시면 아마겟돈은 폐허가 됩니다. 아마겟돈의 최후는 17절 이후에 잘 나옵니다. 대학살과 죽음이 이어지고, 그분은 새들을 불러 그 살을 먹게 하십니다. 20절에는 짐승과 거짓 선지자가 둘 다 산 채로 유황불 붙는 못에 던져집니다. 그리고 21절에는 군대의 남은 자들이 검에 목숨을 잃습니다.

그다음은 어떻게 되겠습니까? 20장에 보면, 주님이 그분의 나라를 세우십니다. 4절을 보십시오. "또 내가 보좌들을 보니… [성도들이] 살아서 그리스도와 더불어 천 년 동안 왕 노릇 하니" (계 20:4) 그 천 년 끝에는 무슨 일이 벌어지는지 아십니까? 7절에 따르면, 천 년간 갇혀 있던 사탄이 잠시 놓여 세상으로 나옵니다. 사람들은 결혼하고 아이를 낳고 다시 이 땅을 채울 것입니다. 그리고 그중 일부는 예수 그리스도가 천 년간 예루살렘 도성을 다스리셨음에도, 그분을 믿지 않을 것입니다.

사실 그렇게 놀랄 일도 아닙니다. 사람들은 예수님이 처음 이 땅에 오셨을 때도 그분을 알아보지 못했습니다. 그분이 누구신지 알고서도 거절했습니다. 마지막까지 사탄은 최후의 반항을 이끕니다. "하늘에서 불이 내려와 그들[반역자들]을 태워 버리고"(계 20:9). 그런 다음, 전 역사를 통틀어 구원받지 못한 모든 이들이 크고 흰 심판의 보좌 앞으로 모입니다. 15절은 "누구든지 생명책에 기록되지 못한 자는 불못에 던져지더라"고 말합니다. 이것이 천년왕국의 마지막입니다.

그다음에는 또 무슨 일이 벌어질까요? 요한은 "새 하늘과 새 땅"(계 21:1), "새 예루살렘"(계 21:2)을 보았습니다.

하나님이 그들과 함께 계시리니 그들은 하나님의 백성이 되고 하나님은 친히 그들과 함께 계셔서 모든 눈물을 그 눈에서 닦아 주시니 다시는 사망이 없고 애통하는 것이나 곡하는 것이나 아픈 것이 다시 있지 아니하리니 처음 것들이 다 지나갔음이러라(계 21:3-4).

이것이 영원입니다. 새 하늘과 새 땅입니다. 21장과 22장은 계속해서 새 하늘과 새 땅을 묘사합니다. 마지막 메시지는 22장 맨 마지막에 나옵니다. "성령과 신부가 말씀하시기를 오라 하시는도다 듣는 자도 오라 할 것이요 목마른 자도 올 것이요 또 원하는 자는 값없이 생명수를 받으라 하시더라"(계 22:17). 이것이 마지막 초청입니다. 그리스도께 오십시오. 와서 마시십시오. 와서 그분의 구원에 참여하십시오. 하지만 여기에는 마지막으로 한 가지 경고가 있습니다. "불의를 행하는 자는 그대로 불의를 행하고 더러운 자는 그대로 더럽고 의로운 자는 그대로 의를 행하고 거룩한 자는 그대로 거룩하게 하라"(계 22:11). 다시 말해, 심판이 왔을 때 여러분이 어떤 사람이든, 그 상태로 영원히 살리라는 말씀입니다.

여러분도 요한처럼 "주 예수여, 오시옵소서"라고 고백할 수 있겠습니까? 다시 오실 주님을 맞을 준비가 된 여러분이기를 기도합니다.

5 영생을 얻는 법

마태복음 19:16-22

1983. 5. 29.

젊은 부자 관원에 대한 이 설교는 총 226편. 두꺼운 주석 4권 분량에 달하는 마태복음 설교 시리즈의 일부다. 이 설교 이후로, '주 되심 논란'의 핵심 주제를 다룬 설교가 이어졌다.

그 주에 윌리엄스버그에서 제9차 G7 경제정상회담이 개막했다. 로널드 레이건 대통령은 역사적 상징성이 짙은 버지니아 주 유명 관저에서 사흘간 7개국 정상을 손님으로 맞았다. 1983년 「타임」지에 실린 어느 기사를 인용하자면, "말뚝 울타리, 소박한 시골 집, 식민 시대 분위기를 풍기는 버지니아 주 윌리엄스버그는 베르사유의 장엄하고 엄격한 루이 14세 궁전과 극단적인 대조를 보였다." (베르사유는 직전 해의 정상회담 장소인데, 심각한 분열로 막을 내린 바 있다.)

G7의 중요 의제는 임박한 세계 부채 위기였다. 레이건 대통령을 포함한 그 누구도, 막강 소련이 10년이 채 못 되어 무너질 줄은 몰랐다. 그러나 소련 공산주의 경제가 몰락할 조짐은 이미 여기저기서 드러나고 있었다. 이후 몇 년 동안 존 맥아더도 구소련 연방 국가들을 자주 여행하게 된다. 젊은 부자 관원에 대한 이 본문은 그가 러시아와 우크라이나에서 (러시아어를 사용하는 침례교도들을 대상으로) 사역하던 초기에 애용하던 설교 본문이다.

이 말씀은 동구와 서구 가릴 것 없이 모두에게 시기적절한 메시지였다. 그리스도께 전적으로 복종하지 않고 부와 권력과 인기로 하나님께 인정받을 수 있다고 생각하는 사람들을 향한 분명한 경고의 메시지 말이다.

얼마 전에 비행기를 탔는데 제 옆에 앉은 젊은 남자가 자기를 소개하며 말을 걸었습니다. "선생님, 어떻게 하면 제가 예수 그리스도와 관계를 맺을 수 있는지 혹시 아시나요?" 이런 일은 흔치 않습니다. 아마도 제가 성경을 읽고 있는 모습을 보고 질문을 한 것 같았습니다. 그 청년은 구원받을 준비가 되어 있는 것 같았습니다. 그래서 제가 말했습니다. "주 예수 그리스도를 믿고 그분을 당신의 구세주로 받아들이면 됩니다." 그랬더니 그 청년은 "그렇게 하고 싶습니다" 하고 대답하더군요. 그래서 우린 함께 기도했습니다. 저는 그 일이 너무 기뻤지만, 그 사람의 헌신을 지속적으로 점검하는 데는 실패하고 말았습니다. 최소한 제가 보기에는, 그 사람은 그리스도 안에서 자라는 일에 꾸준한 관심이 없었습니다.

그리스도의 복음을 다른 사람에게 전해 본 분들은 이와 비슷한 경험을 해보셨을 줄 압니다. 여러분이 그리스도께 인도한 사람의 삶에 아무런 변화가 나타나지 않는 겁니다. 왜 그런지 고민했던 분들이라면, 오늘 설교에서 그 답을 찾을 수 있으리라 생각합니다. 저도 마태복음 19장 16-22절을 제대로 이해하기 전까지는 왜 그런 일이 생기는지 깨닫지 못했습니다. 이 본문은 누가복음 14장 33절에 분명히 나타난 또 다른 진리를 잘 설명해 주는 예화입니다. 주님은 "이와 같이 너희 중의 누구든지 자기의 모든 소유를 버리지 아니하면, 능히 내 제자가 되지 못하리라"고 말씀하셨습니다. 이렇게 명백한 진리가 또 어디 있습니까. 기도하는 사람이나 예수 그리스도가 필요하다고 생각하는 사람들이 반드시 구원을 얻는 것은 아닙니다. 구원은 모든 것을 포기하는 사람들을 위한 것입니다. 진정한 구원을 받으려면 모든 것을 기꺼이 포기해야 합니다.

오늘 본문을 함께 살펴봅시다.

어떤 사람이 주께 와서 이르되 선생님이여 내가 무슨 선한 일을 하여야 영생을 얻으리이까 예수께서 이르시되 어찌하여 선한 일을 내게 묻느냐 선한 이는 오직 한 분이시니라 네가 생명에 들어가려면 계명들을 지키라 이르되 어느 계명이오니이까 예수께서 이르시되 살인하지 말라 간음하지 말라 도둑질하지 말라 거짓 증언 하지 말라 네 부모를 공경하라 네 이웃을 네 자신과 같이 사랑하라 하신 것이니라 그 청년이 이르되 이 모든 것을 내가 지키었사온대 아직도 무엇이 부족하니이까 예수께서 이르시되 네가 온전하고자 할진대 가서 네 소유를 팔아 가난한 자들에게 주라 그리하면 하늘에서 보화가 네게 있으리라 그리고 와서 나를 따르라 하시니 그 청년이 재물이 많으므로 이 말씀을 듣고 근심하며 가니라(마 19:16-22).

예수님은 이 청년을 시험하셨습니다. 그는 자기 재산과 예수 그리스도 둘 중에 한 가지를 택해야 했습니다. 하지만 그는 그 모든 것을 포기할 맘이 없었기에 그리스도의 제자가 될 수 없었습니다.

마태복음 19장 16절에서 이 젊은이는 영생을 얻는 방법을 알고자 했습니다. '영생'이라는 말은 성경에 50회 정도 나옵니다. 복음전도의 핵심은 사람들이 영생을 찾고 얻는 것입니다. 요한복음 3장 16절은 "하나님이 세상을 이처럼 사랑하사 독생자를 주셨으니 이는 그를 믿는 자마다 멸망하지 않고 영생을 얻게 하려 하심이라"고 말합니다.

우리는 마태복음 19장의 젊은이가 이미 도달한 지점까지 사람들을 이끌고 가는 것이 전도라고 생각합니다. "영생을 얻으려면 어떻게 해야 합니까?"라는 질문에 "믿으세요. 카드에 서명하고, 손을 들고, 앞으로 나오시면 됩니다"라고 대답하면 그만이라고 생각하는 사람들이 많습니다. 예수님께 올바른 질문을 던진 이 부자 청년은 복음에 즉각 반응할 필요는 없었습니다. 그는 내가 비행기에서 만났던 그 청년처럼 어느 정도 관심은 있었습니다. 이 젊은이는 마태복음에서 가장 가능성 있는 전도 대상자였습니다. 그는 준비된 사람이었습니다. 하지만 놀랍게도 그는 영생을 얻지 못하고 돌아갔습니다. 이유는 간단합니다. 그는 모든 것을 포기할 마음이 없었기 때문입니다.

예수님은 이 청년이 뛰어넘기 힘든 장벽을 세우셨습니다. 예수님은 그를 결단으로 인도하시지 않고, 오히려 그를 멈춰 세우고 그의 구원을 가로막으셨습니다. 무슨 전도가 이렇습니까? 예수님이 복음전도 세미나에 참석하신다면 낙제가 틀림없습니다! 예수님은 어떻게 하면 그 청년이 카드에 서명하게 할 수 있는지 모르셨습니다. 가장 가능성 있는 후보를 놓치고 말았습니다. 솔직히, 놓치기 아까운 사람 아닙니까!

오늘날 비성경적인 복음전도가 세상에 만연합니다. 형식과 통계를 강조하는 현대의 대중 전도는 구원받지 않은 사람도 구원받았다고 착각하게 만들고 있습니다. 우리가 마태복음 19장 16-22절을 자세히 살펴봐야 하는 까닭도 그 때문입니다. 이 젊은이가 던진 질문과 비슷한 질문을 한번 해보겠습니다. "우리는 어떻게 영생을 얻을 수 있습니까?"

당신이 무엇을 원하는지 알아야 한다   이 사람은 영생을 얻으려는 마음으로 예수님께 왔습니다. 그는 자기가 원하는 게 무엇인지 알았습니다. 누구든 여기서부터 출발해야 합니다. 뭔가를 찾을 수 있으려면, 그 전에 자신이 찾는 게 무엇인지 알아야 합니다. 이 사람은 자신에게 영생이 없다는 것을 알았기 때문에 영생을 얻고자 했습니다.

마태는 이 사람이 젊은 부자였다고 말해 줍니다. 누가는 누가복음 18장 18절에서 그가 관리였다고 말합니다. 제 생각에는 그가 회당의 관리(참고. 마 9:18; 눅 8:41)가 아니었나 싶습니다. 당시에는 젊은이가 그런 지위에 있는 경우는 극히 드물었습니다. 유대 종교 지도자인 그는 독실하고 정직하며(유대교와의 관계 면에서), 부유하고 영향력 있는 사람이었을 것입니다. 그는 당대 문화와 종교의 관점에서는 부족함이 없는 사람이었습니다. 이 정도의 사람이 예수님을 찾아와 자기에게 영생이 없다고 인정했다는 것도 대단한 일입니다.

이 사람은 자기 영혼이 안식할 수 있는 현실을 발견하지 못했습니다. 그에게는 확실하고 영원한 평화와 기쁨, 소망이 없었습니다. 그는 자신이 느낀 이런 필요 때문에 예수님께 나아왔습니다. 그의 마음속에는 불안과 염려가 가득했습니다. 뭔가 불만족스러웠습니다. 그는 자신에게 영생이 없다는 사실을 알았습니다. 어떻게 그 사실을 알았을까요?

유대인들은 영생의 개념을 잘 알고 있었습니다. 환경에 반응할 수 있는 능력이 생명이라면, 영생은 하나님의 환경에 영원히 반응할 수 있는 능력이라고 할 수 있습니다. 우리는 하나님의 생명에 반응합니다. 구원받은 우리는 하늘에 속하게 됩니다(엡 1:3). 우리의 시민권은 영원합니다. 영생은 존재의 양보다는 존재의 질을 뜻합니다. 영생을 얻으면 하나님께 민감해집니다. 그분께 반응할 수 있게 됩니다. 구원받기 전에는 우리 몸이 죄 가운데 죽어 있어서 하나님의 환경에 전혀 반응할 수 없었습니다. 그런데 그리스도인이 되고 나서는 하나님의 환경에 반응할 수 있게 되었습니다.

이 젊은이는 자신에게 하나님의 환경에 민감하게 반응할 수 있는 능력이 없다는 사실을 알았습니다. 그는 하나님의 사랑과 쉼, 평화, 소망, 기쁨을 느끼지 못하고 있었습니다. 그분께 속해 있다는 안정감을 가져다주는 것들 말입니다. 그는 자신이 신령한 삶을 소유하지 못했다는 것을 알았습니다. 자기 영혼에 하나님의 생명이 없다는 것을 알았습니다. 하나님과 동행하며 교제하지 못하고 있다는 것을 알았습니다. 그는 기도하고 사색에 빠진 채 스스로 만족해하는 바리새인들과는 차원이 달랐습니다. 그는 자신이 삶의 질을 놓치고 있다는 것을 알았습니다. 우리도 영생이 단순히 영원히 사는 것이 아니라 '하나님께 살아 있는 상태'라는 점을 깨닫기를 바랍니다.

그리스 신화에 나오는 새벽의 여신 오로라 이야기를 통해 우리는 영원히 사는 게 영생이라는 개념을 좀 다른 시각으로 볼 수 있습니다. 오로라는 인간인 티토누스와 사랑에 빠졌습니다. 티토누스가 죽기를 원치 않았던 오로라는 그리스 최고의 신 제우스를 찾아갔습니다. 오로라는 티토누스가 영원히 살게 해달라고 요청했고, 제우스는 그녀의 청을 받아들였습니다. 하지만 오로라는 티토누스가 늙지 않고 영원히 살게 해달라는 조건을 빠뜨렸습니다. 그렇게 해서 티토누스는 죽지는 않았지만, 계속해서 늙는 바람에 사는 게 오히려 형벌이 되고 말았습니다. 이것은 성경이 말하는 영생이 아닙니다. 영생이란 살아 계신 하나님과 영원히 교제하는 과정입니다.

젊은 부자 관원은 자기가 원하는 게 무엇인지 알았습니다. 우리는 전도나 설교를 할 때, 사람들이 자신에게 영생이 필요하다는 사실을 알게 되는 것에 초점을 맞추어야 합니다.

가슴 깊은 곳의 필요를 느껴야 한다 자기에게 영생이 없다는 사실은 알면서도 영생이 필요 없다고 생각하는 사람들이 있습니다. 그런 사람들은 자신이 영적으로 살아 있지 않다는 것을 알지만, 그게 무슨 대수냐고 생각합니다. 그들은 자신이 하나님을 느끼지 못하고 다음 세상에 자기 생이 보장되어 있지 않다는 것을 알지만, 개의치 않습니다. 자기에게 부족한 것을 원할 만큼 간절하지 않습니다. 그러나 그 젊은이는 달랐습니다. 그는 자기가 무엇을 바라는지 알았고, 그것이 꼭 필요하다고 느꼈습니다. 젊은이의 질문에서 절실함이 묻어납니다. "선생님이여 내가 무슨 선한 일을 하여야 영생을 얻으리이까"(마 19:16). 예수님이 말씀하신 명령을 다 지켰다고 말한 그는 "아직도 무엇이 부족하니이까"(마 19:20) 하고 여쭈었습니다. 저는 이 질문에서 실망과 두려움을 느꼈습니다. 그는 독실한 삶을 살기 위해 애써 왔지만, 아직도 부족한 것이 있었습니다.

이 사람은 될성부른 나무였습니다. 그는 자신에게 영생이 없다는 것을 알았습니다. 그는 분명 모범적인 삶을 살았습니다. 겉으로 드러나는 죄를 짓지 않았습니다. 신실하고 흠이 없었습니다. 유대교의 기준에 어긋나지 않게 살았습니다. 그는 다른 사람들 눈에 지도자 감이었습니다. 하지만 그는 영생이 없었기에 만족하지 못했고, 자기 삶의 공허함을 견디지 못했습니다.

**간절히
찾아야 한다**   예수님은 이 젊은이가 자기를 찾아오기를 기다리셨습니다. 이 청년이 열심히 예수님을 찾아 헤매고 있었다는 사실을 어떻게 알 수 있습니까? 마태복음 19장 16절에는 "어떤 사람이 주께 와서"라고 나오지만, 병행구절인 마가복음 10장 17절은 "한 사람이 달려와서"라고 말합니다. 그는 급하게 예수님께 나아왔습니다. 그는 좌절을 느끼고 있었습니다. 그는 신실하고 경건한 사람이었습니다. 그는 하나님을 알 때 찾아오는 평안과 기쁨을 바랐던 것 같습니다. 그의 내면에는 그런 것들이 없었습니다.

이 사람에 대해 반드시 지적해야 할 한 가지는, 그가 자기중심적인 사람이었다는 점입니다. 그는 자기의 필요를 채우려고 예수님께 왔습니다. 잘못된 동기는 아니지만, 온전한 동기라고는 할 수 없습니다.

마가복음 10장 17절은 예수님이 길을 걷고 계셨다고 말합니다. 사람들이 분명 그분 주변에 몰려들었을 겁니다. 그때, 그 청년이 그 무리 가운데로 뛰어들었습니다. 그가 정말로 회당 관리였다면 사람들이 그를 알아봤을 것입니다. 그런데도 그는 사람들 앞에서 자기에게 영생이 없다고 이야기하는 것을 주저하지 않았습니다. 그 정도 지위의 사람에게서 그런 고백을 듣는 것은 매우 보기 드문 일이었을 것입니다.

마가는 그 청년이 예수님 앞에 무릎을 꿇었다고 덧붙입니다. 무릎을 꿇는 것은 겸손의 표시입니다. 그는 진지하고 의욕이 강하며 열심히 노력하는, 대단히 신실한 사람이었습니다. 하지만 영생을 너무나 간절히 원하고 또 추구했기에, 그를 이미 영적 거인으로 여기는 주변 사람들 앞에서 체면이 깎이는 것도 아랑곳하지 않았습니다.

이 정도쯤 되면, 여러분은 이번이 그가 구원받을 만한 절호의 기회라고 생각할 것입니다. 그는 구원받을 만반의 준비가 되어 있었습니다. 이런 사람이 구원받으면 더할 나위 없이 좋을 것 같습니다. 잘살고 영향력 있는 그리스도인들이 많이 나와야 하니까요. 그런 면에서 그는 절대로 놓쳐서는 안 될 회심자였습니다.

제대로 된
근원으로 가야 한다 영생을 찾는 사람은 많지만, 대부분 엉뚱한 곳에서 찾고 있습니다. 사탄은 온 세상에 가짜 종교를 심어놓고 사람들을 현혹합니다. 거기서는 영생을 찾을 수 없는데도, 사람들은 열심히 땅을 파고 있습니다. 그런데 이 사람은 장소를 제대로 찾아왔습니다.

요한일서 5장 11절은 "또 증거는 이것이니 하나님이 우리에게 영생을 주신 것과 이 생명이 그의 아들 안에 있는 그것이니라"고 말합니다. 20절은 예수 그리스도가 "참 하나님이시요 영생"이라고 말합니다. 예수님은 영생의 근원이 아니라, 영생 그 자체이십니다.

이 청년은 예수님의 능력을 익히 들어 알고 있었을 겁니다. 예수님을 '선생님'이라고 부른 것으로 보아, 그분의 가르침도 들어 본 것이 틀림없습니다. 그는 예수님을 하나님의 진리를 가르치는 분으로 인정합니다. 마가복음 10장 17절과 누가복음 18장 18절은 그가 예수님을 '선한' 분으로 불렀다고 말합니다. 선하다는 뜻의 헬라어 단어는 두 개가 있습니다. 그 중 '칼로스(*kalos*)'는 '형식이나 겉모습이 선한 것'을 뜻하는 반면, 마가복음과 누가복음에 쓰인 '아가토스(*agathos*)'는 '내면의 선', '도덕적인 선', '본질적인 선'을 뜻합니다. 그는 예수님이 도덕적으로 선하다는 사실을 인정했습니다. 그는 예수님이 하나님의 진리를 가르치며 영생을 얻는 비결도 알고 계시리라 믿었습니다.

저는 이 사람이 예수님을 하나님으로 보았다고는 생각하지 않습니다. 메시아로 보았다고도 생각하지 않습니다. 그가 그분을 단순히 도덕적으로 선한 선생으로 언급하기 때문입니다. 이 젊은이는 예수님의 힘 있는 가르침과 그분의 삶에 매료된 나머지, 그분이 자신에게 영생의 비결을 알려 줄 수 있을지도 모른다고 생각했습니다.

비록 예수님이 어떤 분인지 온전히 알지는 못했지만, 그는 확실히 제대로 된 곳을 찾아왔습니다. 사도행전 4장 12절입니다. "다른 이로써는 구원을 받을 수 없나니 천하 사람 중에 구원을 받을 만한 다른 이름을 우리에게 주신 일이 없음이라 하였더라"(행 4:12).

**올바른 질문을
던져야 한다**   "내가 무슨 선한 일을 하여야 영생을 얻으리이까"라는 이 청년의 질문이 행위 중심 질문이라며 그를 깎아내리려는 사람들이 많았습니다. 그가 행위 중심의 사람인 것은 확실합니다. 그는 바리새인의 전통에서 자랐습니다. 하나님의 은혜를 입으려면 종교 행위를 열심히 해야 한다고 생각하도록 훈련을 받았습니다. 그럼에도 저는 그의 질문이 타당하다고 생각합니다. 본문을 살피면, 그가 특별한 한 가지 행위를 강조했다고 보기는 어렵습니다. 사실 영생을 얻기 위해 우리가 해야 할 일이 있습니다. 바로 그리스도를 믿는 것입니다. 우리 쪽에서도 의지를 발휘해야 합니다. 우리 쪽에서 반응을 보여야 합니다. 그는 이런 질문들을 던지지 않았습니다. "어떻게 하면 더 독실한 사람이 될 수 있습니까?" "어떻게 하면 더 도덕적인 사람이 될 수 있습니까?" "어떻게 하면 더 존경을 받을 수 있습니까?" 대신에 그는 이렇게 말했습니다. "저는 영생을 원합니다. 어떻게 하면 영생을 얻을 수 있습니까?" 예수님을 함정에 빠뜨리려고 던진 질문도 아니었습니다. 그는 영생을 얻기 위한 방편으로 자기 의를 내세우려고 하지도 않았습니다. 그는 그저 정직한 질문을 던졌을 뿐입니다.

사람들이 예수님께 던진 또 하나의 질문이 떠오릅니다. "우리가 어떻게 하여야 하나님의 일을 하오리이까"(요 6:28). 이 질문이야말로 행위 중심 질문이라고 할 수 있습니다. 예수님은 이렇게 대답하셨습니다. "하나님께서 보내신 이를 믿는 것이 하나님의 일이니라"(요 6:29). 우리는 그리스도를 신뢰하는 우리의 의지를 발휘하여 믿음으로 행동해야 합니다. 이 청년도 "무슨 선한 일을 해야 하느냐"고 물었습니다. 그는 무언가 진정으로 선한 일을 해야 한다는 것을 알았습니다.

죄인임을 고백해야 한다

예수님의 대답은 놀랍습니다. 요즘 그리스도인들은 이렇게 말할지도 모릅니다. "그냥 믿으세요. 예수님이 당신을 위해 죽으셨다가 다시 사셨습니다. 그 사실을 믿고 기도하고 그분을 마음에 모시세요. 예수님을 당신의 구세주로 고백하면 구원받는답니다." 하지만 예수님의 대답은 이런 것과는 거리가 멀었습니다. 그분은 그 사람 앞에 벽을 세워 그를 멈칫하게 만드셨습니다. "예수께서 이르시되 어찌하여 선한 일을 내게 묻느냐 선한 이는 오직 한 분이시니라 네가 생명에 들어가려면 계명들을 지키라"(마 19:17). 예수님은 이렇게 말씀하고 계십니다. "왜 너는 내게 무슨 선한 일을 해야 하느냐고 묻느냐? 내게 남들은 모르는 무슨 비결이라도 있다고 생각하느냐? 하나님 외에는 선한 것이 없다. 너는 하나님의 말씀을 이미 알지 않느냐. 생명을 원하면 그분의 계명을 지켜라. 너는 이미 그 계명들을 알고 있으니, 내게 물어볼 필요가 없다."

그는 하나님의 율법에 기록된 선한 것들을 이미 알고 있었습니다. 그에게 필요한 것은 가서 행하는 것뿐이었습니다. 하나님 한 분만이 선하십니다. 하나님은 그분의 선하심 가운데 그분의 뜻을 드러내셨습니다. 그는 하나님의 계시와 율법을 알고 있었습니다. 예수님은 거기에 아무것도 더하지 않으셨습니다. 이제 그 사람이 할 일은 그 모든 계명을 지키는 것이었습니다.

그러나 이 사람의 방법에는 무언가 빠진 게 있었습니다. 그는 구원이 필요하다고 느껴서 예수님을 찾아왔습니다. 불안과 좌절에 시달리던 그는 기쁨과 사랑, 평안과 소망을 찾고 싶었습니다. 그러나 이런 이유만으로 그리스도께 나아오는 것은 뭔가 부족합니다. 잘못이 아니지만 불완전하다고 할 수 있습니다. 우리가 다른 사람들에게 행복과 기쁨과 평안을 준다면, 사람들은 열광적인 반응을 보일 것입니다. 우리는 심리적으로 불안정한 사람들을 찾기만 하면 됩니다. 염려하는 사람들에게 예수님을 만병통치약으로 제시한다면, 사람들은 당장 그분을 받아들일 것입니다. 하지만 이것은 구원에 대한 온전한 이해가 아닙니다.

예수님은 이 사람이 하지 않은 일 한 가지는 이미 그도 알고 있는 일이라고 말씀하셨습니다. 그것은 하나님이 말씀 가운데 명령하신 것을 다 행하는 것이었습니다. 그가 해야 할 일은 바로 '계명을 지키는' 일이었습니다. 사람들은 도대체 누가 하나님의 계명을 다 지킬 수 있느냐고 반문합니다. 맞습니다. 예수님은 이 젊은이에게 모든 계명을 지키라고 명령하셔서, 그가 자신의 무능함을 깨닫기를 바라고 계셨습니다. 이 사람의 문제는 자기 죄였습니다. 그는 죄 문제를 언급하지 않았습니다. 그는 거룩하신 하나님께 죄를 지었다는 사실을 모르고 있었습니다. 그는 영생에 대한 갈망 속에 자신의 걱정과 문제를 숨기고 있었습니다. 그는 자신의 인생이 무한히 거룩하신 하나님께 거슬린다는 생각을 전혀 하지 못했습니다. 구원의 진리를 이해하려면 그런 깨달음이 꼭 필요합니다.

예수님이 이 청년에게 명하신 '선한' 일 한 가지는 바로 하나님의 율법을 지키는 것이었습니다. 예수님이 추가하실 것은 아무것도 없었습니다. 선하신 하나님은 그분의 선하신 뜻을 계시하셨습니다. 우리가 지켜야 할 율법이 그것입니다. 그분의 율법을 지키면 구원받을 수 있을까요? 물론입니다. 하지만 그것은 우리에겐 불가능한 일입니다. 그 청년은 자신이 하나님께 죄를 범했다는 사실을 인정해야 했습니다.

여러분은 사람들의 심리적인 필요를 이용하거나 사람들에게 평안과 소망, 기쁨, 행복이 부족하다는 이유만으로는 그들을 예수 그리스도께 데려올 수 없습니다. 구원은 세상 것들에서 돌이켜 하나님을 찾으려는 사람들을 위해 마련되었다는 사실을 분명히 이해시켜야 합니다. 구원은, 자신이 거룩하신 하나님을 거슬러 반항하고 죄를 지으며 살아 왔다는 사실을 인정하는 사람들을 위한 것입니다. 돌이켜 죄를 고백하고 그분의 영광을 위해 살겠다고 헌신하기 원하는 사람들을 위한 것입니다. 그런데 이 젊은이는 자신의 필요밖에 몰랐습니다. 자기 삶에 뭔가가 빠져 있다는 것은 알았지만, 그것을 깨닫는 것만으로는 부족합니다.

우리 주님은 이 젊은이의 초점을 하나님께로 옮기셨습니다. 주님은 그의 행동이 거룩하신 하나님께 거슬린다는 것이, 이 젊은이의 진짜 문제임을 그에게 보여주려 애쓰셨습니다. 그가 "이 모든 것을 내가 지키었사온대"라고 대답했을 때, 주님은 이 사람의 인생을 하나님의 기준에 비추었습니다. 그리고 그가 자신의 부족함을 깨달을 수 있기를 바라셨습니다.

비행기에서 한 청년과 나눈 대화를 되돌아보니, 제가 그 사람의 겉모습만 보고 판단했다는 사실을 깨달았습니다. 죄 문제를 해결하기 위해서는 그리스도가 반드시 필요하다는 사실은 빠뜨린 채, 그의 심리적 필요에 초점을 맞춰 그리스도를 소개했습니다. 다른 사람에게 복음을 전할 때는 사람들이 자신의 죄성을 온전히 깨달았는지 반드시 확인해야 합니다. 자신의 죄가 하나님의 거룩하신 율법에 위배된다는 사실 말입니다. 복음을 전할 때는, 불완전한 죄인에게 하나님의 완벽한 율법을 제시함으로 그 사람이 자신의 부족함을 볼 수 있게 해야 합니다. 이것이 복음전도의 핵심입니다. 사람들의 필요나 감정, 문제만 다루는 전도는 한쪽으로 기울어진 전도입니다. 이런 전도 때문에 교회에 구원받지 못한 사람들이 흘러넘칩니다. 이런 사람들은 자기에게 부족한 것을 찾다가 심리적 안정을 얻긴 했지만, 대속의 구원을 받지는 못합니다. 바울이 구원이라는 주제를 다루기 전에 로마서 1-3장에서 인간의 죄성을 자세히 다룬 이유가 무엇이겠습니까? 인간의 죄가 구원의 핵심 사안이기 때문입니다.

젊은 부자 관원은 자신이 하나님께 죄를 지었다는 생각을 전혀 하지 못했습니다. 양심의 가책이나 후회도 없었습니다. 저는 구원을 얻으려면 반드시 자기 죄를 아파하는 마음이 있어야 한다고 생각합니다(참고. 마 5:4). 그리스도가 산상수훈에서 말씀하신 태도를 드러내야 합니다. 하나님께 용서를 구해야 합니다. 온유해야 합니다. 자기 죄 때문에 애통하는 마음을 가져야 합니다. 하지만 이 관원에게는 그런 마음이 없었습니다. 자신의 심리적 필요를 충족하기 바라는 마음이 전부였습니다. 적어도 이 본문에서는, 그가 자기 죄 때문에 괴로워하는 모습을 찾아볼 수 없습니다. 하나님께 죄를 지었다는 이유로 슬퍼하는 모습도 보이지 않습니다. 자기 죄를 깨닫는 모습조차 보이지 않습니다. 여러분은 그리스도가 우리를 행복하게만 해주실 거라고 사람들을 현혹해서는 안 됩니다.

이 질문은 어쩌면 이단처럼 들릴지도 모르겠습니다. 하지만 하나님이 여러분의 인생을 위한 '놀라운 계획'을 갖고 계시지 않다는 사실을 아십니까? 영원한 고통을 놀라운 계획이라고 생각하지 않는다면 말입니다. 하나님은 그리스도를 알지 못하는 사람들을 위해 끔찍한 계획을 세우십니다. 어쩌면 우리는 사람들에게 전도할 때 이런 말로 시작해야 할지도 모르겠습니다. "하나님이 당신을 사랑하시고 당신의 인생을 위한 끔찍한 계획을 갖고 계신다는 사실을 아십니까?" 우리는 죄 문제를 들고 나와야 합니다. 구약 성경은 "매일 분노하시는 하나님이시로다"(시 7:11)라고 말합니다. 선하고 거룩하고 순결하신 하나님은 악을 참지 못하십니다. 그래서 예수님은 반드시 확인해야 할 것을 확인하십니다. 우리가 지켜야 할 하나님의 율법이 있다는 것 말입니다. 그 법을 어기는 사람은 하나님의 심판을 받습니다.

그리스도는 그 청년이 영생을 바라는 동기가 불완전하다고 하시며 그 앞에 장벽을 세우셨습니다. 그는 자신이 거룩하신 하나님께 반항했다는 사실을 직시해야 했고, 무엇보다 변하려는 의지를 품어야 했습니다.

젊은이는 예수님의 명령에 "어느 계명이오니이까?" 하고 여쭈는 것으로 답했습니다. 그는 어느 계명을 지켜야 하는지 알고 싶어 했습니다. 주님은 그에게 십계명 후반부의 다섯 계명을 말씀하신 다음, 한 가지를 덧붙이십니다.

살인하지 말라, 간음하지 말라, 도둑질하지 말라, 거짓 증언 하지 말라, 네 부모를 공경하라 네 이웃을 네 자신과 같이 사랑하라(마 19:18-19).

십계명은 두 부분으로 나뉩니다. 처음 네 계명은 하나님과의 관계를, 나머지 여섯 계명은 사람과의 관계를 다룹니다. 예수님은 젊은이에게 후반부의 계명을 주십니다. 상대적으로 지키기 쉬운 계명들입니다. 십계명은 다 지키기 어렵지만, 후반부의 계명이 그나마 좀 나아 보입니다. 하나님을 제대로 사랑한 사람이 있을 수 없고, 그분 앞에서 늘 100퍼센트 정직한 사람도 있을 수 없지만, 최소한 이렇게 말할 수는 있지 않습니까? "저는 사람을 죽인 적이 없습니다. 남의 물건을 훔친 적도 없고요. 다른 사람과 불륜에 빠진 적도 없습니다. 아무에게도 거짓말하지 않았습니다. 늘 부모님을 공경하려고 애씁니다." 그래서 그리스도는 속는 셈 치고 이 젊은이의 말을 믿기로 하고 좀 더 쉬운 계명을 주십니다. 그러고는 마지막에 한 가지 계명을 추가하여 난도를 살짝 높이셨습니다. "네 이웃을 네 자신과 같이 사랑하라"(마 19:19). 예수님은 이 청년의 삶을 십계명과 레위기 19장 18절에 비추었습니다. 그리고 그가 하나님의 율법을 어기고 있다는 사실을 이해하도록 유도하셨습니다. 구원에서의 핵심 문제는 심리적 필요나 거룩한 갈망이 아니라 하나님의 율법을 거스르는 죄입니다.

율법을 가르치고 나서야 비로소 은혜를 가르칠 수 있습니다. 율법의 요구 사항을 알지 못하면 은혜가 어떤 의미인지 알 수 없기 때문입니다. 죄책을 이해하지 못하는 사람은 자비를 이해할 수 없습니다. 율법의 메시지를 전하기 전에는 은혜의 복음을 전할 수 없습니다. 예수님도 이 청년에게 그렇게 하셨습니다.

그분은 먼저 하나님의 계명을 제시하셨습니다. 이 젊은이가 자신이 하나님의 기준에 한참 못 미친다는 사실을 인정하기 원하셨습니다. 그가 자신의 심리적 필요를 채우는 데 만족하지 않고, 거룩하신 하나님과의 관계를 제대로 세워야 한다는 사실을 깨닫기 원하셨습니다.

이 젊은이의 반응은 대단합니다. "이 모든 것을 내가 지키었사온대"(마 19:20). 아마도 이 젊은 부자 관원은 살인이나 간음, 도적질, 거짓말을 한 적이 없을 것입니다. 부모 공경에도 별 흠이 없다고 생각했을 것입니다. 의로운 행위라는 외적 개념에 근거해서 이런 계명들을 지켰을 겁니다. 그러나 예수님이 이웃을 자신과 같이 사랑하라는 내면의 명령을 들이대셨을 때, 그는 모든 계명을 지켰다는 말로 스스로를 속이고 있었던 것이 틀림없습니다. 그가 거짓말을 하고 있다는 사실을 알았으니, 적어도 거짓 증거 하지 말라는 계명은 어긴 셈이 되었습니다. 그러나 대부분의 유대인들은 율법을 외면화하는 데만 온통 신경을 쓰고, 마음의 문제는 다루지 않았습니다.

마태복음 5장 21-37절에서 예수님은 말씀으로 율법을 내면화하셨습니다. "나는 너희가 스스로 살인하지 않았다고 생각한다는 것을 안다. 하지만 다른 사람을 미워하면 마음속으로 살인을 한 것이다. 또 너희가 스스로 간음하지 않았다고 생각한다는 것을 안다. 하지만 음욕을 품고 여자를 본 사람은 이미 마음속으로 간음한 것이다. 성경적 근거 없이 아내와 이혼한 사람도 간음한 것이다. 너희는 거짓말한 적이 없다고 말하겠지만, 거짓 맹세를 한 사람은 거짓말을 한 것이다."

예수님은 마태복음 5장에서 사람들에게 정면으로 도전하십니다. 그들은 겉으로는 선해 보였지만 마음속에는 악이 가득했습니다. 십계명은 올바른 태도를 겉으로 드러내는 외적 행동 양식입니다. 사람을 죽이지 않는 것만으로는 부족합니다. 사람을 미워하지 말아야 합니다. 간음하지 않는 것만으로는 부족합니다. 간음하고 싶은 마음을 품지 말아야 합니다. 이 젊은이는 율법의 내면적 성격을 이해하지 못했습니다. 율법이 외적으로 요구하는 내용만 알았을 뿐입니다. 그는 겉으로는 모든 계명을 다 지켰다고 믿었습니다.

놀라운 것은, 이 사람이 다른 사람들 앞에서 자신이 의롭다고 고백했다는 점입니다. 그는 사람들이 자신의 의로움을 확인해 주리라고 믿었던 것이 틀림없습니다. 그런데 그것이 바로 그의 문제였습니다. 그는 자신이 하나님의 율법을 어겼다는 사실을 전혀 의식하지 못하고 있었습니다. 예수님은 그런 조건으로는 그를 받아주실 수 없었습니다. 예수님은 그 청년이 자신의 죄를 직시하게 하셔야 했습니다. 월터 챈트리는 자신의 책 『잃어버린 복음』(*Today's Gospel: Authentic or Synthetic?*, 규장 역간)에서 이런 글을 인용합니다. "율법으로 상처받은 사람들을 만나면, 그때가 바로 복음의 향유를 쏟아부을 때다. 율법의 날카로운 침이 복음이라는 붉은 줄이 드리울 길을 내준다. 사람들의 상처를 꿰매 주려면, 그전에 먼저 그들에게 상처를 주어야 하는 법이다."

이 젊은이는 자신에게 죄가 있다고 생각하지 않았습니다.

그는 구원의 의미를 이해하지 못했습니다. 죄인은 하나님께 나아와 용서를 구해야 한다는 것을 알지 못했습니다. 죄를 지은 적이 없다고 생각하는 사람은 구원받을 수 없습니다. 이 젊은이는 열심히 영생을 찾았습니다. 그가 던진 올바른 질문에 예수님은 그의 죄 문제를 꺼내셨지만, 그는 자기 죄를 고백하려는 마음이 없었습니다. 죄를 고백하고 회개하는 것이 구원의 핵심입니다. 주님은 우리에게 그 점을 강조하십니다. 이 젊은이는 하나님의 율법에서 가장 중요한 핵심을 놓쳤습니다. 그는 율법을 내면화하지 못했습니다. 율법은 하나님이 원하시는 것을 알려주는 우리 마음의 도구에 불과하다는 사실을 이해하지 못했습니다.

젊은이는 마태복음 19장 20절 마지막에서 "아직도 무엇이 부족하니이까"라고 묻습니다. 그는 자신이 계명을 지키려고 애썼고, 실제로도 지켰다고 마음속으로 확신했습니다. 자기 의라는 종교가 이와 같습니다. 스스로 속이는 것입니다. 이 사람은 자신이 의롭다고 믿었습니다. 율법을 지켰다고 믿었습니다. 그래서 무슨 할 일이 더 남았는지 궁금해했던 것입니다. 그는 자신이 하나님의 율법에 미치지 못한다고는 꿈에도 생각지 못했습니다.

마가복음 10장 21절은 "예수께서 그를 보시고 사랑하사"라고 말합니다. 예수님은 진실하고 성실한 이 사람을 사랑하셨습니다. 그분은 아무도 멸망하기를 원치 않으십니다(벧후 3:9). 믿는 이들의 죄를 위해 이제 곧 돌아가실 주님은 그 청년의 영혼도 구원받기를 간절히 바라셨습니다. 하지만 그가 내미는 조건으로는 그를 받아주실 수 없었습니다. 젊은 부자 관원은 자신의 죄성을 깨달아야 했습니다.

영생을 얻으려면 반드시 죄를 고백하고 회개해야 합니다. 그런데 이것은 인간 스스로 할 수 없는, 성령의 역사입니다. 우리는 하나님의 영에 의지해야만 거룩하신 하나님께 범죄했다는 사실을 깨달을 수 있습니다. 예수님은 이 젊은이가 자기 죄를 고백하고 거기서 돌이켜야 한다는 사실을 깨닫지 못하면, 그를 용납하지 않으실 것입니다.

주님께 굴복해야 한다   예수님은 본문 21절에서 이 사람을 위해 한 걸음 더 나아가셨습니다. "네가 온전하고자 할진대 가서 네 소유를 팔아 가난한 자들에게 주라 그리하면 하늘에서 보화가 네게 있으리라 그리고 와서 나를 따르라"(마 19:21). 이 사람은 이웃을 자기 몸처럼 사랑한다고 주장했습니다. 그래서 예수님은 그가 정말로 이웃을 사랑한다면 그 증거로 모든 소유를 이웃에게 나누어 주라고 말씀하셨습니다. 일종의 사전 구원 테스트였습니다. "내가 너에게 바라는 일을 할 수 있겠느냐? 네 인생을 누가 움직이고 있느냐? 너냐, 아니면 나냐?"

저는 주님께 완전히 굴복해야 진정한 구원을 얻을 수 있다고 믿습니다. 물론, 그리스도께 오는 모든 사람이 그리스도의 주 되심에 대한 복종이 무엇을 뜻하는지 완벽하게 이해하고 있다고는 생각하지 않습니다. 하지만 주님은 모든 그리스도인이 기꺼이 자기 죄를 고백하고 복종하기를 바라십니다. 그러면 그리스도는 죄의 고백과 복종이 무엇을 뜻하는지 온전히 보여주실 것입니다.

예수님은 그 청년에게 있는 탐욕의 죄를 지적하셨습니다. 방종과 물질주의가 그의 죄였습니다. 그는 가난하고 궁핍한 사람들에게 무관심했습니다. 예수님은 그를 최후의 시험대에 올리셨습니다. 과연 그는 예수님의 주 되심에 순종할까요? 우리 역시 그리스도인이 되기 위해서는 전 재산을 기부해야 합니까? 아닙니다. 주님은 모든 사람에게 그런 것을 요구하시지 않았습니다. 그렇다면 주님이 각 사람에게 요구하시는 것은 무엇이든 실천해야 합니까? 맞습니다. 그분의 요구 사항은 그분이 말씀하시는 대상에 따라 다릅니다.

본문에서 주님은 젊은이의 인생에서 가장 중요한 문제를 지적하셨습니다. 예수님은 누가복음 14장 33절에서 "이와 같이 너희 중의 누구든지 자기의 모든 소유를 버리지 아니하면 능히 내 제자가 되지 못하리라"는 원칙을 말씀하십니다. 그리고 이렇게 물으십니다. "내가 너에게 명령하는 것은 무엇이든 할 수 있겠느냐?" 예수님은 그 사람이 가장 소중하게 여기는 것이 무엇인지 아셨습니다. 여자, 직장, 자신이 즐기는 특정한 죄 등 사람마다 중요하게 여기는 것이 다릅니다. 그런데 이 사람에게 중요한 것은 자신의 돈과 재산이었습니다. 주님은 그가 그것을 포기하기를 바라셨습니다.

소유를 포기해야 한다고 하니, 어느 종과 주인의 이야기가 생각납니다. 어느 날 주인이 말했습니다. "내가 어떻게 하면 네가 가진 것을 가질 수 있겠느냐?" 종이 대답했습니다. "흰 옷을 입고 진흙탕에 들어오셔서 저희 종들과 함께 일하시면 됩니다." 주인이 말했습니다. "싫구나. 그리스도인이 되려고 그렇게까지 해야 한단 말이냐?" 종이 말했습니다. "저는 그저 주인님이 하셔야 할 일을 말씀드렸을 뿐입니다." 주인은 몇 차례 다시 와서 똑같은 질문을 던졌지만, 종의 대답은 변함이 없었습니다. 결국 주인은 이렇게 말했습니다. "네가 가진 것을 갖고 싶으니 네가 말한 대로 해야겠다." 그러자 종이 대답했습니다. "좋습니다. 이제 그렇게 하실 필요 없습니다. 그렇게 하시려는 의지가 중요하니까요." 예수님은 이 젊은이의 약점을 드러내신 것입니다. "내가 네 인생에서 최고 우선순위가 되지 않는 한, 네게 구원은 없다."

구원에는 두 가지가 필요합니다. 여러분이 하나님께 죄를 지었다는 인식과, 여러분의 현재 우선순위를 내려놓고 그리스도의 명령을 따르겠다는 결단입니다. 여러분에게 가장 소중한 것을 잃어버리게 된다 하더라도 말입니다. 구원은 어떤 대가를 치르더라도 죄와 이별하고 예수 그리스도를 따르겠다는 헌신입니다. 이런 조건으로 구원을 받으려는 마음이 없다면, 예수님은 여러분을 받아주시지 않을 겁니다.

구원하지 못하는 믿음은 불안해하는 사람들에게 심리적 안정감을 줍니다. 그리고 그 믿음은 죄에서 돌이키고 그리스도의 주 되심을 인정해야 한다고 요구하지도 않습니다. 마태복음 13장 44-46절에는 두 가지 비유가 등장합니다. 감춰진 보화와 좋은 진주의 비유입니다. 저는 이 두 비유가 하나님 나라가 제시하는 구원을 가리킨다고 믿습니다. 어떤 사람이 보화를 얻으려고 자신의 모든 소유를 팔아 밭을 샀습니다. 나머지 한 사람은 모든 것을 팔아 진주를 샀습니다. 그들은 자신의 모든 소유를 팔아 원하는 것을 손에 넣었습니다. 예수 그리스도께 나아오는 것은 그분을 여러분의 인생에서 최고의 주인으로 모시는 것을 뜻합니다. 그분이 여러분의 최고 우선순위가 되는 것입니다. 갓 구원받은 사람들이 그리스도의 주 되심이 뜻하는 바를 온전히 이해하기는 어렵습니다. 하지만 구원에는 그리스도를 주로 모시겠다는 헌신이 반드시 포함됩니다. 그래서 로마서 10장 9절에서도 "네가 만일 네 입으로 예수를 주로 시인하며 또 하나님께서 그를 죽은 자 가운데서 살리신 것을 네 마음에 믿으면 구원을 받으리라"고 말합니다. 구원에는 대가가 따릅니다. 여러분이 가진 모든 것을 내놓아야 합니다.

자신의 모든 소유를 붙들고 있었던 이 청년은 예수님의 시험을 받았습니다. 그는 어떻게 반응했습니까? "그 청년이 재물이 많으므로 이 말씀을 듣고 근심하며 가니라"(마 19:22). 그는 왜 그냥 가 버렸습니까? 그리스도보다 자기 재산이 더 소중했기 때문입니다. 그는 그런 조건으로는 구원받을 마음이 없었습니다. 그는 솔직한 사람이었습니다. 그는 진심으로 영생을 원했지만, 그 대가를 치르고 싶지는 않았습니다.

이 사람과 정반대의 반응을 보인 대표적인 성경 인물이 있습니다. 누가복음 19장 1-6절을 봅시다.

예수께서 여리고로 들어가 지나가시더라 삭개오라 이름 하는 자가 있으니 세리장이요 또한 부자라 그가 예수께서 어떠한 사람인가 하여 보고자 하되 키가 작고 사람이 많아 할 수 없어 앞으로 달려가서 보기 위하여 돌무화과나무에 올라가니 이는 예수께서 그리로 지나가시게 됨이러라 예수께서 그 곳에 이르사 쳐다보시고 이르시되 삭개오야 속히 내려오라 내가 오늘 네 집에 유하여야 하겠다 하시니 급히 내려와 즐거워하며 영접하거늘(눅 19:1-6).

왜 그랬을까요? 삭개오도 구도자(seeker)였습니다. 세리들은 길가의 행렬을 보려고 나무 위에 올라가는 채신머리없는 행동은 하지 않습니다. 하지만 진정한 찾는이였던 그는 체면 따위는 안중에도 없었습니다. 예수님을 만난 삭개오가 어떻게 변했는지는 7-8절에 잘 나와 있습니다.

뭇 사람이 보고 수군거려 이르되 저가 죄인의 집에 유하러 들어갔도다 하더라 삭개오가 서서 주께 여짜오되 주여 보시옵소서 내 소유의 절반을 가난한 자들에게 주겠사오며 만일 누구의 것을 속여 빼앗은 일이 있으면 네 갑절이나 갚겠나이다(눅 19:7-8).

삭개오는 자기 일생이 실수투성이이고, 자기 삶을 바로잡아야 한다는 사실을 잘 알았습니다. 그는 가난한 사람들에게서 갈취한 돈을 400퍼센트로 갚아야겠다고 깨달았습니다. 젊은 관원의 태도와는 딴판입니다. 예수님은 "오늘 구원이 이 집에 이르렀으니 이 사람도 아브라함의 자손임이로다"(눅 19:9)라고 말씀하셨습니다. 삭개오는 이제 명실상부한 유대인이 되었습니다. 어떻게 해서 그의 집에 구원이 이르렀습니까? 그가 자신의 죄성을 철저히 깨달았기 때문입니다. 그는 불의하게 취한 것은 물론, 자기 소유의 절반을 되돌려주고자 했습니다.

마태복음 19장에 나오는 젊은이의 이야기는 슬픈 결말을 맞습니다. 그는 삭개오처럼 헌신할 용의가 없었습니다. 예수님은 하나님의 율법에 비추어 그가 죄인임을 보여주셨지만, 그는 자신의 죄와 마주하기를 거부했습니다. 주님은 그에게 한 가지 명령을 주시고 자기를 따르라고 부탁하셨지만, 그는 어느 쪽도 받아들이지 않았습니다. 그는 자기 죄에서 돌이키고 자기 인생에서 예수 그리스도를 주님으로 인정하려는 마음이 없었기에 구원을 받을 수 없었습니다. "그 청년이 재물이 많으므로 이 말씀을 듣고 근심하며 가니라"(마 19:22). 그는 영생을 찾아왔지만 빈손으로 돌아갔습니다.

6 시련의 목적

여러 본문

1986. 6. 8.

이 해에 존 맥아더는 마스터 대학 학장으로 부임해서 마스터 신학교 설립을 준비하고 있었다. 마스터 신학교는 같은 해 가을 학기에 공식 개교할 예정이었다. 두 학교의 총장을 맡으면서 막대한 책임이 늘었지만, 존은 평소와 다름없는 열정으로 설교 사역을 계속했다. 로마서 강해 시리즈를 막 마친 그는 1986년 5월 11일부터 야고보서 강해 시리즈를 시작했는데, 이 설교는 그 시리즈의 다섯 번째 설교였다.

이 설교를 전하기 일주일 전에는 대서양 허리케인 시즌이 시작되었다. 한 주 동안 허리케인으로 텍사스와 동부 해안이 초토화되는 불길한 징조가 나타났지만, 1986년 이후로 15년간은 다행히 심각한 피해가 없었다.

여러분이 마주칠 수 있는 최악의 시련을 상상해 보십시오. 어떤 사람들은 모아놓은 돈을 다 까먹고 재정적으로 위기에 처한 상황을 그려 볼 수 있을 겁니다. 실직하고 가족을 부양하지 못하는 상황도 생각해 볼 수 있겠죠. 가족이 중병에 걸렸거나 심각한 교통사고를 당했거나 강간, 살인, 강도를 만난 상황도 있을 수 있습니다. 이런 끔찍한 사건들은 여러분과 여러분 가족에게 어떤 식으로든 영향을 미치게 됩니다.

욥기는 우리 인생에 그런 비극이 반드시 찾아온다고 전합니다. "사람은 고생을 위하여 났으니 불꽃이 위로 날아가는 것 같으니라"(욥 5:7). 아무 문제 없는 완벽한 세상을 만들려고 애쓰는 사람에게도 머지않아 엄청난 슬픔이 찾아올 것입니다. 때때로 이러한 슬픔과 괴로움을 예상하다 보면 우리의 가장 큰 기쁨들에 암울한 그림자를 드리우는 경우가 있습니다. 아마도 그런 이유로 성경은 예수님이 우신 장면만 기록하고, 그분이 웃는 장면은 단 한 번도 기록하지 않았는지도 모릅니다. 예수님을 웃게 만든 일도 분명 있었겠지만, 죄에 대한 슬픔이 그분의 행복을 앗아갔을지도 모른다는 생각이 듭니다.

모든 사람에게는 인생의 어느 시점에서 삶의 고통을 정면으로 마주해야 할 순간이 찾아옵니다. 그래서 고통에 대처하는 법을 배우는 것이 중요합니다. 욥은 우리가 상상할 수 있는 최악의 시련을 맞았습니다. 자녀와 가축을 잃었고, 몸에 난 종기가 그를 몹시 괴롭혔습니다. 더 불행한 것은 아내마저 그를 동정하지 않았다는 사실입니다. 하지만 제 생각에는, 세상에서 가장 끔찍한 시련을 겪은 사람은 아마 아브라함이 아닐까 싶습니다.

창세기 22장에는 하나님이 아브라함에게 차마 상상하기 힘든 시험을 주시는 장면이 나옵니다. 우리는 아브라함의 이야기에서 많은 것을 배울 수 있습니다.

그 일 후에 하나님이 아브라함을 시험하시려고 그를 부르시되 아브라함아 하시니 그가 이르되 내가 여기 있나이다 여호와께서 이르시되 네 아들 네 사랑하는 독자 이삭을 데리고 모리아 땅으로 가서 내가 네게 일러 준 한 산 거기서 그를 번제로 드리라(창 22:1-2).

아브라함은 하나님의 요구를 이해하기 어려웠습니다. 그때까지 하나님의 언약사에서 사람을 번제로 드리는 경우는 찾아볼 수 없었기 때문입니다. 더군다나 이삭은 약속의 아들이었습니다. 하나님은 사라의 죽은 태를 만지셔서 그들에게 아들을 허락하셨습니다. 이 아들은 하나님이 아브라함에게 주신 언약을 성취하는 데 중요한 역할을 할 인물이었습니다.

사람을 번제로 바치는 제사는, 아브라함이 하나님에 대해 알던 모든 진리에 어긋나는 것이었습니다. 왜 하나님은 불임이던 여인에게 기적을 베푸셔서 아들을 주시고서는 이제 와서 그 아들을 죽이라고 요구하셨을까요? 왜 하나님은 아브라함을 열방의 아비로 삼겠다고 그와 약속해 놓고(창 12:1-3) 그의 외동아들을 죽이려 하셨을까요? 하나같이 말이 안 되는 이야기였습니다. 열방의 아비 따위는 이제 다 수포로 돌아갈 상황이었습니다. 그렇게 되면 언약에 신실하신 하나님의 성품도 큰 타격을 입을 것입니다.

이 시험이 최악의 시련인 까닭은 단순히 이삭이 목숨을 잃기 때문이 아닙니다. 아브라함이 자기 손으로 아들을 죽여야 한다는 사실 때문입니다. 사랑하는 사람이 죽는 것과 그 사람을 내 손으로 죽여야 하는 것은 엄연히 다릅니다. 하나님이 인간에게 명령하신 일 중에 가장 논란이 분분한 일이 있다면, 바로 이 사건일 것입니다. 아브라함은 이렇게 말했을 수도 있습니다.

"말도 안 돼요. 저는 못합니다. 도대체 무슨 이유로 이런 일을 명령하시는지 설명해 주십시오."

하지만 실제로 벌어진 일은 이렇습니다.

아브라함이 아침에 일찍이 일어나 나귀에 안장을 지우고 두 종과 그의 아들 이삭을 데리고 번제에 쓸 나무를 쪼개어 가지고 떠나 하나님이 자기에게 일러 주신 곳으로 가더니 제삼일에 아브라함이 눈을 들어 그 곳을 멀리 바라본지라 이에 아브라함이 종들에게 이르되 너희는 나귀와 함께 여기서 기다리라 내가 아이와 함께 저기 가서 예배하고 우리가 너희에게로 돌아오리라 하고 아브라함이 이에 번제 나무를 가져다가 그의 아들 이삭에게 지우고 자기는 불과 칼을 손에 들고 두 사람이 동행하더니 이삭이 그 아버지 아브라함에게 말하여 이르되 내 아버지여 하니 그가 이르되 내 아들아 내가 여기 있노라 이삭이 이르되 불과 나무는 있거니와 번제할 어린양은 어디 있나이까 아브라함이 이르되 내 아들아 번제할 어린양은 하나님이 자기를 위하여 친히 준비하시리라 하고 두 사람이 함께 나아가서(창 22:3-8).

아브라함은 하나님께 묻지도 따지지도 않고, 즉시 순종했습니다. 그는 종들에게는 둘이 같이 돌아오겠다고 말하고, 사랑하는 아들에게는 하나님이 번제물을 준비하실 것이라고 말하는 대단한 믿음을 보여주었습니다. 저는 아브라함이, 하나님께 다른 계획이 있음과 그 계획은 그분의 성품과 언약에 어긋나지 않는다는 사실을 알고 있었으리라 믿습니다.

하나님이 그에게 일러 주신 곳에 이른지라 이에 아브라함이 그 곳에 제단을 쌓고 나무를 벌여 놓고 그의 아들 이삭을 결박하여 제단 나무 위에 놓고 손을 내밀어 칼을 잡고 그 아들을 잡으려 하니(창 22:9-10).

이런 믿음이 또 어디 있겠습니까! 이제 여러분은 하나님이 의롭다 하신 믿음이 어떤 믿음인지(창 15:6), 바울이 왜 아브라함을 믿음의 조상이라고 했는지(롬 4:11-12) 이해하실 겁니다. 그리스도를 제외하고, 아브라함은 우리가 어떻게 하나님을 신뢰해야 하는지 보여주는 가장 훌륭한 역할 모델이라고 할 수 있습니다. 아브라함은 어떤 대가를 치르더라도 하나님의 뜻에 복종하는 완벽한 본보기입니다. 다음 성경 구절에서 보듯이, 하나님은 그런 그를 높이 평가하십니다.

여호와의 사자가 하늘에서부터 그를 불러 이르시되 아브라함아 아브라함아 하시는지라 아브라함이 이르되 내가 여기 있나이다 하매 사자가 이르시되 그 아이에게 네 손을 대지 말라 그에게 아무 일도 하지 말라 네가 네 아들 네 독자까지도 내게 아끼지 아니하였으니 내가 이제야 네가 하나님을 경외하는 줄을 아노라(창 22:11-12).

이것은 아브라함이 과연 하나님께 순종하는지 알아보기 위한 시험이었고, 그는 그 시험을 통과했습니다. 이 사건은 우리도 우리가 소중히 여기고 아끼는 것들로 시험을 받을 수 있다는 사실을 보여줍니다. 우리도 우리의 이삭, 우리가 가장 사랑하는 것을 주님께 바쳐야 할지도 모릅니다. 우리가 원하는 대로가 아니라, 하나님이 원하시는 대로 쓰시도록 그것들을 내려놓을 때 비로소 우리 믿음은 드러나게 됩니다. 아브라함은 이삭이 아무리 소중한 존재라 해도 기꺼이 드릴 준비가 되어 있었기에, 이삭이 자신의 소유가 아니라는 사실을 보여주었습니다. 아브라함은 자기 아들을 하나님의 뜻에 맡겼습니다. 하나님이 요구하시는 것은 무엇이든 할 준비가 되어 있었던 것입니다.

우리는 살면서 많은 시련을 만납니다. 하지만 아브라함이 겪은 시련을 견뎌낼 수 있을지 저는 자신이 없습니다. 그의 순종에는 엄청난 자기 부인이 필요했습니다. 그리고 그 때문에 그의 순종은 최고의 순종이라 인정받을 수 있었습니다. 여호와의 사자가 그 점을 확인해 주었습니다. "내가 이제야 네가 하나님을 경외하는 줄을 아노라"(창 22:12). 아브라함은 자신의 가장 귀한 것을 희생하기까지 하나님을 공경했습니다.

히브리서 11장에는 아브라함이 겪은 이 시련에 대한 해설이 실려 있습니다. 여기서 우리는 아브라함이 그런 시험을 통과할 수 있었던 비결을 알 수 있습니다.

> 아브라함은 시험을 받을 때에 믿음으로 이삭을 드렸으니 그는 약속들을 받은 자로되 그 외아들을 드렸느니라 그에게 이미 말씀하시기를 네 자손이라 칭할 자는 이삭으로 말미암으리라 하셨으니 그가 하나님이 능히 이삭을 죽은 자 가운데서 다시 살리실 줄로 생각한지라(히 11:17-19).

아브라함은 하나님이 죽은 자를 살리실 수 있다고 믿었기에, 죽은 사람이 살아 돌아온 것을 본 적이 없는데도 하나님께 기꺼이 순종할 수 있었습니다. 그는 하나님이 약속을 지키시는 분이기에, 한 번 약속하시면 죽은 자를 일으켜서라도 그 약속을 지키시는 분이라고 믿었습니다.

이 사건은, 하나님이 그분의 약속과 목적을 실수 없이 성취하는 분이라는 사실을 믿고 진심으로 신뢰하기만 한다면, 아무리 어려운 시험도 극복해 낼 수 있다고 말해 줍니다. 아브라함은 과연 믿음의 조상답습니다. 갈라디아서 3장은 "그런즉 믿음으로 말미암은 자들은 아브라함의 자손인 줄 알지어다…그러므로 믿음으로 말미암은 자는 믿음이 있는 아브라함과 함께 복을 받느니라"(갈 3:7, 9)고 말합니다. 하나님을 믿는 믿음으로 살아가는 사람은 누구든 영적으로 아브라함의 자손입니다. 그는 믿음을 지키는 사람들의 조상입니다.

우리는 때로 하나님이 시험을 허락하신다는 사실을 깨달아야 합니다. 그 시험 가운데서 견딜 수 있는 비결은 하나님을 신뢰하고, 모든 것이 합력하여 그분의 거룩한 목적을 이룬다는 사실을 믿는 것입니다(롬 8:28). 사람은 누구나 편안하고 문제없는 완벽한 삶을 꿈꿉니다. 잠시 시험이 잦아들 때면 영원히 시련 없는 삶을 꿈꾸기도 하지만, 이 땅의 삶은 시련에서 자유로울 수가 없습니다. 다윗은 이런 말로 그 사실을 확인해 주었습니다. "내가 형통할 때에 말하기를 영원히 흔들리지 아니하리라 하였도다"(시 30:6). 우리는 아무 탈없이 편안한 미래를 꿈꾸는, 어리석은 이들의 천국에 살 수도 있습니다. 하지만 그것은 환상에 불과합니다. 그리스도는 제자들과 그분의 발자취를 따르는 모든 사람에게 이생에는 시련이 있기 마련이라고 경고하셨습니다(요 15:18-16:4, 33).

영국의 청교도 설교가 토머스 맨튼은, 하나님께는 죄 없으신 독생자가 있지만 십자가 없는 아들은 없으시다고 말한 적이 있습니다. 그리스도인들의 삶에는 반드시 시험이 있을 것입니다. 시편 23편 4절은 "내가 사망의 음침한 골짜기로 다닐지라도 해를 두려워하지 않을 것은 주께서 나와 함께 하심이라 주의 지팡이와 막대기가 나를 안위하시나이다"라고 말합니다. 이것이 우리의 확신입니다. 하나님이 함께하시기에 우리는 그 시련을 너끈히 이길 수 있습니다. 시련은 반드시 찾아옵니다. 그러나 그 힘겨운 시간에 하나님의 은혜가 우리를 만나 주십니다.

한편, 시련에는 여러 가지 목적이 있습니다.

우리 믿음의 강도를 시험하는 시련 역대하 32장 31절은 어떻게 시련이 한 사람의 믿음의 강도를 시험하는지 잘 보여줍니다. "하나님이 히스기야를 떠나시고 그의 심중에 있는 것을 다 알고자 하사 시험하셨더라"(대하 32:31). 전지전능하신 하나님은 히스기야의 마음을 알기 위해 굳이 그를 시험하실 필요가 없었습니다. 하나님은 그를 깨닫게 하시려고 시험하셨습니다.

하나님은 우리가 스스로를 살필 수 있도록 도와주십니다.

우리에게 시련을 주셔서 우리 믿음이 얼마나 강한지 또는 약한지를 보여주십니다. 여러분이 최근에 시련을 당하고 왜 이런 어려움을 주시냐고 그분께 대들고 있다면, 그것은 여러분의 믿음이 약하다는 증거입니다. 반대로, 여러분에게 닥친 시련을 그분께 맡기고 주님 안에서 평안과 기쁨을 누리고 있다면, 그것은 여러분의 믿음이 강하다는 증거겠지요. 시련 때문에 자신의 믿음을 살필 수 있으니 우리는 시련이 닥칠 때 오히려 감사해야 합니다. 그런 태도는 매우 유익한데, 믿음이 강할수록 하나님께 더 많이 쓰임 받을 수 있기 때문입니다.

갈대아 사람들이 쳐들어 와 자기 백성을 멸하려 할 때도 하박국은 여호와 때문에 기뻐할 수 있었습니다.

> 비록 무화과나무가 무성하지 못하며 포도나무에 열매가 없으며 감람나무에 소출이 없으며 밭에 먹을 것이 없으며 우리에 양이 없으며 외양간에 소가 없을지라도 나는 여호와로 말미암아 즐거워하며 나의 구원의 하나님으로 말미암아 기뻐하리로다 주 여호와는 나의 힘이시라 나의 발을 사슴과 같게 하사 나를 나의 높은 곳으로 다니게 하시리로다 이 노래는 지휘하는 사람을 위하여 내 수금에 맞춘 것이니라(합 3:17-19).

하나님이 악인들을 왜 내버려 두시는지 이해할 수 없는 가운데서도, 선지자는 하나님의 주권과 지혜를 깨닫고 힘을 얻었습니다. 욥은 시험을 겪고 나서 하나님 앞에서 이렇게 인정했습니다. "내가 주께 대하여 귀로 듣기만 하였사오나 이제는 눈으로 주를 뵈옵나이다 그러므로 내가 스스로 거두어들이고 티끌과 재 가운데에서 회개하나이다"(욥 42:5-6). 욥은 자신에게 닥친 시련으로 연약한 믿음이 드러나자, 하나님의 지혜와 주권에 의문을 품었던 자신의 죄를 고백했습니다.

**우리를
겸손하게 하는 시련** 시련은 우리가 자신의 영적 능력을 과대평가하지 않도록 도와줍니다. "여러 계시를 받은 것이 지극히 크므로 너무 자만하지 않게 하시려고 내 육체에 가시 곧 사탄의 사자를 주셨으니 이는 나를 쳐서 너무 자만하지 않게 하려 하심이라"(고후 12:7). 하나님은 바울에게 기적을 베풀고 새로운 진리를 밝히는 능력을 허락하셨습니다. 그런 특별한 은사 때문에 그는 자칫 교만에 빠질 수 있었습니다. 하나님은 시련을 통해 바울이 겸손히 그분만 의지하게 만드셨습니다. 하나님은 우리를 겸손하게 하시려고 시련을 주십니다. 특히 영적으로 섬기는 자리에 있는 사람들에게 더욱 그렇게 하십니다. 시련은 우리가 자신의 영적 능력을 과신하지 않도록 도와줍니다.

**세상 것을
끊게 해주는 시련** 사람은 오래 살수록 가구, 자동차, 투자금 등 더 많은 것을 축적하게 됩니다. 그리고 더 크게 성공하거나 여행 기회가 많아질 수도 있습니다. 하지만 세상 물질과 쾌락이 아무리 많아진다 해도 그리스도인들에게는 그런 것들이 갈수록 하찮게 보입니다. 그런 것들을 못 가져서 안달했던 시절도 있었을 겁니다. 하지만 이제는 그런 것들이 근심이나 상처를 비롯해, 인생에서 더 중요한 문제들을 해결해 주지 못한다는 사실을 깨닫습니다. 인생에 시련이 닥칠 때는 세상 것들을 붙잡아 봐야 별 소용이 없습니다. 그래서 시련은 세상 것들을 멀리하게 해줍니다. 요한복음 6장에서 예수님은 빌립을 시험하십니다.

> 눈을 들어 큰 무리가 자기에게로 오는 것을 보시고 빌립에게 이르시되 우리가 어디서 떡을 사서 이 사람들을 먹이겠느냐 하시니 이렇게 말씀하심은 친히 어떻게 하실지를 아시고 빌립을 시험하고자 하심이라(요 6:5-6).

빌립은 이 큰 무리를 먹일 만한 돈이 없다면서 세상의 관점으로 반응했습니다(요 6:7). 예수님은 빌립이 세상의 해결책을 찾을지, 아니면 예수님을 찾을지 시험해 보고자 하셨습니다. 제자들이 이 사태를 해결할 수 없다는 사실이 확실해지자, 예수님은 기적을 베푸셔서 그분의 능력을 보여주시고 제자들을 더 큰 믿음으로 이끄셨습니다.

한편, 모세는 바로의 왕궁에서 애굽 왕자로 성장했습니다. 왕족인 그는 최고의 교육을 받았고, 부와 명예와 안락함을 맘껏 누렸습니다. 그러나 히브리서 11장 26절은 그가 하나님의 목적을 위하여 치르는 대가 곧, 그리스도를 위하여 받는 수모를 '애굽의 모든 보화보다 더 큰 재물'로 여겼다고 말해 줍니다. 모세는 자신에게 있는 세상 것에서 눈을 돌려 백성의 시련에 관심을 갖기 시작했습니다. 여호와 하나님은 그 시련을 통해 모세가 일시적인 세상 쾌락을 멀리하게 하셨습니다.

**우리를 영원한
소망으로 부르는 시련**   인생에서 시련을 겪으면 겪을수록 천국을 더 많이 기대하게 됩니다. 시련을 겪으면서 덧없는 세상에 덜 집착하게 되는 것과 같습니다. 여러분의 인생에서 가장 소중한 사람들이 이미 구세주의 품에 안겼다면, 여러분이 영원한 것에 이미 시간과 돈을 투자하셨다면, 여러분은 이 지나가는 세상을 의지할 이유가 별로 없습니다.

바울은 로마서 8장에서 이렇게 말했습니다.

성령이 친히 우리의 영과 더불어 우리가 하나님의 자녀인 것을 증언하시나니 자녀이면 또한 상속자 곧 하나님의 상속자요 그리스도와 함께 한 상속자니 우리가 그와 함께 영광을 받기 위하여 고난도 함께 받아야 할 것이니라 생각하건대 현재의 고난은 장차 우리에게 나타날 영광과 비교할 수 없도다 피조물이 고대하는 바는 하나님의 아들들이 나타나는 것이니…또한 우리 곧 성령의 처음 익은 열매를 받은 우리까지도 속으로 탄식하여 양자 될 것 곧 우리 몸의 속량을 기다리느니라 우리가 소망으로 구원을 얻었으매(롬 8:16-19, 23-24).

시련을 통해 우리는 위엣 것, 즉 하나님의 진리와 실재를 사랑하게 됩니다. 바울은 그 사실을 깨달아 알았습니다.

> 그러므로 우리가 낙심하지 아니하노니 우리의 겉사람은 낡아지나 우리의 속사람은 날로 새로워지도다 우리가 잠시 받는 환난의 경한 것이 지극히 크고 영원한 영광의 중한 것을 우리에게 이루게 함이니 우리가 주목하는 것은 보이는 것이 아니요 보이지 않는 것이니 보이는 것은 잠깐이요 보이지 않는 것은 영원함이라(고후 4:16-18).

우리는 시련 때문에 영원한 것을 사모하게 됩니다. 천국이라는 영원한 도성을 간절히 바라게 됩니다. 여러분은 바울이 어떻게 이런 태도를 얻게 되었는지 궁금할 겁니다. 고린도후서 4장 8-10절에서 그는 이렇게 말했습니다. "우리가 사방으로 욱여쌈을 당하여도…답답한 일을 당하여도…박해를 받아도…거꾸러뜨림을 당하여도…항상 예수의 죽음을 몸에 짊어짐은"(고후 4:8-10).

바울은 이후로도 수많은 어려움을 당합니다. 그런데도 그가 세상을 사랑하지 않고 영광 가운데 거하기를 좋아했다는 사실은 더 이상 놀랄 일이 아닙니다.

우리가 진정으로 사랑하는 대상을 보여주는 시련

아브라함에게 하나님 다음으로 가장 소중한 것은 아들 이삭이었습니다. 그런데 하나님은 그가 하나님보다 이삭을 더 사랑하는지를 알아보려고 그를 시험하셨습니다. 시련에 대처하는 자세를 보면 그 사람이 하나님을 사랑하는지 여부를 알 수 있습니다. 우리가 하나님을 가장 사랑한다면, 시련을 통해 그분이 이루시려는 일을 깨닫고 그분께 감사할 것입니다. 하지만 하나님보다 우리 자신을 더 사랑한다면, 하나님의 지혜에 의구심을 품고 화를 내며 억울해할 것입니다. 우리가 하나님보다 더 귀히 여기는 것이 있다면, 그분은 우리의 영적 성장을 위해 그것을 없애야만 하십니다.

모세는 신명기 13장 3절에서 이스라엘 백성에게 거짓 선지자를 따르지 말라고 경고했습니다. "너는 그 선지자나 꿈꾸는 자의 말을 청종하지 말라 이는 너희의 하나님 여호와께서 너희가 마음을 다하고 뜻을 다하여 너희의 하나님 여호와를 사랑하는 여부를 알려 하사 너희를 시험하심이니라"(신 13:3). 주님은 우리가 겉으로 주장하는 것처럼 그분을 진심으로 사랑하는지 확인하시려고 우리를 시험하십니다. 또 예수님은 누가복음 14장 26-27절에서 이렇게 말씀하셨습니다.

> 무릇 내게 오는 자가 자기 부모와 처자와 형제와 자매와 더욱이 자기 목숨까지 미워하지 아니하면 능히 내 제자가 되지 못하고 누구든지 자기 십자가를 지고 나를 따르지 않는 자도 능히 내 제자가 되지 못하리라(눅 14:26-27).

예수님은 우리더러 모든 사람을 미워하라고 말씀하시는 것이 아닙니다. 여러분의 아버지나 어머니, 배우자, 자녀, 형제자매, 심지어 여러분의 목숨을 기꺼이 포기할 수 있을 정도로 하나님을 사랑하지 않는다면, 여러분은 그분을 최고로 사랑하는 것이 아니라는 뜻입니다. 남들이 뭐라 하든, 여러분은 하나님의 뜻을 가장 우선적으로 행하기로 결단해야 합니다.

하나님의 축복을 귀히 여기도록 이끄는 시련

세상의 논리는 세상을 귀히 여기라고 가르쳐 줍니다. 인간의 감각과 감정은 쾌락을 중시하라고 재촉합니다. 세상은 이 땅의 삶이 전부라고, 그러니 무슨 수를 써서라도 즐기라고 말합니다. 그러나 믿음은 하나님의 말씀을 귀히 여기고 순종하며 그분이 주시는 복을 받으라고 가르칩니다. 시련은 순종의 복을 가르쳐 줍니다. 시련 가운데서도 하나님의 뜻대로 순종하면 복을 받습니다.

다윗은 시편 63편 3절에서 "주의 인자하심이 생명보다 나으므로 내 입술이 주를 찬양할 것이라"고 고백합니다. 순종해서 복 받은 사람 중에 최고의 본보기는 바로 예수님이십니다. 다음 말씀은 겟세마네 동산에서 예수님의 고뇌(눅 22:39-44)를 이야기합니다.

> 그는 육체에 계실 때에 자기를 죽음에서 능히 구원하실 이에게 심한 통곡과 눈물로 간구와 소원을 올렸고 그의 경건하심으로 말미암아 들으심을 얻었느니라 그가 아들이시면서도 받으신 고난으로 순종함을 배워서 온전하게 되셨은즉 자기에게 순종하는 모든 자에게 영원한 구

원의 근원이 되시고(히 5:7-9).

빌립보서 2장 8-9절은 그분이 순종하신 결과를 말해 줍니다.

사람의 모양으로 나타나사 자기를 낮추시고 죽기까지 복종하셨으니 곧 십자가에 죽으심이라 이러므로 하나님이 그를 지극히 높여 모든 이름 위에 뛰어난 이름을 주사(빌 2:8-9).

우리는 고통을 견뎌 냄으로써 하나님께 순종하고 그분의 온전한 복을 받습니다. 시련을 통해, 여러분은 순종의 복이 가져다 주는 기쁨을 누릴 것입니다.

**고통 가운데 있는 다른 사람을
도울 수 있게 해주는 시련**   때로는 고통 가운데 있는 다른 사람들을 더 잘 도울 수 있도록 우리에게 시련을 주시는 경우도 있습니다. 누가복음 22장 31-32절에서 예수님은 베드로에게 이렇게 말씀하셨습니다. "시몬아 시몬아 보라 사탄이 너희를 밀 까부르듯 하려고 요구하였으나 그러나 내가 너를 위하여 네 믿음이 떨어지지 않기를 기도하였노니 너는 돌이킨 후에 네 형제를 굳게 하라"(눅 22:31-32).

히브리서 4장 13절은, 예수님이 우리가 겪는 모든 시련을 똑같이 경험하셨기 때문에 그분께 나아오는 모든 사람을 도우실 수 있다고 말합니다. 그래서 그분은 자비로우신 대제사장이 되십니다. 우리는 다른 사람들을 위로하기 위해 시련을 겪습니다 (고후 1:3-4). 우리가 시련을 통해 배운 것으로 다른 사람들을 도울 수 있다니, 이 얼마나 놀라운 일입니까.

**인내와 힘을
가져다주는 시련**   토머스 맨튼은 말하기를, 우리 인생이 아무 문제 없이 평안하기만 하다면 우리는 신앙이 아니라 직감을 의지해 살아갈 것이라고 했습니다. 하나님이 시련을 주시는 목적 가운데 하나는 우리에게 힘을 주시기 위해서입니다. 여러분은 하나의 시련을 겪으면서 영적 근육(믿음)이 단련되어 다음 시련을 대비할 수 있게 됩니다. 더 무시무시한 적과 더 큰 장애물도 견뎌 낼 수 있게 되어, 주님께 더 크게 쓰임 받게 됩니다. 더 많이 쓰임 받을수록, 성령을 힘입어 그분의 뜻을 더 많이 이루어 드릴 수 있습니다.

7 어려운 결정을 쉽게 만드는 법

여러 본문

1986. 7. 20.

존이 이 설교를 전한 주에 미국 남부 지역은 심각한 기근과 이상 고온에 시달리고 있었다. 직전 주일에는 진도 5.3의 지진이 캘리포니아 해안을 강타했다. 필리핀 남부 선교사들이 이슬람 테러리스트들에게 납치당하는 사건도 있었다.

존은 6월 중순부터 계속해서 외부 집회에 참석 중이었는데 이 주에만 저녁예배 설교를 위해 그레이스 커뮤니티 교회 강단에 섰다. 그리고 그는 당시 진행 중이던 야고보서 시리즈는 잠시 유보한 채, 특별한 메시지를 전했다. 평소에 주로 하던 강해 설교가 아닌, 실용적인 문제를 다루는 주제별 설교라는 점이 주목할 만하다.

그는 이 설교에서 율법주의와 무법주의의 양극단을 피할 수 있는 성경적 원리를 분명하게 설명한다. 인상적인 개요와 재치 있는 제목도 이 설교의 장점이다. 이 설교 한 편만으로 사람들이 자주 던지는 질문의 4분의 1은 해결할 수 있다.

저는 오늘 어려운 결정을 쉽게 만드는 실제적인 방법을 여러분과 나누고자 합니다. 저는 하나님의 말씀에서 실제적인 내용을 이끌어내려고 합니다만, 그전에 간략한 서론이 필요할 것 같습니다.

성경은 죄 문제를 매우 분명하게 밝히기 때문에 우리는 하나님이 무엇을 금하셨는지 고민할 필요가 없습니다. 가장 먼저, 십계명이 있습니다. 거기에는 주님이 금하시는 것이 잘 정리되어 있습니다. 하나님이 우리에게 하라고 하신 것과 하지 말라고 하신 것들은 여러 가지가 있습니다. 무엇보다 우리는 죄가 무엇인지 잘 압니다. 성경에 그 명령들이 똑똑히 기록되어 있습니다. 우리는 무엇이 옳고 무엇이 그른지 잘 압니다. 하나님이 분명하게 말씀해 주셨기 때문입니다.

저는 분명히 옳고 분명히 그른 것에 대해 이야기하려는 것이 아닙니다. 분명히 옳은 것도 아니고, 분명히 잘못된 것도 아닌, 중간 지대의 일들을 이야기해 보고자 합니다. 이런 일들이야말로 결정의 순간에 우리를 괴롭히는 난해한 문제이기 때문입니다. 남들이 여러분에게 거짓말이나 속임수, 도둑질, 살인, 간음, 탐욕을 권한다면, 절대로 받아들여서는 안 됩니다. 반대로 성경 읽기나 기도, 간증, 사람들에게 주 예수 그리스도와 그분의 말씀을 나누는 일 등을 제안한다면, 무조건 받아들여야 할 것입니다.

하지만 성경에 비추어 볼 때 확실히 옳거나 확실히 잘못된 일이 아닌 경우에는 어떻게 해야 합니까? 그런 일은 한두 가지가 아닙니다. 예를 들면, 음식을 가려서 먹어야 한다고 말하는 사람들이 있습니다. 오늘날에도 구약 성경의 음식 규정을 지켜야 한다고 믿는 사람들이 있습니다. 그들은 진정한 영성은 먹는 음식에도 영향을 미친다고 주장합니다. 그러므로 돼지고기를 비롯해서 구약 율법이 금하는 음식을 먹는 것은 엄연히 죄라고 말합니다. 그리고 음료의 종류를 가려야 한다고 주장하는 사람들도 있습니다. 금지된 음료를 마시는 것은 분명히 죄라고 말합니다. 성경에서는 이런 문제들을 광범위하게 다루지만, 우리가 마시는 특정 음료를 구체적으로 금하지는 않습니다.

스포츠가 죄라고 말하는 사람들도 있습니다. 물론 이런 생각에 반대하는 사람들도 있습니다. 그 사람들에게 스포츠는 신이나 마찬가지니까요. 그들은 기회만 있으면 스포츠를 숭배합니다. 텔레비전이 죄라고 생각하는 사람들도 있습니다. 집에 텔레비전이 있는 사람은 영적이지 못하다고 말합니다. 일부 사람들은 좀비처럼 텔레비전을 시청하는 것이 사실입니다. 그들은 텔레비전에 뭐가 나오든 텔레비전 앞에 멍하니 앉아 있습니다. 영화 관람을 죄로 생각하는 사람들도 있습니다. 극장에 들어가는 순간, 하나님을 배신하는 것이라 생각합니다. 사악한 영화 산업에 돈을 퍼다 주는 나쁜 행위라고 말합니다. 반대로, 영화는 기분전환용 오락거리일 뿐이라고 주장하는 사람들도 있습니다. 그들은 영화를 보면서 스트레스와 긴장을 풀고, 감독의 시선으로 아름다운 세상을 볼 수 있다고 말합니다.

주일에 교회 활동 이외의 다른 행사에 참석하면 죄라고 생각하는 사람들이 많습니다. 저는 어릴 적에 필라델피아 주 동부 해안에 살았는데, 주일에는 절대 오락을 할 수 없었습니다. 우리는 집에 돌아와서도 깃을 뻣뻣하게 세운 아동 정장에 자그마한 넥타이를 맨 채 하루 종일 소파에 앉아 있었습니다. 신문 만화도 스포츠 기사도 금지였고, 텔레비전도 볼 수 없었습니다. 뒷마당에 나가 공놀이를 할 수도 없었고, 산책도 갈 수 없었습니다. 마냥 앉아 있어야만 했습니다. 우리가 저지를 수 있는 유일한 죄는 폭식뿐이었습니다. 주일에는 얼마든지 잔뜩 먹을 수 있었습니다. 오전 내내 음식을 장만한 집안 여자들은 상다리가 휘어지도록 상을 차려 냈고, 우리는 오후 내내 먹고도 그 음식을 다 처리하지 못할 정도였습니다.

그 당시에도 카드놀이는 할 수 있었지만, 조건이 있었습니다. 조커나 스페이드, 클로버, 다이아몬드가 그려진 카드만 아니면 괜찮았습니다. 하지만 이 중에 어느 하나라도 그려진 카드를 가지고 놀면 죄로 간주했습니다. 죄를 저지르지 않으려면, 이런 카드는 집어 들어들자마자 바로 내려놓아야 했습니다. 카드게임을 하면서 소리를 지르고 카드를 던지는 건 얼마든지 괜찮지만, 카드에 그려진 그림에는 주의해야 했습니다. 어떤 사람들은 특정 게임을 죄로 여기기도 합니다. '모노폴리(Monopoly)' 같은 보드 게임이 물질주의를 조장한다고 주장합니다. 여가 시간에 진정한 영성을 추구하려는 사람들을 위해 모노폴리 대신 '겸손과 가난' 같은 게임을 개발해야 할지도 모르겠습니다.

잎사귀를 말아 입에 물고 불을 붙인 다음, 코로 연기를 내뱉는 것을 죄로 여기는 사람들도 많습니다. 미국 남부에서 담배 산업이 성장할 때 교회 사제들이 담배 피우는 장면을 흔히 볼 수 있었습니다. 저는 흡연에 따른 건강 위험 요소를 말하는 것이 아니라, 성경에서 흡연을 금한 일이 없다는 사실을 말씀드리는 것입니다.

장발을 죄라고 말하는 사람들도 있습니다. 그러나 머리가 짧은 것은 괜찮습니다. 너무 짧아서 게이로 오해를 받지 않는 한에서는 말입니다. 그러니 죄를 짓지 않으려면 장발이나 삭발의 중간 지점을 잘 찾아야 하겠습니다.

특정한 옷차림이 악한 사회를 반영한다고 보는 사람들도 있습니다. 개인적으로 패션이란 것을 잘 모릅니다만, 하나님은 균형의 하나님이라고 믿습니다. 그런데 요즘에는 균형감각을 잃은 복장을 자주 봅니다. 하지만 그건 제 취향일 뿐입니다. 저는 셔츠 양쪽에 주머니가 달린 것을 선호합니다.

특정한 음악 형식을 죄라고 생각하는 사람들도 있습니다. 록 음악을 죄악시하는 사람들에는 저도 어느 정도 동의합니다. 컨트리 음악을 신성하게 여기는 사람들도 많습니다. 그런 사람들은 아마도 가사는 듣지 않는 게 틀림없습니다.

남자아이와 여자아이가 함께 수영하는 것을 아무렇지도 않게 여기는 사람들이 있는가 하면, (특히 남부 출신 중에는) 그것을 죄로 여기는 사람들도 있습니다. '혼욕'이라는 표현을 쓰면서 금하더군요.

지금까지 언급한 것처럼, 성경에서 확실한 답을 말해 주지 않는 문제들이 허다합니다. 그렇다면 결국 결정은 우리 몫입니다. 규칙을 만들면 쉽게 해결될 것입니다. 위원회를 조직하여 그 사람들이 옳고 그름을 결정하게 하고, 나머지 사람들은 결정된 사항을 따르기만 하면 됩니다. 규칙을 따르면 영적인 사람이고, 따르지 않으면 세속적인 사람이 되는 것입니다. 이렇게만 하면 얼마나 간편하겠습니까.

결국, 우리는 그리스도인으로서 이런 일들을 결정하는 방법을 터득해야 합니다. 우리는 살면서 날마다 이런 딜레마를 만납니다. 그럴 때 어떤 결정을 내려야 할까요? 저는 크게 두 가지 원칙을 드리고 싶습니다. 저는 평생 이 원칙들을 사용해 왔습니다. 하루 날을 잡아, 제 경험에서 비롯된 이 원칙들을 죽 적어 내려갔습니다. 성경에서 흑백을 분명히 거론하지 않는 문제들을 결정해야 할 때마다 저는 주기적으로 이 원칙들을 자문하곤 합니다. 이 원칙들을 적용하는 법을 하루 빨리 체득할수록, 여러분은 그리스도 안에서 자유를 누리면서도 그분의 완벽한 목적에 복종하는 삶이 어떤 의미인지 더 많이 깨달을 것입니다.

1. 영적으로 유익한가?   고린도전서 6장 12절은 "모든 것이 가하다"라고 말합니다. 이 말씀에 이런 단서를 달아 봅시다.

"불법을 제외한 모든 것이 가하다."

성경에서 이미 불법이나 죄로 간주한 문제가 있습니다. 바울은 그런 문제들을 이야기하는 것이 아닙니다. 불법을 제외한 모든 것이 가하다는 뜻입니다. 도덕적이지도 부도덕적이지도 않은, 중간 지대의 모든 일이 가합니다. 12절은 이렇게 이어집니다.

"다 유익한 것이 아니요."

'유익하다'에 해당하는 헬라어 단어는 '내게 유리하다'는 뜻입니다. 내게 영적으로 유리하지 않은 행동은 유익하지 않은 것입니다.

저는 바울이 여기서 제기하는 질문을 스스로에게 던지곤 합니다. '이렇게 행동하면 내 영성 생활이 발전하는가? 거룩함을 길러 줄 것인가? 이 행동은 내게 유익한가? 내게 유리하게 작용할 것인가?' 이것은 온당한 질문입니다.

우리가 하는 일 중에는 잘못이 아닌 일들이 많습니다. 예를 들면, 잠자는 것은 잘못이 아닙니다. 저는 수시로 잠을 청합니다. 제 능력치보다 더 많이 자고 싶습니다. 수면은 잘못이 아닙니다. 늦잠도 마찬가지입니다. 여러분은 양껏 늦잠을 잘 수 있는 날을 고대하십니까? 당연합니다. 때로는 일요일 아침이 그런 기회일 수도 있을 텐데, 그랬다간 주님께 벌을 받을지도 모릅니다. 우리 모두는 늦잠 잘 수 있는 날을 학수고대합니다. 하지만 늦게까지 잠을 자고 원기를 회복하는 것도, 너무 자주 반복되면 영적으로 유익하지 못할 수도 있습니다. 게으름이 틈을 타기 때문입니다. 늦잠 자체만 보면 아무 문제가 없지만 반복되는 늦잠은 나태함이라는 습관을 낳고, 심한 경우, 여러분에게 불이익을 끼칠 수도 있습니다.

인생의 여러 가지 문제가 그렇습니다. 어떤 문제가 됐건, 그것이 여러분에게 영적으로 유익한지를 생각해 봐야 합니다. '내가 이 일을 하면 나를 더 거룩하게 만들어 줄까? 영적으로 유익할까?' 이런 질문을 스스로에게 던져 봐야 합니다.

2. 나를 세워 주는가?

'덕을 세우다'로 번역된 헬라어 단어 '오이코도메오(oikodomeō)'는 '집을 짓는다'는 뜻입니다. 이 일을 하면 내 인생에 영적 안정감과 힘, 성숙이 더해질 것인가? 고린도전서 14장 26절은 "모든 것을 덕을 세우기 위하여 하라"고 말하며, 고린도후서 12장 19절은 "사랑하는 자들아 이 모든 것은 너희의 덕을 세우기 위함이니라"고 말합니다. 고린도전서 9장에서는 이렇게 말합니다.

> 운동장에서 달음질하는 자들이 다 달릴지라도 오직 상을 받는 사람은 한 사람인 줄을 너희가 알지 못하느냐 너희도 상을 받도록 이와 같이 달음질하라 이기기를 다투는 자마다 모든 일에 절제하나니…내가 내 몸을 쳐 복종하게 함은…(고전 9:24-25, 27).

바울이 사용한 헬라어는 그가 자기 몸을 절제하고 있음을 암시합니다. 말하자면, 자기 몸을 절제하여 무슨 일에서든 덕을 세우고자 한다면, 스스로 자기 몸을 치고 눈에 멍이 들게까지 할 수 있다는 뜻입니다.

솔직히 말해서, 모든 사람은 자기 욕망의 노예입니다. 기본적으로 우리는 육체의 충동에 반응하는 존재입니다. 자제력과 절제 관련 몇 가지 핵심 요소가 있습니다. 자제력 있는 사람이 되려면, 스스로를 훈련해야 합니다. 저는 이 부분에 도움이 되는 작은 요령들을 잘 활용하고 있습니다. 한 가지 예를 들면, 저는 늘 가장 어려운 일부터 처리합니다. 이런 일처리 방식은 자기 훈련을 터득하는 데 도움이 됩니다. 항상 시간을 지키는 습관도 마찬가지입니다. 삶의 여러 요소들을 잘 정돈해야만 제 시각에 제 장소에 도착할 수 있습니다. 이것이 절제입니다. 절제는 다양한 일을 잘 관리할 수 있는 능력입니다. 제게 도움이 된 또 다른 방법으로는, 얼마든지 '예'라고 말할 수 있을 때에도 '아니오'라고 말하는 법을 배운 것입니다. 밖에 나가 거한 저녁식사를 하고 과한 디저트까지 할 수 있지만, 그것을 단호히 거부하고 여러분이 여러분 몸의 주인이라는 사실을 스스로에게 인식시키는 것입니다. 자제력을 기르십시오. 영성으로 몸의 욕망을 통제할 때, 여러분은 거룩함을 훈련하는 근육을 키우는 셈입니다.

따라서 여러분이 던져야 할 질문은 이것입니다. '이 일이 나를 세워 줄 것인가? 나를 더 강건하게 해줄 것인가? 이 일을 하면 그리스도를 더 많이 닮아가는 영적 성숙의 길로 나가는 것인가?' 자, 이렇게 해서 첫 번째 원칙과 두 번째 원칙을 말씀드렸습니다.

3. 속도를 늦추는 일인가?

상을 얻기 위해 달리는 사람은 이런 질문을 던져야 마땅합니다. "이 행동이 속도를 늦추는 일인가?" 히브리서 12장 1절은 우리가 믿음의 경주를 하고 있다고 말해 줍니다. 히브리서 11장은 믿음으로 산 수많은 사람들을 소개하는데, 그들은 믿음으로 사는 인생이 얼마나 귀한지를 보여주는 산 증인들입니다. 구름 같이 많은 이 증인들이 우리에게 믿음으로 살아야 한다고 말하고 있습니다(히 12:1). 11장의 각 절은 이런 어절로 시작합니다. '믿음으로 아벨은', '믿음으로 에녹은', '믿음으로 노아는', '믿음으로 아브라함은', '믿음으로 사라 자신도', '믿음으로 야곱은', 그리고 이 표현은 이삭과 야곱, 요셉과 모세로 이어집니다(히 11:4, 5, 7, 8, 11, 20, 21, 22, 23). '믿음으로…여리고… 성이 무너졌으며', '믿음으로 기생 라합은'에 이어, 기드온과 바락, 삼손, 입다, 다윗, 사무엘, 선지자들을 열거합니다(히 11:30-32). 이들은 모두 믿음으로 산 사람들이었습니다.

믿음으로 사는 인생의 중요성을 보여준 다른 많은 사람들과 함께, 우리도 믿음의 삶을 살고 믿음의 경주를 해야 합니다.

> 모든 무거운 것과 얽매이기 쉬운 죄를 벗어 버리고 인내로써 우리 앞에 당한 경주를 하며 믿음의 주요 또 온전하게 하시는 이인 예수를 바라보자 그는 그 앞에 있는 기쁨을 위하여 십자가를 참으사 부끄러움을 개의치 아니하시더니 하나님 보좌 우편에 앉으셨느니라(히 12:1-2).

과연 '모든 무거운 것'은 무엇을 가리킵니까? 헬라어 '온코스(onkos)'는 '덩어리'라는 뜻으로 불필요한 짐을 뜻합니다. 불필요한 짐은 우리를 짓누르고, 우선순위를 뒤바꿔 놓고, 집중력을 분산시키며, 우리 에너지를 잡아먹습니다. 하나님을 향한 우리의 열정을 깎아내립니다.

세계선수권대회 100미터 경기를 앞둔 육상 선수를 예로 들어 보겠습니다. 이 선수가 경기를 코앞에 두고 술고래가 되어 방탕한 생활을 하다가 경기에 참여했다고 칩시다. 그는 죄를 처리하지 않고서도 얼마든지 달릴 수 있습니다. 그러나 그는 자기 몸에 죄를 짓고 쓸데없는 데 힘을 낭비한 것입니다. 이번에는 그가 완벽하게 훈련을 소화했다고 가정해 봅시다. 그는 만반의 준비를 갖추었습니다. 몸 상태도 최상이고 정신 상태도 양호했습니다. 쓸데없는 일에 힘을 낭비하지도 않았습니다. 그런데 그가 군화와 울 코트를 입고 경기에 나서기로 했다고 해봅시다. 죄는 아니지만 얼마나 멍청한 행동입니까. 이런 것이 바로 불필요한 짐이라고 할 수 있습니다.

또 하나의 예를 들어 보겠습니다. 토요일 밤에 아내와 외출하여 느지막이 근사한 저녁식사를 하고 드라이브를 즐긴 다음, 달빛 흐르는 해변에 앉아 사랑을 고백하고 새벽 2시에 집에 돌아오는 것이 죄입니까, 아닙니까? 물론 죄가 아닙니다. 어떤 여성분들은 "우리 남편도 좀 그랬으면 좋겠네요"라고 말할 겁니다. 그런데 여기에 조건을 한 가지 달아 봅시다. 주일 오전 8시에 기도 모임이 있고, 8시 반에는 하나님 말씀을 가르쳐야 한다고 말입니다. 그렇다면 이 사람의 저녁식사는 죄는 아니지만, 불필요한 짐이 될 것입니다. 다음날 아침에 해야 할 일에 영향을 미치기 때문입니다.

우리 인생에는 경주 속도를 늦춘다는 이유로 제한해야 할 일들이 있습니다. 토요일 저녁이 제게 신성한 시간인 까닭도 그 때문입니다. 제게는 그 시간이 '아무것도 안 하는' 시간입니다. 우리 아이들이 어렸을 때 축구하던 때가 생각납니다. 토요일 밤마다 경기가 있어 보러 가곤 했습니다. 아들이 뛰는 모습을 보면서 저도 덩달아 흥분합니다. 그렇게 집에 돌아와서는 아들의 경기 장면을 끊임없이 마음속으로 복기합니다. 한번은 아들이 경기 도중 부상을 입었습니다. 다리가 부러졌습니다. 정확히 말하면, 성장판 대퇴골이 끊어졌습니다. 그래서 온 가족이 병원에서 밤을 지새웠는데, 저는 다음날 아침 설교를 해야 했습니다. 그럴 때는 설교를 전하다가 마음이 삼천포로 빠지기 일쑤입니다.

아들의 축구 경기를 관람하는 것은 죄가 아닙니다. 축구를 죄로 생각하지 않는 사람이라면 말입니다. 하지만 여러분의 인생에 불필요한 짐을 얹을 필요는 없습니다. 그런 것들로 방해받을 필요는 없습니다. 거추장스러운 것들을 제거해야 합니다.

짐에는 여러 종류가 있습니다. 율법주의와 형식주의는 물론, 여러분의 에너지를 앗아가고 우선순위를 망치는 온갖 시간 낭비 행위가 여기 포함됩니다. 그렇기 때문에 여러분은 이 간단한 질문을 잊지 말아야 합니다. '이 일이 영적 경주의 속도를 늦추지는 않을까?' 저는 그리스도를 섬기는 데 지장을 주는 일은 무엇이든 거부할 것입니다.

4. 나를 속박하지 않는가?

고린도전서 6장 12절은 "모든 것이 내게 가하나 다 유익한 것이 아니요 모든 것이 내게 가하나 내가 무엇에든지 얽매이지 아니하리라"고 말합니다. 다시 말해, 나는 그 어떤 것에도 제재를 받지 않겠다, 아무것도 나를 지배하지 못하게 하겠다는 뜻입니다.

어떤 일이 우리 주인이 되게 내버려 두어서는 안 됩니다. 특히 시편 8편 말씀을 생각하면 그렇습니다.

사람이 무엇이기에 주께서 그를 생각하시며…그를 하나님보다 조금 못하게 하시고 영화와 존귀로 관을 씌우셨나이다 주의 손으로 만드신 것을 다스리게 하시고 만물을 그의 발 아래 두셨으니 곧 모든 소와 양과 들짐승이며 공중의 새와 바다의 물고기와 바닷길에 다니는 것이니이다(시편 8:4-8).

그런데도 사람이 너무나 사소한 것들 앞에서 무너지는 것이 신기하지 않습니까? 포도에서 나오는 음료를 절제하지 못해 바보가 되는 사람들이 얼마나 많습니까? 담배를 다스릴 줄 몰라서 죽음을 맞는 사람들은 또 얼마나 많습니까? 상자에 전선 다발을 연결한 것에 불과한 발명품 텔레비전에 좌지우지되는 사람들이 얼마나 많습니까? 텔레비전이 왕과 주인 자리를 차지하고, 인간은 그 노예로 전락합니다. 환자를 치료하기 위해 개발한 약물이 이제는 수많은 사람들을 부리는 주인이 되어 버렸습니다.

하나님은 인간이 창조물을 다스리도록 계획하셨는데, 우리는 오히려 그 노예가 되기 쉽습니다. 그래서 저는 스스로 이런 질문을 던집니다.

'이 일이 나를 속박하지 않는가?'

부흥사로 유명했던 어느 목사가 골프로 돈을 잃을까 늘 걱정하다가 정말로 망해서 교계를 떠났던 일이 기억납니다. 그 목사는 내기 골프에 미쳐서 결국 홀마다 삼사백 달러를 걸고 경기하는 지경까지 이르렀습니다. 세상에는 이렇게 자그마한 공 하나에 좌지우지되는 사람들이 아주 많습니다.

사람들을 쥐고 흔들 수 있는 가능성을 태생적으로 지닌 것들이 있습니다. 특정한 종류의 음악이 그렇습니다. 젊은 사람들 중에는 그런 음악에 사로잡힌 이들이 있습니다. 즐겨 보는 연속극 시간에 맞춰 귀가하지 못하면 큰일 나는 사람들도 있습니다. 우리를 속박할 수 있는 것들은 무한합니다. 여러분은 이렇게 질문해야 합니다. '이 일이 나를 속박하지 않겠는가? 이 일이 나를 노예로 만들 가능성은 없는가?'

**5. 내 죄를
교묘히 가리는가?** 우리는 자유라는 허울 좋은 구실을 내세우면서, 사실은 악한 본성에 영합하고 있지는 않습니까? 여러분은 이렇게 말하고 싶을지도 모릅니다. "저는 그리스도 안에서 자유롭습니다. 그러니 이런 일들도 얼마든지 할 수 있죠." 물론 여러분은 자유롭습니다. 그러나 실상은 여러분의 정욕이나 악한 욕구를 가리고 있을 뿐입니다. 어떤 남자가 자신은 그리스도 안에서 자유로우니 얼마든지 극장에 갈 수 있다고 주장합니다. 물론 그는 자유로이 극장에 출입할 수 있습니다. 하지만 눈앞에 펼쳐지는 장면을 이용하여 자신의 악한 욕구를 만족시키려는 목적이라면, 그는 자유를 자신의 악을 덮어 주는 은폐물로 악용하고 있는 셈입니다.

베드로전서 2장 16절은 우리에게 자유를 악을 가리는 데 쓰지 말라고 말합니다. 다시 말해, 여러분의 악한 의도를 교묘히 숨기지 말고, 솔직하라는 뜻입니다. 여러분 자신에게 이렇게 물으십시오. '이 일이 영적으로 유익한가? 나를 세워 주는가? 도움이 되는 일인가? 나를 속박하지는 않는가? 나의 악한 욕구를 가리고 있지 않은가?'

젊은 사람들은 이렇게 말합니다. "성경에 춤추지 말란 말은 안 나오잖아요. 다윗 왕도 여호와 앞에서 춤추지 않았습니까." 다윗이 춘 춤은 요즘 사람들이 추는 춤과는 달랐습니다. 춤추는 게 뭐가 잘못이냐고요? 스스로에게 물어보십시오. 여러분이 춤에 찬성하는 이유는 무엇입니까? 춤이 당신을 영적으로 세워 줍니까? 춤은 불필요한 짐이 아닙니까? 춤이 당신의 영적 진보에 중요합니까? 춤이 당신을 노예로 만들지 않습니까? 여러분은 마음속의 동기를 살피고, 진정한 질문을 던지셔야 합니다.

갈라디아서 5장 13절은 자유가 허가증으로 돌변하는 일이 흔하다고 말합니다. 많은 사람들이 자신의 악한 의도를 감추기 위해 동기를 조작합니다. 이렇게 말하는 사람이 있다고 칩시다. "하나님이 말들을 창조하셨으니, 나는 경마장에 갈 자유가 있어. 거기 가서 하나님의 아름다운 창조물을 감상하는 거야. 말들은 달리고, 나는 주님을 찬양하지." 하지만 그가 하루 종일 한 일은 도박으로 돈을 날리는 일입니다. 이 사람은 자신의 악한 의도, 즉 도박에 자유의 망토를 둘렀을 뿐입니다. 그는 하나님이 주신 청지기직을 헌신짝처럼 내던져 버렸습니다. 그래서 우리는 이런 질문을 스스로에게 던져야 합니다. '이 일이 내 죄를 교묘히 가리지는 않는가? 나는 진짜 동기를 조작하고 있지는 않은가?'

6. 내 삶에서
그리스도의 주 되심을 방해하는가?

그리스도인이라면 누구나 그리스도의 주 되심에 복종하며 살아야 합니다. 이 말에는 다들 동의하십니까? 그렇다면 이건 어떻습니까? 주님이 우리에게 원하시는 것이 무엇인지는 사람마다 의견이 다릅니다. 똑같은 일을 두고도, 어떤 사람은 주님이 하지 말라고 하셨다 하고 어떤 사람은 주님이 해도 괜찮다 하셨다고 합니다. 어떤 사람들은 주님이 죄라고 말씀하셨다고 주장하는 일을, 다른 사람들은 괜찮다고 합니다.

주님이 우리에게 원하시는 일을 만장일치로 결정할 수는 없습니다. 어떤 사람들은 주님이 우리가 매일 아침 성경을 읽기 원하시기에, 하루라도 빠뜨리면 죄라고 생각합니다. 주일 오전예배, 오후예배, 수요예배에 모두 참석해야만 영적으로 온전히 설 수 있다고 생각하는 사람들도 있습니다. 반대로, 예배 참석 문제로 양심에 거리낌을 느끼지 않는 사람들도 있습니다. 이 사람들은 주일 오전예배와 오후예배에는 참석하지만, 수요예배는 형편에 따라 빠지기도 합니다. 어떤 사람은 틈나는 대로 성경을 읽으려고 애쓰지만, 또 어떤 사람은 하루이틀 정도 성경 읽기를 빠뜨렸다고 해서 양심에 가책을 느끼지는 않습니다.

사람들이 그리스도의 주 되심을 인정하는 방식은 다양합니다. 로마서 14장 2절은 어떤 사람은 모든 것을 먹을 만한 믿음이 있지만, 믿음이 연약한 자는 채소만 먹는다고 말합니다. 주님이 그렇게 원하신다고 생각하여 식물만 먹는 사람이 있는가 하면,

원하는 것은 뭐든 먹을 수 있다고 말하는 사람도 있습니다.

먹는 자는 먹지 않는 자를 업신여기지 말고 먹지 않는 자는 먹는 자를 비판하지 말라 이는 하나님이 그를 받으셨음이라 남의 하인을 비판하는 너는 누구냐 그가 서 있는 것이나 넘어지는 것이 자기 주인에게 있으매 그가 세움을 받으리니 이는 그를 세우시는 권능이 주께 있음이라 어떤 사람은 이 날을 저 날보다 낫게 여기고(롬 14:3-5).

이 사람은 안식일을 지키기 원합니다. 주일을 특별하게 여깁니다. 이런 사람들을 안식일 엄수주의자라고 합니다.

어떤 사람은 모든 날을 같게 여기나니 각각 자기 마음으로 확정할지니라 날을 중히 여기는 자도 주를 위하여 중히 여기고(롬 14:5-6).

그날을 지키지 않는 사람도 주님을 위하는 것은 마찬가지입니다. 그 사람은 주님이 모든 날의 주인이라고 믿기 때문입니다.

먹는 자도 주를 위하여 먹으니 이는 하나님께 감사함이요 먹지 않는 자도 주를 위하여 먹지 아니하며 하나님께 감사하느니라 우리 중에 누구든지 자기를 위하여 사는 자가 없고 자기를 위하여 죽는 자도 없도다 우리가 살아도 주를 위하여 살고 죽어도 주를 위하여 죽나니 그러므로 사나 죽으나 우리가 주의 것이로다(롬 14:6-8).

다시 말해, 그리스도인의 삶에 있는 어떤 제한이든, 그 사람은 주님이 그것을 원하신다고 믿기 때문에 기꺼이 그렇게 합니다.

여러분이 그렇게 믿는다면, 소신껏 그 일을 하거나 하지 마십시오. 대신, 스스로에게 이런 질문을 던지십시오. '나는 이 일이 주님이 내게 원하시는 일이라고 믿는가?' 이것은 양심의 문제입니다. 그냥 양심을 거스르는 일은 하지 마십시오. 여러분의 양심은 여러분의 마음에만 반응합니다. 여러분이 마음속에서 어떤 일이 옳다고 믿으면, 양심이 여러분을 제지하거나 강요할 것입니다. 양심은 바퀴에 지나지 않고 마음이 엔진입니다. 엔진이 행동을 일으키면 바퀴는 그에 따라 반응할 뿐입니다. 양심은 마음의 명령을 받은 그대로 바퀴를 움직여 차체를 굴러가게 합니다. 양심을 거스르면, 여러분은 나쁜 일에 길들여집니다. 여러분의 마음이 어떤 일이 올바른지 더 많이 깨달을수록, 여러분은 주님 안에서 성숙하게 됩니다. 반대로 여러분이 양심을 거스르는 데 익숙해지면, 여러분의 양심은 별 도움이 되지 못할 것입니다. 그러니 양심을 거스르는 일을 하지 마십시오. 스스로에게 이런 질문을 던지십시오. '이 일은 내가 그리스도의 주 되심을 깨닫는 데 방해가 되지는 않는가?'

어떤 사람들은 여러분을 찾아와 이렇게 말할지도 모릅니다. "당신은 자유니까, 마음대로 해도 괜찮아요. 잘못된 일이 아니랍니다." 하지만 그 일이 여러분의 양심에 거슬린다면, 하지 마십시오. 양심을 무시하지 마십시오. 바울은 자신의 양심을 거스르는 일은 절대로 하지 않겠다고 말했습니다. 그는 흉터가 자신의 양심을 마비시켜 양심이 무뎌지는 것을 원치 않았습니다(참고. 고후 1:12; 4:2; 딤전 4:2). 하루 종일 소파에 앉아 안식일을 지키는 사람이 있다면, 그것으로 그 사람을 괴롭히거나 꾸짖지 마십시오.

저는 자기 양심을 거스르지 말라며 아버지가 해주신 이야기를 잊지 못합니다. 아버지는 다른 교회 부흥회를 인도하러 미시건 주에 가 계셨습니다. 부흥 사경회 첫날밤이었던 어느 주일 저녁, 모임이 끝난 후 목사님이 아버지에게 이렇게 물었답니다. "내일은 계획이 어떻게 되십니까?" 아버지는 "아침에는 골프를 치고, 오후에는 어딜 좀 가려 합니다"라고 대답했습니다. 목사님이 말했습니다. "사경회 기간에 골프라니요? 하나님의 일에 힘쓰셔야지요. 목사님은 사역을 하러 여기 오셨습니까, 아니면 놀러 오셨습니까?" 아버지가 대답했습니다. "둘 다지요. 목사님도 골프 치러 오셔서 함께 교제하시면 좋겠습니다." 그러자 목사님은 "됐습니다. 저는 사경회 기간 내내 기도와 집회에만 집중하겠습니다"라고 대답했습니다. "목사님도 오시면 좋을 텐데요. 찬양 인도자도 오기로 했으니, 같이 어울리면 좋을 것 같습니다." "아닙니다. 저는 빠지겠습니다."

그런데 월요일 아침에 제 아버지와 찬양 인도자가 골프장에 가 보니 누가 와 있었겠습니까? 한사코 사양하던 목사님이 와 계셨습니다. 그분이 이렇게 말하시더랍니다. "골프를 치긴 하겠습니다만, 이러면 안 되는 겁니다. 저는 그저 손님을 대접하는 차원에서 나왔을 뿐, 옳은 일은 아니라고 생각합니다."

이렇게 해서 다같이 첫 번째 홀에서 공을 치게 되었는데, 페

어웨이 중간쯤 왔을 때 어디선가 "공 조심하세요!" 하는 소리가 들렸습니다. 목사님은 소리가 나는 쪽을 쳐다봤다가 이가 두 개 부러졌습니다. 아버지가 말씀하시길, 그 목사님이 나무 옆으로 쓰러지면서 이렇게 말했다고 합니다. "내 이럴 줄 알았지. 이럴 줄 알았다고." 이 사건 이전에도 부흥회 기간에 골프를 치러 가는 게 옳지 않다고 믿었던 목사님은 이후에는 그 신념이 더욱 굳어졌을 것입니다.

목사님은 양심에 거슬리는 행동을 했다가 자유를 더 잃어버리고 말았습니다. 그분은 하나님의 심판으로 부상을 당했다고 해석했습니다. 그분에게는 그게 사실일지도 모릅니다. 하나님은 모든 사람이 자신의 양심을 거스르지 않기를 원하십니다. 그러니 우리도 다른 사람이 그리스도의 주 되심을 거스를 수 있는 행동은 권하지 않는 편이 좋습니다. 각자가 양심에 따라 그리스도의 주 되심을 인식하니 말입니다.

내가 어떤 일을 하기로 한다면, 그것은 내가 나의 주 그리스도의 뜻에 합당하다고 믿는 바에 부합해야만 합니다. 저는 그에 거스르는 행동은 하고 싶지 않습니다. 마음속에서 그것을 거스르면, 내가 내 인생을 장악하고 그리스도의 주 되심을 앗아가는 것입니다. 저는 그러고 싶지 않습니다. 이것이 여섯 번째 원칙입니다.

7. 다른 그리스도인들에게 본보기가 되는가?

우리는 우리 행동을 보고 다른 그리스도

인들이 어떻게 느끼는지를 염두에 두고 행동해야 합니다. 고린도전서 8장 9-11절은 "그런즉 너희의 자유가 믿음이 약한 자들에게 걸려 넘어지게 하는 것이 되지 않도록 조심하라 지식 있는 네가 우상의 집에 앉아 먹는 것을 누구든지 보면 그 믿음이 약한 자들의 양심이 담력을 얻어 우상의 제물을 먹게 되지 않겠느냐 그러면 네 지식으로 그 믿음이 약한 자가 멸망하나니"라고 말합니다. 그 사람은 여러분의 본보기를 따르다가 자신의 연약한 양심을 거스르고 상처를 받습니다. 그렇기 때문에 여러분은 그 사람에게 죄를 짓고, 그리스도께도 죄를 짓는 셈입니다. 그러지 마십시오.

고린도전서 9장 1-18절에서 바울은 사역에 대한 대가를 받을 권리가 자기에게 있지만, 아무에게도 해를 주고 싶지 않아서 대가를 받지 않기로 했다고 말합니다. 로마서 14장 13-18절은 부딪칠 것이나 거칠 것을 형제 앞에 두지 않도록 주의하라고 가르칩니다. 여러분의 형제가 여러분이 고른 음식을 두고 근심한다면, 다른 음식을 드십시오.

> 그러므로 우리가 화평의 일과 서로 덕을 세우는 일을 힘쓰나니 음식으로 말미암아 하나님의 사업을 무너지게 하지 말라…고기도 먹지 아니하고 포도주도 마시지 아니하고 무엇이든지 네 형제로 거리끼게 하는 일을 아니함이 아름다우니라(롬 14:19-21).

언젠가 노스캐롤라이나 주 샬럿에서 비행기를 타고 집으로 오는 길이었습니다. 승무원이 오더니 아침식사에 샴페인을 곁들이겠느냐고 물었습니다. 저는 원래 오렌지 주스를 좋아하고, 샴페인은 마셔 본 적도 없었습니다. 그런데 샴페인은 어떤 맛인지 문득 궁금해지더군요. 하지만 저는 이내 "아뇨. 괜찮습니다" 하고 대답했습니다. 승무원은 통로를 따라 내려가며 다른 손님들을 접대했습니다.

잠시 후에, 저는 다리를 좀 펴려고 자리에서 일어나 통로에 서 있었습니다. 그런데 두 좌석쯤 뒤에 앉은 한 남자가 제 쪽으로 오더니 "존 맥아더 목사님이시죠?" 하며 아는 척을 했습니다. "네, 맞습니다만" 하고 대꾸하자 사내는 이렇게 말했습니다. "아, 이렇게 뵙게 되어 정말 반갑습니다. 저는 목회학을 공부하는 학생인데, 목사님의 설교 테이프를 들었습니다." 그러더니 이 사람은 놀라운 간증을 들려주었습니다. 그는 사모아 출신인데, 우리 교회의 설교 테이프를 몽땅 사모아로 들고 갈 예정이라고 했습니다. 저는 승무원이 제게 샴페인을 권하고 나서 얼마 되지 않아 이 사람을 만났습니다. 저는 이 사건을 계기로 사람들이 우리를 늘 지켜보고 있다는 사실을 깨달았습니다. 여러분의 삶의 방식이 누군가에게 본보기가 됩니다. 여러분이 스스로 자유를 제한함으로써 다른 누군가를 격려할 수 있다는 사실이 놀랍지 않습니까. 실제로 그 사람은 비행 내내 나를 지켜보면서 말을 걸 기회를 엿보았다고 내게 말해 주었습니다. 저는 이 사건을 통해 우리 주변에는 늘 보는 눈이 있다는 사실을 다시 한 번 실감했습니다.

우리는 스스로에게 이런 질문을 던져야 합니다. '이 일이 다른 그리스도인들에게 좋은 본보기가 될 것인가? 나는 지금 남들에게 본이 될 만한 일을 하고 있는가?' 우리는 아주 사소한 일에도 주의해야 합니다. 여러분의 생활규범이나 식단, 여러분이 따로 정해 놓은 공부시간 등은 삶의 모범을 찾는 사람들에게 엄청난 영향을 미칠 수 있습니다. '나는 나보다 연약한 그리스도인들이 내 삶의 방식을 따르기 원하는가?' 이것을 본보기의 원칙이라고 할 수 있겠습니다.

8. 다른 사람들을 그리스도께 인도하는가?

사람들이 우리의 삶에서 차이점을 느낄 수 있을까요? 고린도전서 10장에 나오는 전형적인 예를 한 번 들어보겠습니다. 여기, 두 그리스도인이 있습니다. 한 사람은 강하고 성숙한 그리스도인입니다. 그는 우상은 아무것도 아니라는 고린도전서 8장 4절 말씀을 잘 알기에, 우상에게 바쳐진 고기를 먹고도 양심에 거리낌이 없습니다.

그런데 무엇이 문제였습니까? 우상을 숭배하는 사람들이 신전에 가서 제물을 드립니다. 제단에 고기를 바칩니다. 사람들은 신이 실제로는 제물을 먹지 않는다는 것을 압니다. 제물은 그냥 제단에 잠시 놓여 있을 뿐입니다. 하루에도 수많은 사람들이 음식을 들고 옵니다. 사제들은 제단에 놓였던 고기를 가져와서 먹고 싶은 음식은 남겨 둡니다. 하지만 사람들이 가져오는 고기가 하도 많아서 사제들이 다 먹을 수가 없습니다. 그래서 신전

뒤쪽에서 부업을 합니다. 이름하여, 신전 정육점입니다. 사제들은 거리에서 비싼 값에 고기를 팔 생각이 없습니다. 공짜로 얻은 고기라서 굳이 비싸게 팔 필요가 없습니다. 그러니 저렴한 고기를 사고 싶은 사람들은 신전 정육점에서 구입할 수 있습니다. 알뜰하고 현명한 구매지요. 아내도, 저도 거기서 고기를 삽니다.

우상이 아무것도 아니라고 생각하는 성숙한 그리스도인이라면 죽은 우상에게 바쳐졌던 고기라고 해도 아무 거리낌이 없을 것입니다. 하지만 이 성숙한 그리스도인이 그 우상을 섬기던 종교에서 막 빠져 나온 신출내기 그리스도인과 저녁식사를 하게 되었다고 칩시다. 갓 그리스도인이 된 이 사람의 마음속에는 우상 숭배나 컬트 종교, 신전 창기들을 비롯한 추하고 역겹고 부도덕한 장면이 자리 잡고 있습니다. 그런 그에게 우상에게 바쳤던 음식을 먹자고 하면, 그는 구역질을 할지도 모릅니다. 그는 그 음식을 먹을 수 없습니다. 그는 자신의 자유가 어느 정도나 허용되는지 알지 못하는 연약한 형제입니다. 그리고 우리는 그가 이제 막 어떤 종교에서 벗어났는지 잘 압니다.

이번에는 이 믿음 강한 형제와 믿음 약한 형제가 불신자인 친구를 만난다고 가정해 봅시다. 두 사람은 그 친구를 주님께 인도하고 싶습니다. 믿지 않는 친구가 두 사람을 저녁식사에 초대했습니다. 고린도전서 10장 27절이 그런 내용입니다. "불신자 중 누가 너희를 청할 때에 너희가 가고자 하거든 너희 앞에 차려 놓은 것은 무엇이든지 양심을 위하여 묻지 말고 먹으라"(고전 10:27).

그런데 손님을 초대한 주인이 식탁에 나온 고기가 우상 신전에 바쳤던 고기라고 말하면 어떻게 되겠습니까? 집주인이 음식을 더 내오려고 잠시 자리를 비운 사이, 두 사람 사이엔 무슨 대화가 오갈까요? 믿음이 강한 형제는 딜레마에 빠집니다. 믿음 약한 형제가 "난 못 먹겠네" 하고 말하자, 믿음 강한 형제가 말합니다. "하지만 자네가 먹지 않으면, 우리가 전도하려는 친구가 마음이 상할 걸세." 그렇게 해서 두 사람이 음식을 먹으면 전도하려는 친구에게는 실례가 되지 않겠지만, 믿음 약한 형제는 마음이 상해 넘어질 것입니다. 여러분은 그리스도를 믿는 믿음 약한 형제의 마음을 상하게 하시렵니까, 아니면 믿지 않는 사람의 마음을 상하게 하시렵니까? 고린도전서 10장 28절은 이 문제에 어떻게 대답합니까? "누가 너희에게 이것이 제물이라 말하거든 알게 한 자와 그 양심을 위하여 먹지 말라"(고전 10:28).

그렇다면 이 말씀은 여러분이 불신자를 전도하려 할 때 그리스도인 형제보다 불신자의 마음을 상하게 하는 편이 낫다는 뜻입니까? 그렇습니다. 여러분이 그리스도인 형제의 마음을 상하게 한다면, 믿지 않는 친구가 이렇게 말할지도 모릅니다. "그리스도인이 되느니 그냥 안 믿는 편이 낫겠네. 이렇게 서로들 마음을 상하게 하지 않나. 자네들이 나보고는 뭐라 하지 않으니 나는 그냥 이대로 살겠네." 여러분이 믿지 않는 사람의 기분을 상하게 할 수밖에 없을 때는 반드시 그 이유를 설명해 주어야 합니다. "우상에게 바쳤던 이 고기가 내 형제의 마음을 상하게 할 수도 있으니, 그 친구를 위해 먹지 않겠네." 그러면 그 불신자 친구는 자기가 목격한 장면을 다시 한 번 곱씹어 볼 것입니다. "이 사람들의 형제애가 참 부럽구나." 여러분이 서로 사랑하는 모습이 복음전도에서 가장 강력한 도구가 될 수 있습니다.

그래서 저는 이렇게 자문합니다. '이 일이 다른 사람을 그리스도께 이끌 것인가? 내가 자유를 제한하는 까닭은 어떤 사람을 그리스도께 인도하기 위해서인가? 나는 그 사람에게 다른 종류의 삶, 그가 세상에서 보지 못한 것들, 순결, 정직, 진실성을 보여 주고 있는가?' 로마서 14장 18절은 "이로써 그리스도를 섬기는 자는 하나님을 기쁘시게 하며 사람에게도 칭찬을 받느니라"고 말합니다.

9. 그리스도를 닮아 가는 일인가?

다른 말로 표현하자면 "예수님이라면 이 일을 하셨을까?, 예수님이라면 이 말씀을 하셨을까?" 정도가 되겠습니다. 우리는 '예수님이라면 내가 방금 한 말은 하지 않으셨을 텐데', '예수님이라면 내가 방금 한 일은 하지 않으셨을 텐데' 하고 생각할 때가 많습니다. 일을 시작하기 전에 스스로에게 이런 질문을 던진다면 후회를 줄일 수 있습니다. '예수님이라면 이 일을 하셨을까?' 이 질문 하나면 우리는 수많은 결정에 도움을 받을 수 있습니다.

우리는 그리스도를 닮기 원합니다. 요한일서 2장 6절 말씀입니다. "그의 안에 산다고 하는 자는 그가 행하시는 대로 자기도 행할지니라"(요일 2:6). 그리스도께 속했다고 말하는 사람은 그리스도가 사신 것처럼 살아야 합니다. 그래서 저도 이렇게 질문합니다. '예수님이라면 이 일을 하셨을까? 이 일은 그리스도를 닮은 행동인가?'

10. 하나님을 영화롭게 하는가?

고린도전서 10장 31절은 "그런즉 너희가 먹든지 마시든지 무엇을 하든지 다 하나님의 영광을 위하여 하라"고 말합니다. 이것이 대원칙입니다. '하나님을 영화롭게 하는가? 나는 삶으로 하나님께 영광을 돌리고 있는가? 내가 하는 일이 하나님을 높이는가? 이 일은 그분의 거룩한 이름을 드높이는가? 이 일은 그분을 명예롭게 하는가? 이 일은 내 인생을 하나님의 교리로 장식하는가? 이 일의 결과가 그분을 영화롭고 명예롭게 하며, 그분을 찬양하는가?' 이것이 마지막 원칙입니다.

이제 말씀을 마무리하겠습니다. 이 원칙들을 사용하면 어려운 결정을 쉽게 할 수 있습니다. '내게 영적으로 유익한가? 나를 세워 주는가? 경주 속도를 늦추는 일인가? 나를 속박하지 않는가? 내 죄를 은폐하지 않는가? 내 삶에서 그리스도의 주 되심을 대체하지 않는가? 다른 사람들에게 건전한 본보기가 되는가? 다른 사람들을 그리스도께 인도하는가? 그리스도를 닮은 사람으로 만들어 주는가? 하나님을 영화롭게 하는가?' 이것이 바로 의사 결정을 쉽게 만들어 주는 열 가지 원칙입니다.

8 우리는 어떻게 살 것인가 : 가상칠언 묵상
베드로전서 2:21

1989. 3. 26.

이 설교는 부활보다 십자가에 초점을 맞춘, 존 맥아더의 몇 안 되는 부활 메시지다. 그러나 이 메시지에는 부활의 소망이 가득하며, 신자의 일상에 그리스도의 부활의 능력이 얼마나 중요한지가 잘 드러나 있다. 이 메시지는 그리스도가 십자가에서 마지막으로 하신 일곱 가지 말씀으로, 한 말씀 한 말씀이 우리에게 실제적으로 적용할 거리를 던져 준다. 십자가에서 대부분 침묵을 지키셨던 그리스도, 그의 가상칠언에는 우리가 어떻게 살 것인지에 대한 강력한 메시지가 담겨 있다.

이 설교를 전하기 이틀 전에는, 알래스카에서 '엑슨 발데즈' 호가 좌초되어 천만 갤런의 기름이 바다에 유출되는 사고가 있었다. 대대적인 정화 작업으로 1년만에 눈에 보이는 기름의 흔적은 모두 제거했다. 그러나 과학자들은 고온 고압으로 해안가를 청소하는 방식이 기름 유출보다 오히려 생태계에 더 큰 피해를 끼쳤다고 주장한다. 청소 과정에서 플랑크톤을 비롯하여 이 지역 먹이사슬의 근간을 이루는 각종 미생물까지 죽여 버렸기 때문이다. 사고 발생 19년 후에 이 지역을 연구한 과학자들은, 정화 작업으로 망가진 이 서식지가 정상으로 되돌아가는 데는 앞으로도 최소 10년이 더 걸릴 것으로 예상했다.

1989년 부활절에는 엑스 발데즈 호 기름 유출 사건이 언론에 대대적으로 보도되었다. 늘 그렇듯이, 존의 설교는 대형 사건들에 대한 세간의 관심과 호들갑을 뒤로하고, 변함없는 가치에 초점을 맞춘다. 하지만 엑스 발데즈 호 사건은, 인간의 자기 개혁이 헛되며 우리에게는 죄를 깨끗게 하시는 하나님의 은혜가 필요하다는 이 메시지에 딱 들어맞는 예시였다.

저는 오늘 베드로전서 2장 21절을 함께 살펴보고자 합니다. "이를 위하여 너희가 부르심을 받았으니 그리스도도 너희를 위하여 고난을 받으사 너희에게 본을 끼쳐 그 자취를 따라오게 하려 하셨느니라"(고전 2:21).

예수님의 삶이 그리스도인들이 따라야 할 본이라고 믿는 사람들이 많습니다. 그런데 예수님의 죽음을 우리의 본으로 생각하는 사람은 별로 없는 것 같습니다. 하지만 바울은 고난받고 죽으신 예수님이 우리가 따라야 할 본을 보여주셨다고 말합니다. 성경은 예수님이 완전한 인간이셨다고 말합니다. 죄 없이 태어나셔서 아무 죄도 짓지 않으셨고, 거룩하고 흠 없이 순결하게 죄인들과 구별되어 사셨다고 말합니다. 그분의 인생은 완벽한 모범이십니다. 우리는 그분의 거룩하심처럼 거룩하고, 그분의 순결하심처럼 순결하고, 그분의 온유하심처럼 온유하며, 그분의 지혜로우심처럼 지혜롭고, 그분의 겸손하심처럼 겸손해야 합니다. 예수님은 하나님께 순종하셨으니, 우리도 그분의 본을 따라야 합니다. 우리의 섬김은 그분을 닮아야 하고, 우리가 세상을 대하는 태도 역시 그분이 세상을 대하셨던 태도를 닮아야 합니다. 우리는 예수님의 삶이 모범적인 삶이었다는 것을 잘 압니다. 여기에 이의를 제기할 사람은 별로 없을 것입니다.

하지만 베드로전서 2장 21절은 예수님이 우리의 본이시되, 삶의 방식뿐 아니라 죽음에서도 본이 되신다고 말합니다. 그렇기 때문에 우리는 그분의 삶이 아니라 죽음을 보고 그분의 성품에 대해 더 많이 알 수 있다는 것입니다.

사람들은 가장 힘든 시기에 자신의 진면목을 드러냅니다. 고난은 사람의 성품을 드러내고 역경은 사람의 미덕(또는 부덕)

을 드러냅니다. 어려움이 크면 클수록 우리의 진면목은 더 확실히 드러나기 마련입니다. 좋은 시절에만 알고 지냈던 사람은, 그 사람을 진짜로 안다고 말하기 어려운 것 같습니다. 힘든 시기에야 비로소 그 사람의 성품이 드러납니다. 예수 그리스도도 마찬가지입니다. 가장 큰 시련을 겪을 때에 그분의 성품이 가장 순수하고 진실하게 드러나는 듯합니다. 그런데 예수님은 죽음을 앞둔 순간에도, 이 땅에 사시던 날들처럼 완벽하셨습니다. 그분의 죽음은 그분이 삶으로 드러내셨던 완벽한 성품을 오히려 확인해 주는 계기가 되었습니다.

예수님은 자신의 죽음으로 우리에게 어떻게 살아야 할지를 가르쳐 주십니다. 우리는 예수님이 죽으시는 장면을 통해 죄의 심각성과 구세주의 필요성을 깨닫습니다. 예수님은 대속적 죽음으로 우리를 대신해 죽으셨습니다. 하지만 베드로는 십자가에는 그 이상의 의미가 있다고 말합니다. 그것은 바로, 예수님이 '우리의 모범으로' 죽으셨다는 것입니다. 그분은 우리에게 어떻게 살아야 할지를 보여주기 위해 죽으셨습니다.

자, 그러면 우리는 어떻게 예수님의 죽음에서 그분에 대해 배울 수 있을까요? 그분의 성품이 어떻게 드러났습니까? 그런데 그분의 행동은 별로 말해 주는 것이 없습니다. 십자가에 못 박혀 아무것도 하실 수 없었기 때문입니다. 그분의 생각도 마찬가지입니다. 우리는 그분이 무슨 생각을 하시는지 읽을 수 없기 때문입니다. 그리스도의 성품은 오직 죽음을 앞둔 그분의 말씀에서 드러났습니다. 교회는 초창기부터 예수님의 가상칠언을 기억하면서 그리스도의 죽음과 부활을 기념했습니다. 그분이 죽음을 앞두고 하신 말씀들은 우리 삶의 원칙이 됩니다.

첫 번째 말씀:

다른 사람을 용서하라 예수님은 누가복음 23장 34절에서 "아버지 저들을 사하여 주옵소서 자기들이 하는 것을 알지 못함이니이다"라고 말씀하십니다. 예수님은 자기에게 죄를 지은 사람들을 용서하며 죽으셨습니다. 우리도 이 삶의 원칙을 따라야 합니다. 예수님은 평생 인간에게서 최악의 대접을 받으시고서도, 돌아가시면서 용서하는 마음을 표현하셨습니다. 예수님은 세상을 창조하시고 그 세상 가운데 오셨지만, 세상은 그분을 인정하지 않았습니다. 죄로 어두워진 눈들은 그분을 원치 않았고, 그분의 아름다움을 보지 못했습니다. 예수님이 말구유에 탄생하신 사실은, 그분이 평생 사람들에게서 어떤 대접을 받을지 예측하게 해줍니다. 예수님의 탄생 직후, 헤롯 왕은 그분을 죽이려고 했습니다. 이 사건은 인류 역사상 계속된, 예수님에 대한 적대감의 전초전에 지나지 않습니다. 예수님의 원수들은 끊임없이 그분을 무너뜨리려 했습니다. 인류의 배신은 십자가에서 그 절정에 달했습니다. 하나님의 아들이 그들 손에 자기를 넘겼고, 그들은 그분을 처형할 계획을 차근차근 진행했습니다.

　가짜 기소와 재판을 거친 예수님은 사형 집행자들을 용서하셨습니다. 판사는 그분께 죄가 없다는 사실을 인정했지만, 분노한 군중을 달래기 위해 그분을 희생 제물로 삼았습니다. 평범한 죽음은 예수님의 강적들을 만족시킬 수 없었기에, 그들은 예수님을 가장 고통스럽고 수치스러운 죽음, 바로 십자가형으로 몰고 갔습니다.

예수님은 인간과 악령들의 혐오와 반감, 쓰라림, 복수, 사악함의 희생자(인간의 관점에서)로 십자가에 매달리신 채 다른 사람들을 용서하셨습니다. 인간의 관점에서 생각해 보면, 우리는 부당한 처형을 받은 예수님이 하나님께 동정심을 구걸하거나 주먹을 휘두르는 모습을 상상할 수 있습니다. 우리가 십자가 사건을 기록했다면, 그분이 악담을 퍼붓거나 처형자들에게 복수하겠다고 위협하는 장면을 그렸을지도 모릅니다. 하지만 하나님의 아들은 이런 모습과는 거리가 멀었습니다.

그분이 맨 처음 꺼내신 말씀은 기도입니다. 예수님은 자기 목숨을 앗아가는 사람들을 용서해 달라고 하나님께 기도했습니다. 예수님은 인간의 악한 마음을 잘 알고 계셨기에 이렇게 기도하실 수 있었습니다. "자기들이 하는 것을 알지 못함이니이다"(눅 23:34). 예수님은 인간의 죄성과 어두워진 마음을 잘 아셨습니다. 타락한 인간의 무지함을 고통스럽게 깨닫고 계셨습니다. 예수님은 거기 있는 사람들이 자신이 누구를 죽이는지도, 얼마나 무서운 죄를 저지르고 있는지도 전혀 알지 못했다는 사실을 잘 아셨습니다. 그들은 자신들이 생명의 왕이요, 자신들의 창조자를 죽이고 있다는 사실을 알지 못했습니다. 메시아를 죽이고 있다는 사실을 꿈에도 알지 못했습니다.

예수님을 죽인 사람들에게는 용서가 필요했습니다. 그들이 거룩하신 하나님의 임재 가운데 나아가 하나님이 주시는 기쁨을 맛볼 수 있는 유일한 길은, 그들의 죄를 용서받는 것뿐이었습니다. 예수님은 자신을 죽인 사람들의 절박한 필요를 위해 기도하셨습니다. 그분은 복수할 방법을 찾는 것보다, 흉악한 살인자들이 용서받는 데 더 관심이 있으셨습니다. 이것이 바로 예수님의 너그러운 마음입니다. 이것이 곧 복수를 바라지 않는 순수한 마음입니다. "욕을 당하시되 맞대어 욕하지 아니하시고 고난을 당하시되 위협하지 아니하시고 오직 공의로 심판하시는 이에게 부탁하시며"(벧전 2:23).

용서는 인간에게 가장 절박하게 필요한 것입니다. 용서는 우리가 지옥을 피하여 하나님과의 사귐으로 들어갈 수 있는 유일한 길이기에, 예수님은 우리를 위해 용서를 구하셨습니다. 예수님이 없으면, 우리는 거룩하신 하나님의 존전에 어울리지 않는 죄인일 수밖에 없다는 사실을 깨달아야 합니다. 죄의 문제를 해결하지 않는다면, 고상한 생각이나 선한 결심, 우리가 지키는 훌륭한 규칙 따위는 다 소용없습니다. 여러분과 하나님 사이에 죄가 있다면, 아름다운 성품을 기르고 하나님의 인정을 받도록 행동해 봤자 아무 소용이 없습니다. 그 모든 것은, 마비되어 걷지 못하는 사람이 발에 딱 맞는 신발을 사거나, 못 보는 사람이 안경을 사는 것이나 마찬가지입니다.

죄사함의 문제는 세상에서 가장 근본적인 질문입니다. 내가 아직도 죄 가운데 있다면, 친구들 사이에서 크게 존경받는다 해도 소용없습니다. 내가 아직도 죄 가운데 있다면, 아무리 선한 사람이 된다 해도 소용없습니다. 예수님은 인간의 깊은 필요를 아셨습니다. 그분은 죄사함만이 인간이 지옥에서 벗어나 복을 받는 유일한 길임을 아셨습니다. 그분이 용서하려는 죄가 자신을 죽인 죄라는 것은 그분께 아무런 문제가 되지 않았습니다.

그리스도인들은 죄를 지은 사람들에게 앙갚음하기보다 그들을 용서하시는 하나님께 더 관심을 기울여야 합니다. 스데반은 그리스도를 전파한 죄로 돌에 맞아 죽어 가면서 이렇게 기도했습니다. "주여 이 죄를 그들에게 돌리지 마옵소서"(행 7:60). 그는 예수님의 본을 따랐습니다. 우리도 그분의 본을 따라야 합니다.

두 번째 말씀:

다른 사람에게 전하라 예수님은 누가복음 23장 43절에서 "내가 진실로 네게 이르노니 오늘 네가 나와 함께 낙원에 있으리라"고 말씀하십니다. 두 강도가 예수님과 함께 십자가에 매달렸습니다. 한 사람은 예수님의 오른편에, 한 사람은 예수님의 왼편에 있었습니다. 그중 한 사람이 "예수여, 당신의 나라에 임하실 때에 나를 기억하소서!"라고 말하자, 예수님은 "오늘 네가 나와 함께 낙원에 있으리라"고 답하셨습니다. 우리 주님은 저주받은 영혼에게 영생의 진리를 전하며 돌아가셨습니다.

십자가에 매달린 그리스도가 어떻게 자신을 못 박은 사람들의 원한과 모든 신자들의 형벌을 떠안은 채, 한 죄인의 구원에 즉각 반응하실 수 있었는지 상상하기가 어렵습니다. 하지만 그분은 그런 분이셨습니다. 예수님은 다른 일에 정신이 팔려서 한 사람을 구원으로 인도하는 일을 놓치는 경우는 절대 없으셨습니다. 그분은 사람들을 하나님께 인도하는 일에 평생을 바치셨습니다.

이 강도의 회심은 놀랍기도 하고, 극적이기도 합니다. 십자가에 달리신 예수님께 미더운 구석을 찾아보기는 힘들었습니다. 그분이 하나님의 그리스도이자 세상의 구세주요, 메시아이며, 다시 오실 왕이라는 증거는 아직 겉으로 드러나지 않았습니다. 인간의 눈에는, 한낱 피해자에 지나지 않았습니다. 예수님은 사람들에게 거절당하고 죽음을 맞고 계셨습니다. 이 강도가 회심할 때 이렇게 말하는 사람은 아무도 없었습니다. "보라 세상 죄를 지고 가는 하나님의 어린양이로다"(요 1:29). 예수님이 하나님의 아들이라고 말해 주는 사람은 아무도 없었습니다. 친구들까지 그분을 배신했습니다. 그분은 수치스럽고 약한 상태였습니다. 예수님의 십자가형은 메시아와는 눈곱만큼도 관계가 없어 보였습니다. 초라한 그분의 형편은 처음부터 유대인들에게 걸림돌이었는데, 이제 그분의 죽음이 그 걸림돌을 오히려 견고히 해준 꼴이 되고 말았습니다. 이 강도와 예수님의 대화가 오간 때는, 이것이 하나님이 하신 일임을 보여주는 초자연적 현상이 일어나기 전이었습니다. 아직 땅이 흔들리거나(마 27:51), 어둠이 찾아오거나(막 15:33), 무덤이 열리지(마 27:52) 않았습니다. 그런데 이렇게 불리하고 설득력이 떨어지는 상황에서도, 이 강도는 십자가에 달린 예수님이 구세주라고 확신했습니다. 그 사람도 처음에는 다른 강도와 함께 예수님을 조롱했지만(마 27:38, 44), 나중에는 그분께 죄가 없다는 사실을 확신하고 오히려 다른 강도를 꾸짖었습니다(눅 23:40-41). 그는 예수님께 자기를 기억해 달라고 하며 용서를 구했습니다. 예수님이 그분의 나라에 임하실 때 자기를 기억해 달라고 부탁한 것으로 미루어 볼 때, 그는 그리스도의 부활과 재림도 확신했던 것 같습니다. 이 강도는 죽음이 끝이 아니라는 것을 알았습니다. 그의 요구는 그가 그리스도의 주권을 인정했다는 사실도 암시합니다. 그는 최악의 상황에 놓인 예수님 앞에서 이 모든 사실을 인정했습니다.

어떻게 이런 악조건에서도 그리스도께 나아올 수 있었을까요? 구원은 인간이 하는 일이 아니라 하나님의 주권적인 역사라는 말 외에는 설명할 길이 없을 것 같습니다. 하나님이 이 강도의 마음을 감동시켜 예수 그리스도에 대한 진리를 확신하게 하셨습니다. 우리는 구원의 원인을 하나님의 한량없는 은혜보다, 인간적인 영향력이나 수단 혹은 순조로운 환경 탓으로 돌리는 경우가 많습니다. 목사가 설교를 잘해서 혹은 자신의 기도가 응답되어서 구원을 받았다고 생각하는 사람들도 있습니다. 이런 것들이 구원의 간접적인 요인은 될 수 있을지 모르지만, 구원은 하나님이 개입하시는 은혜의 직접적인 결과입니다.

하나님이 이 강도의 마음속 어둠을 거둬 내시자 그는 믿게 되었습니다. 또한 그는 그리스도를 통해 구원받았습니다. 그리스도의 민감함은 저주받은 영혼에게 구원을 주시는 하나님의 도구로 사용되었습니다.

그리스도는 죄인들의 구원을 한결같이 바라셨습니다. 예수님은 잃어버린 자를 찾아 구원하러 오셨습니다(눅 19:10). 바울은 "그리스도 예수께서 죄인을 구원하시려고 세상에 임하셨다"(딤전 1:15)라고 기록했습니다. 예수님은 십자가에서 죽으시는 중에도 그 일을 이루셨습니다. 그분은 복음의 진리를 다른 사람들에게 전하는 우리의 모범이십니다. 예수님은 자신에게 죄를 저지른 사람들을 용서하시고, 저주받은 영혼에게 영생의 진리를 전하며 죽으셨습니다. 우리도 이렇게 살아야 합니다.

세 번째 말씀:
다른 사람의 필요를 채우라 요한복음 19장 26-27절은 "여자여 보소서 아들이니이다…보라 네 어머니라"고 말합니다. 예수님은 이타적인 사랑을 표현하며 생을 마감하셨습니다. 그분이 매달린 십자가 발치에는 조롱하는 무리와는 전혀 다른 다섯 사람이 서 있었습니다. 사도 요한의 곁에는 예수님의 어머니 마리아가 있었습니다. 마리아는 예수님의 죽음으로, 칼이 그의 영혼을 찌르듯 하리라는 수년 전 시므온의 예언을 온 몸으로 체험하고 있었습니다(눅 2:34-35). 아들의 십자가까지 사랑해야 하는 어머니는 아무 말 없이 괴로워하며 서 있었습니다. 그녀 곁에는 야고보와 요한의 어머니 살로메가 있었습니다. 살로메는 마리아와 자매지간이 아니었나 싶습니다. 그 자리에는 글로바의 아내 마리아와 예수님이 귀신을 내쫓아 주신 막달라 마리아도 있었습니다(막 15:40; 눅 8:2-3; 요 19:25). 히브리어로 마리아가 '쓰라림'을 뜻하는데, 이 상황과 잘 어울리는 이름인 것 같습니다.

로마인들은 사람들을 십자가에 매달 때 낮게 매달았다고 합니다. 그렇다면 요한과 여자들이 예수님을 만질 수도 있었다고 생각해 볼 수 있습니다. 아마도 가능한 일이었을 것입니다. 그들은 예수님이 작은 소리로 말씀하셔도 들을 수 있을 만큼 가까이 다가갈 수 있었을 것입니다. 예수님은 마리아와의 모자 관계가 이미 끝났기 때문에 어머니를 부를 때 "여자여 보소서 아들이니이다"라고 말씀하셨습니다. 예수님은 사역을 시작하실 때도 어머니를 "여자여"라고 부르신 적이 있습니다(요 2:4). 마리아는 십자가에서 다시 한 번, 예수님을 아들이 아니라 자신의 구세주로 이해해야 한다는 사실을 깨달았을 것입니다. 하지만 예수님의 의도는 자기에게 관심을 집중시키는 것이 아니었습니다. 그분은 자기 어머니를 요한에게, 요한을 자기 어머니에게 부탁하셨습니다.

그리스도는 돌아가시면서 어머니를 마음속에 품고 계셨습니다. 십자가 발치에 있던 사람들 중에, 아마도 예수님의 어머니가 가장 형편이 어려웠을 것입니다. 남편 요셉은 이때쯤이면 이미 이 세상 사람이 아니었을 것입니다. 그렇지 않고서야 예수님이 이런 말씀까지 하실 이유가 없습니다. 예수님은 어머니를 자기 형제들에게 맡기지 않으셨습니다. 그들이 예수님을 믿지 않았기 때문입니다(요 7:5). 예수님은 믿지 않는 친척들 손에 믿음의 어머니를 맡기실 수 없었습니다.

여기서 우리는 다시 한 번 그리스도의 이타적인 사랑을 목격합니다. 십자가에서 그분은 온 세상 죄의 무게를, 십자가의 고통을, 전능하신 하나님의 분노를 짊어지셨습니다. 그분의 내면의 고통은 육신의 고통보다 훨씬 더 컸을 것입니다. 하지만 이토록 심한 고통 가운데서도 예수님은 긍휼을 보이셨습니다. 그분의 생각은 다른 사람들을 향하고 계셨습니다. 이것은 곧 그분의 순수한 성품을 드러냅니다. 우리도 이렇게 살아가야 합니다. 자신의 고통에 함몰되어 다른 사람들의 필요를 외면하지 않도록 주의합시다(참고. 빌 2:4).

네 번째 말씀:

죄의 심각성을 깨달으라 마태복음 27장 46절만큼 애처로운 말씀이 또 있을까요. "나의 하나님 나의 하나님 어찌하여 나를 버리셨나이까"(마 27:46). 예수님은 죄의 심각성을 깨달으며 죽으셨습니다. 그분은 죄의 영향력에 분개하며 돌아가셨습니다. 죄는 하나님과 우리를 갈라놓습니다. '버림받다'라는 말은 사람이 자신을 묘사하는 말 중에 가장 고통스러운 단어라고 할 수 있습니다. 버림받은 사람은 외롭고 쓸쓸합니다. 예수님은 버림받으셨습니다. 그분의 외침은 이런 뜻이었습니다. "나의 하나님, 나의 하나님, 지금까지 제가 깨지지 않는 영원한 교제를 누린 분은 누구입니까? 어찌하여 나를 버리셨나이까?" 예수님이 누리던 영원하고 친밀한 관계와 비교해 볼 때 그분의 버림받음은 더 의미가 큽니다. 죄는 온 우주의 그 어떤 존재도 할 수 없는 일을 합니다. 인간도, 악령들도, 사탄도, 아버지에게서 아들을 떼 낼 수는 없었습니다. 그런데 바로 죄 때문에 하나님의 아들이 온 우주에서 가장 끔찍한 현실을 감내해야 했습니다. 바로 하나님과 분리된 것입니다. 아버지가 아들 안에 계셨고, 아들이 아버지 안에 계셨으며, 아버지와 아들은 함께였습니다. 삼위일체 가운데서, 그 누구도 방해할 수 없는 완벽한 교제를 영원히 누리셨던 예수님이 하나님께 버림받으셨습니다. 이유가 뭡니까? 그분은 죄를 지고 계셨고, 죄가 하나님과 아들을 갈라놓았습니다.

하나님은 너무나 거룩하신 분이기에 죄를 간과하실 수 없습니다(합 1:13). 그래서 죄가 하나님과 사람 사이를 갈라놓았습니다. 십자가에서 우리 죄를 대신 지신 예수님은 고통의 절정에 도달하셨습니다. 병사들이 예수님을 조롱했습니다. 가시 면류관을 머리에 씌우고, 채찍으로 때리고, 매질을 하고, 얼굴에 침을 뱉고, 수염을 뽑았습니다. 말로 다 할 수 없는 고통 가운데서도, 그분은 십자가와 그 수치를 묵묵히 견디셨습니다. 천박한 사람들이 예수님을 비웃고 병사들이 자신을 저주해도, 그분은 아무 대꾸도 하지 않으셨습니다. 하지만 하나님에게서 버림받은 예수님은 이 모든 고통과는 비교할 수 없는 어마어마한 고통을 느끼셨고, 괴로움에 절규하셨습니다.

이 세상 그 어떤 역경과 시련도 우리 죄로 인한 고통에 비할 바가 못 됩니다. 죄는 우리를 하나님에게서 멀어지게 만들기 때문입니다. 성도들은 죄 때문에 하나님과 분리되는 것을 예수님처럼 진심으로 괴로워해야 합니다. 예수님은 죄가 가져오는 혹독한 고통을 몸소 겪으셨습니다. 죄가 그분을 아버지에게서 멀어지게 했기 때문입니다. 우리는 죄의 결과를 반드시 이해해야 합니다. 죄는 우리를 하나님에게서 떼어놓습니다.

다섯 번째 말씀:

다른 사람을 의지하라   요한복음 19장 28절에서 예수님은 "내가 목마르다"고 말씀하십니다. 그리스도는 인간의 모든 조건을 다 겪으셨습니다. 예수님은 하나님을 갈망하고 계신 것이 아니라, 마실 것을 찾고 계셨습니다. 예수님은 목이 마르셨지만, 스스로는 마실 것을 구할 수 없었습니다. 예수님은 다른 사람을 의지해야 하셨는데, 그 점은 우리도 마찬가지입니다.

인간의 필요를 잘 아시는 그리스도는 우리에게 공감해 주는 대제사장이십니다(히 2:17-18). 신약 성경은 예수님이 온전한 인간이셨음을 확인해 줍니다. 예수님은 때때로 피곤과 허기, 졸음, 행복과 슬픔, 고통을 느끼셨습니다. 그분은 인간의 모든 감정을 다 느끼셨습니다. 그분도 배고플 때는 음식이, 졸릴 때는 누울 곳이, 목마를 때는 음료가 필요했으며, 자신의 필요를 채우기 위해 다른 사람들을 의지하셨습니다. 때로는 마리아와 마르다가, 때로는 그의 어머니가 그런 필요들을 채워 주었습니다. 예수님처럼 우리도 우리의 인간적인 약함을 드러내고 서로 의지하며 사는 법을 배워야 합니다.

여섯 번째 말씀:

시작한 일을 마무리하라   요한복음 19장 30절에서 예수님은 "다 이루었다"라고 말씀하십니다. 승리의 선언입니다. 예수님은 하나님이 명령하신 일을 완수하면서 죽으셨습니다.

죽는 것과 인생을 마무리하는 것은 별개입니다. 여러분의 생이 끝났다는 것과 여러분의 일을 마쳤다는 것은 전혀 다른 개념입니다. 저는 로스앤젤레스 마라톤에서 그 원리를 확인할 수 있었습니다. 모든 참가자가 경기를 시작하고 끝내지만, 모든 사람이 경기를 완주하는 것은 아닙니다. 자기 일을 마무리하지 못한 채 세상을 떠나는 사람들이 많습니다. '다 이루었다'는 예수님의 말씀은, 그분의 구속 사역을 완성하셨다는 뜻입니다. 그분은 "자기를 단번에 제물로 드려 죄를 없이 하시려고" 이 세상에 오셨고(히 9:26), 그 일을 마치셨습니다. 그분은 우리 죄를 자기 몸에 떠안으시고 사탄의 머리를 상하게 하셨습니다(창 3:15). 예수님이 하나님의 명령을 완벽하게 이행하신 것처럼, 우리도 그렇게 해야 합니다. 우리는 하나님이 우리에게 명령하신 일을 감당할 때 따르는 고통보다도 그분이 명령하신 일에 더 집중해야 합니다. 예수님은 결과를 잘 아셨기 때문에 그 과정에 따르는 고통을 참으셨습니다(히 12:2). 하나님의 일을 할 때는 늘 대가가 따릅니다. 우리는 그 일을 하는 데 따르는 고통과 역경을 극복할 수 있어야 합니다.

바울은 예수님의 모범을 신실하게 따랐습니다. 그 덕에 그는 말년에 "나의 달려갈 길을 마쳤다"(딤후 4:7)라고 말할 수 있었습니다. 하지만 바울은 그 길이 쉽지는 않았다고 말합니다. 그는 선한 싸움을 싸워야 했습니다. 이것이 바로 우리가 따라야 할 모범입니다. 호흡이 끊어질 때까지 막연하게 살지 마십시오. 하나님이 여러분에게 맡기신 일을 완수하기 위해 살아가십시오.

일곱 번째 말씀:

자신을 하나님께 드리라 누가복음 23장 46절에서 예수님은 큰 소리로 외치셨습니다. "아버지 내 영혼을 아버지 손에 부탁하나이다"(눅 23:46). 예수님은 하나님이 약속하신 보호에 자신을 의탁하며 죽으셨습니다. 우리도 그렇게 살아야 합니다. 하나님이 우리를 돌보시기 때문에 우리의 모든 염려를 그분께 내려놓아야 합니다(벧전 5:7). 우리 생명도, 죽음도, 운명도 그분 손에 맡겨야 합니다. 이것이 바로 믿음의 삶이 뜻하는 바입니다. 우리는 하나님만 온전히 신뢰해야 합니다.

하나님은 그리스도를 무덤에서 일으키겠다고 약속하셨습니다. 예수님은 그 약속을 아시고, 자신이 고난을 받지만 다시 살아날 것이라고 반복해서 말씀하셨습니다(마 16:21; 26:32; 막 9:9, 31; 요 2:19). 예수님은 하나님의 약속을 믿고 자신을 하나님의 돌보심에 의탁했습니다. 하나님께 여러분의 삶을 맡기는 것, 이것이야말로 우리가 살 수 있는 유일한 길입니다.

우리는 전적으로 하나님만 의지하고 살아야 합니다. 로마서 12장 1절은 우리 자신을 산 제물로 하나님께 바쳐야 한다고 말합니다. 이 말씀은 우리가 가진 모든 것이 그분의 것이며, 하나님만 신뢰하고 결과를 맡겨야 한다는 뜻입니다. 베드로전서 2장 23절은 예수님이 오직 공의로 심판하시는 이에게 부탁하셨다고 말합니다. 그분은 고통과 적대감이 아무리 크더라도, 맡겨진 임무가 아무리 어렵다 하더라도, 모든 것을 하나님께 맡겼습니다. 그분은 하나님이 옳은 일을 행하시고, 공의로 심판하시며, 약속하신 것을 이루실 줄로 믿었습니다. 예수님은 하나님이 자신을 실망시키지 않으리라는 것을 아셨기에 죽음과 지옥에 당당히 맞서셨습니다(벧전 2:3).

예수 그리스도는 완벽하게 사시다가, 완벽하게 죽으셨습니다. 그분의 완벽한 삶과 완벽한 죽음은, 우리에게 본이 됩니다. 그분의 마지막 말씀은 우리 인생에 중요한 교훈으로 요약할 수 있습니다. 우리는 우리에게 죄 지은 사람들을 용서해야 합니다. 진리가 없어 방황하는 저주받은 영혼들에게 진리를 전해야 합니다. 이타적으로 사랑하고 다른 사람들에게 긍휼을 베풀어야 합니다. 죄의 심각성을 깨달아야 합니다. 자신의 약함을 인정하고 다른 사람들이 우리의 필요를 채울 수 있게 해야 합니다. 하나님이 우리에게 명하신 일을 완수해야 합니다. 약속을 지키시는 하나님의 손에 모든 것을 맡기고 평안해야 합니다.

하나님은 삶과 죽음에서 완벽한 모범이 되신 예수 그리스도를 죽은 자들 가운데서 일으키셨습니다. 그리고 그분의 우편에 앉히셨습니다. 이렇게 하나님은 그 아들의 온전한 인격과 사역을 인정하셨고, 동일하게 지금도 온전한 사람들을 일으키실 것입니다.

정직한 분들에게는 이 소식이 그다지 달갑지 않게 들릴 것입니다. 우리는 신실함과는 거리가 먼 사람들이니까요. 우리는 다른 사람의 고통과 필요에 무감각하고, 죄의 파괴력을 심각하게 생각하지 않을 때가 많습니다. 자존심 때문에 서로 도우며 살지 못하고, 게으름 때문에 하나님의 일을 완수하지 못합니다. 눈으로 볼 수 있는 것만 믿을 때가 많습니다. 우리는 스스로가 불완전한 존재이며, 불완전한 인류는 지옥에 떨어질 운명이란 사실을 잘 압니다. 그러니 우리에게 무슨 소망이 있겠습니까? 히브리서 10장 14절 말씀입니다. "그[예수 그리스도]가 거룩하게 된 자들을 한 번의 제사로 영원히 온전하게 하셨느니라"(히 10:14). 그리스도는 유일하게 완벽한 신인(神人)이십니다. 하나님의 은혜로 우리는 그리스도의 온전함을 받을 수 있게 되었고, 그분을 통해 온전하신 하나님께 다가갈 수 있게 되었습니다.

그리스도인들은 우리가 그리스도 안에 있다고 말합니다. 그리스도 안에 있지 않으면, 하나님이 우리를 영광으로 일으키시지 않으리라는 것을 알기 때문입니다. 우리가 예수 그리스도를 구세주로 받아들이면, 그분의 온전함이 우리 것이 됩니다. 우리는 그분의 의로 옷 입고, 그분의 온전함은 우리를 가려 줍니다. 우리가 그리스도의 신분을 입기 때문에, 하나님은 우리를 영광 가운데 일으키셔서 그리스도와 함께 보좌에 앉히실 것입니다. 이것이 복음의 기쁜 소식입니다.

그렇다고 해서 그리스도인들이 이생에서 완벽한 것은 아닙니다. 우리는 계속해서 죄 문제로 싸웁니다. 그러나 천국에서 온전해질 모습을 기대합니다. 그때까지는, 그리스도의 온전하심이 우리를 두르고, 우리는 조금씩 그분의 형상을 닮아갑니다(고후 3:18).

그리스도가 그분의 온전하심으로 우리를 덮어 주시기에, 우리는 용서하고 사랑하면서 그분처럼 완벽한 삶을 살기 위해 애써야 합니다. 우리도 그분처럼 죄에서 벗어나려는 욕구가 커야 합니다. 그리고 우리에게 맡겨진 일을 완수하고, 전적으로 하나님만 신뢰해야 합니다. 우리는 스스로 완벽함을 쟁취할 수 없습니다. 우리는 그분을 우리의 구세주로 받아들일 때, 그리스도의 온전하심을 따라 살아가게 될 것입니다. 이것이 복음입니다.

9 구원의 역설

고린도후서 5:21

1995. 4. 23.

이 설교를 전한 주일의 나흘 전, 오클라호마 시티 알프레드 P. 뮤러 연방정부청사에 폭탄 테러가 발생해 168명이 사망하고, 800명이 넘는 사람들이 부상을 당했다. 존은 이날 설교에서 이 사건을 직접 언급하지는 않지만, 힘든 시기에 슬픔과 혼란을 겪고 있는 사람들에게 이보다 더 완벽한 메시지는 없었을 것이다.

이 설교는 장장 5년에 걸쳐 진행되었던 고린도후서 강해의 중반에 전한 메시지로, 존 맥아더가 속죄와 칭의의 관계를 정립하는 데 중요한 전환점이 되기도 했다. 존은 그리스도의 대리적 속죄 개념을 늘 지지했지만, 이 설교를 전한 이후부터는 이 개념을 주기적으로 더 자세히 설명하기 시작했다. 마치, 그리스도가 우리를 대신해 돌아가셨다는 개념이 머지않아 공격을 받으리라는 것을 예상이라도 한 것처럼 말이다. 실제로 10년이 채 못 되어 포스트 복음주의자들과 이머전트 신학이 형벌대속이라는 역사적 교리를 강력하게 비판하고 나서기 시작했다. 이 설교는 그런 공격에 성경적으로 잘 준비된 답을 제시했다.

우리가 오늘 살펴보려는 말씀은 고린도후서 5장 21절입니다. "하나님이 죄를 알지도 못하신 이를 우리를 대신하여 죄로 삼으신 것은 우리로 하여금 그 안에서 하나님의 의가 되게 하려 하심이라"(고후 5:21).

성경은 모든 사람이 죄인이라는 점을 분명히 합니다. 인간은 나면서부터, 또 살아가면서 죄를 짓습니다. 모든 사람은 태생

9. 구원의 역설

적으로 죄인입니다. 인류는 거룩하신 하나님과 멀어진 채 태어납니다. 죄를 간과하실 수 없는 하나님은 죄인들과는 어울리시지 않습니다. 죄 때문에 하나님과 분리된 우리는 그분을 알 수 없습니다. 하나님은 너무나 완벽하게 거룩한 분이셔서 죄인들을 거부하는 것 외에는 그들과 대면하실 수 없습니다.

하나님에게 거부당한 우리는, 이 세상에서 하나님 없이 악하게 살다가 영원히 지옥에 떨어질 운명입니다. 모든 인류가 안고 태어나는 이 소외는 매우 심각한 문제입니다. 모든 사람은 하나님 없이 일생을 살며, 그 상태로 죽어 하나님 없이 고통스러운 영생을 보내야 하기 때문입니다.

이런 현실은 이 세상에서 가장 치명적인 바이러스가 에이즈 바이러스가 아니라, 죄 바이러스라는 사실을 증명해 줍니다. 에이즈 바이러스와 마찬가지로 죄에 감염된 사람은 모두 죽습니다. 차이가 있다면, 죄는 모든 사람에게 감염된다는 사실입니다. 죄는 이 세상의 삶뿐 아니라 영원한 삶을 앗아갑니다. 죄는 우리 몸과 함께 영혼까지 죽입니다. 에이즈 바이러스에는 치료제가 없지만 다행스럽게도 죄 바이러스에는 치료제가 있습니다. 하나님은 죄인들이 완벽하게 나아서 하나님과 화해하고 그분의 임재 가운데 영원히 교제할 수 있는 길을 열어 두셨습니다.

이것이 바로 기독교가 전하는 좋은 소식, 곧 복음입니다. 인간은 하나님과의 적대감을 영원히 해결하고 거룩하신 하나님과 화해할 수 있습니다. 이 세상에서나 영생에서나 하나님 없이 살 필요가 없다는 소식, 이것이 좋은 소식입니다. 여러분은 이생에서 하나님 없이 고통받지 않아도 되고, 다음 세상에서도 그분 없이 영원히 고통받지 않아도 됩니다. 오늘 본문의 앞부분인 고린도후서 5장 18-20절에는 '화목'이라는 단어가 다양한 형태로 여러 차례 등장하는 것을 볼 수 있습니다. 18절은 "그가…우리를 자기와 화목하게 하시고", 19절은 "곧 하나님께서 그리스도 안에 계시사 세상을 자기와 화목하게 하시며"라고 말하고, 20절 마지막에서는 우리가 죄인들에게 "하나님과 화목하라"고 간청한다고 말합니다.

그런데 이런 의문이 듭니다. '어떻게 하나님과 화목할 수 있을까? 무한히 순결하고 완벽하셔서 절대적으로 거룩하신 하나님이 어떻게 죄인들과 화해하실 수 있을까? 너무 순결하셔서 죄를 절대 간과하지 않으시고 죄인들과도 교제하시지 않는 분이 어떻게 그리하실 수 있을까? 어떻게 하나님은 죄인들을 형벌로 다스려 정죄하심으로써 그분의 정의롭고 거룩한 율법을 만족시키는 동시에, 자비를 받을 자격이 없는 사람들에게 자비를 보여주실 수 있을까? 어떻게 하나님은 적대감을 끊어내고 죄인들을 거룩한 하늘로 데려가 그분과 친밀한 교제를 나누며 영원히 살게 하실 수 있을까? 어떻게 정의와 은혜를 동시에 만족시키실 수 있을까? 어떻게 죄인들을 향한 사랑과 공의가 화목할 수 있겠는가? 어떻게 하나님은 정의로운 하나님인 동시에 죄인들의 변호인이실 수 있는가?'(참고. 롬 3:26)

고린도후서 5장 21절이 그 답을 알려줍니다. 이 구절의 헬라어 원문은 화목의 비밀을 자세하게 정의해 주는 동시에 속죄의 본질을 보여줍니다. 이 한 구절에 복음의 핵심이 담겨 있습니다. 이 구절에서 구속의 역설이 풀립니다. 이 구절에서 신비가 해결되고 수수께끼가 풀립니다. 이 구절에서 우리는 거룩한 정의와 완벽한 사랑이 어떻게 동시에 만족될 수 있는지, 공의와 자비가 어떻게 입맞출 수 있는지 알 수 있습니다. 죄인들이 어떻게 하나님과 화목할 수 있는지를 설명해 주는 이 구절이야말로 성경에서 가장 강력한 진리라고 볼 수 있습니다.

이 구절에서 생각해 봐야 할 진리는 한두 가지가 아닙니다. 우리는 이 어마어마한 보물 창고를 샅샅이 뒤져서, 보물을 하나씩 발견할 때마다 돋보기를 들고 그 가치를 꼼꼼히 살펴야 합니다. 저는 이 본문에서 '기부자, 대리자, 수혜자, 혜택' 이렇게 네 가지 중요한 특징을 짚어 보려고 합니다. 이 네 가지가 하나님이 죄인들과 화목하게 되신 경위를 잘 요약해 줍니다.

기부자 21절은 '하나님이'라는 말로 시작합니다. 하나님이 먼저 움직이셨습니다. 이것은 하나님의 계획입니다. 그분이 기부자이십니다. 이 화해 계획의 배후에는 하나님이 계십니다. 그분이 계획하고 실행하고 결실을 맺으셨습니다. 이것은 아주 중요한 시각입니다. 하나님이 먼저 나서서 계획하고 실행에 옮기지 않으셨다면, 인간은 그분과 화목할 수 없었을 것입니다. 그분이 이 일을 계획하고 실천하셨습니다. 인간은 이 일을 계획할 수 없었습니다. 하나님과 화목하기 위해 인간이 할 수 있는 일도, 인간이 하지 말아야 할 일도 없었습니다. 인간의 모든 종교적인 수고는 고작해야 더러운 옷에 불과했습니다(참고. 사 64:6). 세상에는 온갖 종류의 종교가 있습니다. 그러나 기독교를 제외한 모든 종교는, 인간이 하나님과 화해해 보겠다고 사탄의 도움을 받아 세운 계획일 뿐입니다. 무슨 종교가 됐든, 세상 종교의 치명적인 오점이 바로 그것입니다.

로마서 3장 10-11절은 "기록된 바 의인은 없나니 하나도 없으며 깨닫는 자도 없고 하나님을 찾는 자도 없고"라고 말합니다. 사람들은 이 세상에서 그런 계획을 고안해서 제대로 해낼 수 있는 유일한 집단으로 유대인을 꼽을지도 모릅니다. 어쨌거나 유대인은 진짜 하나님, 여호와의 백성이 아닙니까. 하나님은 그들에게 율법과 선지자와 언약을 주셨고, 양자 됨을 허락하셨습니다(참고. 롬 9:4). 유대인들에게는 하나님의 계시가 있었습니다. 구약 성경이 있었습니다. 구원도 있었습니다. 구원은 유대인을 위한 것이었습니다. 그뿐이 아닙니다. 메시아가 그들에게 오셨습니다. 유대인이라면 이 세상에서 하나님과 화해할 수 있는 체제를 마련할 수도 있었을 것입니다. 하지만 그들은 실패했습니다.

바울은 로마서 10장 1절에서 유대인들의 실패를 이렇게 이야기합니다.

> 내 마음에 원하는 바와 하나님께 구하는 바는 이스라엘을 위함이니 곧 그들로 구원을 받게 함이라(롬 10:1).

유대인들은 그 모든 종교 양식과 하나님이 주신 신령한 계시에도 불구하고 화목을 이루지 못했습니다. 자신들 스스로 하나님과 화목을 이룰 수 있다고 믿었기에 구원받지 못했습니다. 바울은 말합니다.

> 내가 증언하노니 그들이 하나님께 열심이 있으나 올바른 지식을 따른 것이 아니니라 하나님의 의를 모르고 자기 의를 세우려고 힘써…(롬 10:2-3).

거짓 종교, 인간이 성취하는 종교가 바로 이렇습니다. 하지만 죄인들은 화목을 이룰 수 없습니다. 하나님이 먼저 죄인들에게 다가오시지 않으면 그분과 화목할 수 있는 길은 없기 때문입니다. 그런데 하나님은 먼저 죄인들에게 다가오셨습니다. "죄를 알지도 못하신 이를 우리를 대신하여 죄로 삼으신 것은"(고후 5:21) 바로 하나님이셨습니다. 이것은 하나님의 계획이었습니다. 예수님은 사람들에게 버림받아 십자가에 달리신 것이 아닙니다. 물론 사람들이 그분을 버린 것은 사실입니다. 유혹의 영이 유대 종교 지도자들의 마음을 홀려 예수님을 죽음으로 몰고 갔기에 그분이 십자가에 달리신 것이 아닙니다. 물론 종교 지도자들이 악한 영에 홀린 것은 사실입니다. 예수님은 성난 군중이 그분의 피를 요구했기에 십자가에 달리신 것이 아닙니다. 물론 사람들이 그분의 피를 요구한 것은 사실입니다. 그러나 하나님이 십자가를 계획하셨고 예수님은 그 계획에 따라 십자가로 가셨습니다. 하나님과 화목할 수 있는 유일한 길이 그것뿐이었기 때문입니다.

예수님도 "나는 아버지의 뜻을 행하러 이 세상에 왔다"(참고. 요 6:38)라고 말씀하셨습니다. 또 요한복음 18장 11절에서는 "아버지께서 주신 잔을 내가 마시지 아니하겠느냐"라고 말씀하셨습니다. 여기서 잔은 하나님의 진노의 잔을 가리킵니다. 히브리서 10장 5절과 7절에서는 예수님이 "오직 나를 위하여 한 몸을 예비하셨도다…내가…하나님의 뜻을 행하러 왔나이다"라고 말씀하셨다고 기록합니다. 그리고 베드로는 오순절에 예루살렘 사람들 앞에 서서 이렇게 설교했습니다. "그가 하나님께서 정하신 뜻과 미리 아신 대로 내준 바 되었거늘 너희가 법 없는 자들의 손을 빌려 [하나님의 아들을] 못 박아 죽였다"(행 2:23). 그중에는 예수님의 피를 요구하며 그분을 처형하라고 외쳤던 사람들이 많았습니다. 그들은 자신의 신념을 따라 악한 행동을 했지만, 그 모든 것은 하나님의 계획 가운데 있었습니다.

오직 하나님만이 성자 예수님을 이 세상에 보내 인간의 형상을 입어 낮아지게 하시고, 십자가에서 죽음에 이르기까지 순종하게 하실 수 있습니다(빌 2:7-8). 오직 하나님만이 그분의 정의를 만족시킬 대속의 구원을 계획하실 수 있습니다. 그분만이 자신의 정의를 만족시키는 데 필요한 것이 무엇인지 아시기 때문입니다. 오직 하나님만이, 무엇이 그분의 진노를 달랠 수 있는지 아시기 때문입니다. 우리 인간은 알지 못합니다. 오직 하나님만이, 죄인을 멸망시키지 않고도 어떻게 그분의 무한한 거룩하심과 죄에 대한 미움과 확고한 정의를 완벽하게 만족시킬 수 있는지 결정하실 수 있습니다. 오직 하나님만이, 죄인이 용서받고 영원한 지옥을 피해 그분의 집에서 하나님의 임재 가운데 살 수 있는 방법을 아십니다. 오직 하나님만이, 고결하고 최고로 권위 있으며 변함없이 온전한 하나님의 율법을 완벽하게 만족시키는 동시에, 율법을 깨뜨린 자가 온전히 용서받고 용납받을 수 있는 방법을 결정하실 수 있습니다. 오직 하나님만이, 거룩하고 정의롭고 선한 율법을 만족시키는 동시에 타락한 죄인을 구원할 방법을 아십니다. 오직 하나님만이, 이 모든 요소를 한데 모아 화목을 이루실 수 있습니다. 오직 하나님만이, 그분의 진노를 해결할 수 있는 방법을 아셨습니다. 오직 하나님만이, 죄의 짐을 지고 그분의 분노의 형벌을 견딜 수 있는 방법을 아셨습니다.

세상 사람들은 복음과 예수 그리스도의 사역을 어리석다 말할지도 모르지만, 복음을 믿는 사람들에게는 그것이 하나님의 지혜입니다. 무한히 거룩하신 하나님에게서 나온 가장 순결하고 심오한 지혜만이, 그분의 거룩하심에 반하지 않으면서도 죄인들과 화목할 수 있는 계획을 생각해 내실 수 있었습니다. 따라서 이 계획을 만드시고 실행에 옮기신 분은 바로 하나님이십니다.

구원 계획은 "하나님이 세상을 이처럼 사랑하사 독생자를 주셨으니"(요 3:16)라는 놀라운 사실에서 비롯됩니다. 바울은 로마서 5장 8절에서 똑같은 내용을 조금 달리 표현하고 있습니다. "우리가 아직 죄인 되었을 때에 그리스도께서 우리를 위하여 죽으심으로"(롬 5:8). 모든 것은 하나님 사랑의 결과입니다. 바울은

"우리가 원수 되었을 때에 그의 아들의 죽으심으로 말미암아 하나님과 화목하게 되었은즉"(롬 5:10)이라고 말합니다. 우리를 사랑하신 하나님이 먼저 다가오셨습니다. 에베소서 2장 4절은 "긍휼이 풍성하신 하나님이 우리를 사랑하신 그 큰 사랑을 인하여" 우리에게 구원을 주셨다고 말합니다. 하나님은 죄인들을 사랑하십니다. 그래서 골로새서 1장 12절에서 사도 바울은 "우리로 하여금 빛 가운데서 성도의 기업의 부분을 얻기에 합당하게 하신 아버지께 감사하게 하시기를 원하노라"고 말합니다. 오직 하나님만이 그 자격 요건을 아시고 우리를 그에 합당하게 하실 수 있습니다.

> 그가 우리를 흑암의 권세에서 건져내사 그의 사랑의 아들의 나라로 옮기셨으니 그 아들 안에서 우리가 속량 곧 죄 사함을 얻었도다(골 1:13-14).

사도 바울이 에베소 사람들에게 이렇게 말한 까닭도 그 때문입니다.

> 찬송하리로다 하나님 곧 우리 주 예수 그리스도의 아버지께서 그리스도 안에서 하늘에 속한 모든 신령한 복을 우리에게 주시되 곧 창세 전에 그리스도 안에서 우리를 택하사(엡 1:3-4).

"우리를 예정하사 예수 그리스도로 말미암아 자기의 아들들이 되게" 하신 분은 바로 아버지셨습니다(엡 1:5). 이 구원의 결과는 이것입니다.

> 그가 사랑하시는 자 안에서 우리에게 거저 주시는 바 그의 은혜의 영광을 찬송하게 하려는 것이라 우리는 그리스도 안에서 그의 은혜의 풍성함을 따라 그의 피로 말미암아 속량 곧 죄 사함을 받았느니라(엡 1:6-7).

우리에게 모든 지혜와 총명, 그 은혜의 풍성함을 넘치게 하신 분도 아버지셨습니다(엡 1:8-9).

이것은 세상 종교들과는 너무나 다릅니다. 세상의 종교들은 기본적으로 두려움을 전제로 합니다. 그들은 신이 인간에게 화를 내고 무관심하다고 생각합니다. 그분 앞에 굽실거리는 존재들이 잘되는 데는 별 관심이 없다고 여깁니다. 대부분의 종교는 분노와 적대감에 찬 신을 달래는 것을 목표로 합니다. 그래서 그들은 신이 자기들의 삶을 망가뜨리고 영원히 벌을 주지 않도록 신과 화해할 수 있는 방법을 개발해야 합니다. 이처럼 신을 달래는 방법으로는 종교 의식이나 의무, 행동, 선행 등이 있는데, 이런 것들을 통해 어떻게든 신을 달래고 불같은 분노를 막으려 애씁니다.

반대로, 기독교에서는 사랑의 신을 선포합니다. 사랑이 너무 커서 이 구원자는 "모든 사람이 구원을 받으며 진리를 아는 데에 이르기를 원하시느니라"(딤전 2:4)고 했습니다. 우리 하나님은 죄인들을 미워하지 않고 사랑하시며, 죄인들이 그분과 영원히 교제할 수 있는 길을 열어 주셨습니다. 하나님은 크신 사랑으로 희생 제물을 마련하시고, 용서라는 놀라운 선물을 우리에게 허락하십니다. 여러분이 하나님을 달랠 필요가 없습니다. 화해 계획을 모색하거나 여러분의 의를 증명해 보일 필요도 없습니다. 이것이 좋은 소식입니다. 하나님이 이 과정을 주도적으로 시작하셨다는 것, 그것이 좋은 소식입니다. 하나님은 그분의 공의와 거룩하심을 만족시키려면 무엇이 필요한지 아십니다. 죄의 대가는 지불되었고, 이제 그분은 여러분에게 용서와 화해를 허락하십니다.

이 화목을 완성하려면 무엇이 필요했습니까? 죽음입니다. 에스겔 18장 20절은 "범죄하는 그 영혼은 죽을지라"고 말하고, 로마서 6장 23절은 "죄의 삯은 사망"이라고 말합니다. 하나님은 죽음이 필요하다는 것을 잘 아셨습니다. 그분은 구약 성경의 경제 제도를 통해 그 점을 분명히 하셨습니다. 유대인들은 평생 희생 제사를 드려야 했습니다. 그들은 자신들의 죄 문제를 해결하기 위해 수많은 동물을 죽였는데, 이것은 사람들에게 그들의 악함을 보여주고, 죽음으로만 죄를 해결할 수 있다는 사실을 깨닫게 하시려는 그분의 계획이었습니다. 이 동물들이 사람의 죄를 없애 주지는 못했지만, 계속되는 희생 제사는 죄의 대가가 죽음이라는 사실을 사람들에게 반복해서 알려주었습니다. 누군가 죄를 지을 때마다 사람들은 또 다른 죽음을 목격해야 했습니다. 반복되는 희생 제사에 지친 사람들은 대학살을 멈추고 이 세상의 죄를 영원히 없애 주실 최후의 어린양을 간절히 기다렸습니다. 이러한 희생 제사는 죽음으로만 하나님의 율법을 만족시킬 수 있음을 보여주는 상징이었고, 이는 사람들이 최후의 대리자를 고대하게 만들었습니다.

그래서 하나님은 그분을 보내셨고, 그분은 기꺼이 이 땅에 오셨습니다. 예수님은 "이를[내 생명을] 내게서 빼앗는 자가 있는 것이 아니라 내가 스스로 버리노라 나는 버릴 권세도 있고 다시 얻을 권세도 있으니"(요 10:18)라고 말씀하셨습니다. 그분은 자기 생명을 마땅히 취할 권리를 주저 없이 내려놓으시고, 자신을 기꺼이 죽음에 내어놓으셨습니다(참고. 빌 2:6-8).

대리자   대리자도 분명히 명시되어 있습니다. '죄를 알지도 못하신 이' 그가 누구입니까? 이 조건은 대상자를 한 사람으로 압축합니다. 그는 분명히 평범한 인간은 아닙니다. "의인은 없나니 하나도 없기"(롬 3:10) 때문입니다. 로마서 3장 23절은 "모든 사람이 죄를 범하였으매 하나님의 영광에 이르지 못하더니"라고 말합니다. 모든 인간은 자격 미달입니다. 그렇다면 죄를 알지도 못한 이는 누구입니까? 자신의 죄에 대한 하나님의 진노를 떠안을 필요가 없기 때문에, 남의 죄에 대한 그분의 진노를 떠안을 수 있는 이는 과연 누구입니까? 죄가 있는 사람은 대리자가 되어 다른 죄인을 위해 죽을 수 없습니다. 자기 죄의 대가를 치러야 하기 때문입니다. 화목을 위해서는 반드시 죄 없는 제물이 필요합니다. 게다가, 사람만이 사람을 위해 죽을 수 있기에 그 희생 제물은 사람이어야 합니다.

 죄 없는 사람이 존재할 수 있는 유일한 길은, 하나님이 사람이 되는 것입니다. 죄 없는 존재는 하나님뿐이기 때문입니다. 그러니 죄 없는 사람은 하나님일 수밖에 없습니다. 이것이 바로 하나님의 계획이었습니다. 죄 없고 완벽한 성자 하나님, 삼위일체의 나머지 두 존재와 똑같이 거룩한 분이 사람의 형상으로 세상에 오셨습니다. 그에게는 인간 아버지가 필요 없었습니다. 요셉은 예수님의 아버지가 아니고, 요셉도 그 점을 잘 알았습니다. "그에게 잉태된 자는 성령으로 된 것이라"(마 1:20). 예수님에게는 자기를 낳아 준 인간 어머니는 있었지만 인간 아버지는 없었습니다. 하나님이 그의 아버지셨습니다. 예수님은 죄 없으신 인간, 즉 신인(神人)이셨습니다.

 구약 성경에는 희생 제물로 선택된 어린양이 나옵니다. 그 양은 흠이 없고 순전해야 했습니다. 흠집이 없는 온전한 이 동물은 진정한 대리자인 예수님을 묘사합니다. 요한계시록 5장에는 그리스도 외에는 아무도 합당한 자가 없음을 보여주는 장면이 나옵니다. 요한은 환상 중에 하나님의 보좌가 있는 방을 봅니다. 보좌에 앉으신 하나님은 일곱 인으로 봉한 두루마리를 손에 들고 계십니다(계 5:1). 이 두루마리는 우주에 대한 권리 증서로, 하나님이 그분의 우주를 사탄과 죄에게서 되찾아올 준비가 되셨다는 증서입니다.

힘있는 천사가 큰 음성으로 외치기를 누가 그 두루마리를 펴며 그 인을 떼기에 합당하냐 하나 하늘 위에나 땅 위에나 땅 아래에 능히 그 두루마리를 펴거나 보거나 할 자가 없더라 그 두루마리를 펴거나 보거나 하기에 합당한 자가 보이지 아니하기로 내가 크게 울었더니(계 5:2-4).

사람이든 천사든 이 우주에는 이 책의 내용을 실행할 수 있는 존재가 단 하나도 없었습니다. 그래서 요한은 울기 시작합니다. 이어서 5절입니다.

장로 중의 한 사람이 내게 말하되 울지 말라 유대 지파의 사자 다윗의 뿌리가 이겼으니 그 두루마리와 그 일곱 인을 떼시리라 하더라(계 5:5).

그 인을 떼시기에 합당한 분이 계십니다. 누구입니까? '유대 지파의 사자'입니다. 그는 유대 지파 출신, 즉 유대인입니다. 하지만 그분은 '다윗의 뿌리'입니다. 다윗의 줄기가 아닙니다. 다윗의 소생이 아니라, 오히려 다윗을 낳은 존재입니다. 그리고 그분은 하나님이십니다. 그분은 어떻게 생겼습니까? 6절에 보면, "어린양이 서 있는데 일찍이 죽임을 당한 것 같더라"고 했습니다. 우주를 되찾을 수 있는 분은 한 분뿐인데, 그는 인간으로 태어났지만 그와 동시에 하나님이셨던 분이요, 다윗의 뿌리이자 죽임당한 어린양이셨습니다. 하나님은 독특하게 처녀가 잉태한 신인을 그분의 계획에 들어맞는 대리자로 세우셨습니다. 정의를 만족시키고 율법의 정당성을 입증해야 했기 때문입니다. 그래서 바울은 갈라디아인들에게 이렇게 말합니다.

> 때가 차매 하나님이 그 아들을 보내사 여자에게서 나게 하시고 율법 아래에 나게 하신 것은 율법 아래에 있는 자들을 속량하시고(갈 4:4-5).

예수 그리스도가 바로 죄를 알지도 못하신 이입니다. 예수님은 요한복음 8장 46절에서 "너희 중에 누가 나를 죄로 책잡겠느냐"라고 말씀하십니다. 아무도 대답하는 사람이 없었고, 지금도 그 질문에 대답할 수 있는 사람은 없습니다. 누가복음 23장을 함께 봅시다.

> 빌라도가 대제사장들과 무리에게 이르되 내가 보니 이 사람에게 죄가 없도다 하니(눅 23:4).
> 이 사람에게서 죄를 찾지 못하였고(눅 23:14).
> 빌라도가 세 번째 말하되 이 사람이 무슨 악한 일을 하였느냐 나는 그에게서 죽일 죄를 찾지 못하였나니(눅 23:22).

십자가에서 예수님 옆에 달렸던 행악자는 또 다른 행악자에게 이렇게 말했습니다. "우리는 우리가 행한 일에 상당한 보응을 받는 것이니 이에 당연하거니와 이 사람이 행한 것은 옳지 않은 것이 없느니라"(눅 23:41). 이 모든 일을 지켜본 백부장의 고백은 또 어떻습니까. 그는 "이 사람은 정녕 의인이었도다"(눅 23:47)라고 말했습니다.

믿지 않는 사람들만 예수님이 완벽하다고 생각한 것은 아니었습니다. 사도 요한은 3년간 밤낮으로 예수님과 동행하면서, 그분의 모든 말씀을 듣고 그분의 모든 행동을 지켜보았습니다. 그런 요한이 "그에게는 죄가 없느니라"(요일 3:5)고 고백했습니다.

히브리서 저자도 다음과 같이 똑같은 주장을 합니다.

> 우리에게 있는 대제사장은 우리의 연약함을 동정하지 못하실 이가 아니요 모든 일에 우리와 똑같이 시험을 받으신 이로되 죄는 없으시니라(히 4:15).

또 그는 예수님을 거룩하고 악이 없고 더러움이 없고 죄인에게서 떠나 계신 분으로 그립니다(히 7:26).

베드로는 유대인들에게 그리스도에 대해 설교하면서 "너희가 거룩하고 의로운 이를 거부하고…생명의 주를 죽였도다"(행 3:14-15)라고 했습니다. 또 그리스도는 "오직 흠 없고 점 없는 어린양"(벧전 1:19) 같으며, "그 몸으로 우리 죄를 담당하셨으니 이는 우리로 죄에 대하여 죽고 의에 대하여 살게 하려 하심이라"(벧전 2:24), "그는 죄를 범하지 아니하시고"(벧전 2:22) "그리스도께서도 단번에 죄를 위하여 죽으사 의인으로서 불의한 자를 대신하셨으니"(벧전 3:18)라고 했습니다.

믿지 않는 사람들도, 그분을 가장 잘 아는 사람들도 동일하게 그분에게는 죄가 없다고 증언했습니다. 그런데 가장 강력한 증언은 따로 있었으니, 바로 하나님 아버지의 증언입니다. 그분은 예수님이 세례를 받으실 때 "이는 내 사랑하는 아들이요 내 기뻐하는 자라"(마 3:17)고 말씀하셨고, 변화산에서도 "이는 내 사랑하는 아들이요 내 기뻐하는 자니"(마 17:5)라고 말씀하셨습니다. 아버지는 죄 없고 흠 없는 아들을 흡족해 하셨습니다.

예수님이 하나님과 나누신 끈끈한 교제야말로 그분의 죄 없으심을 보여주는 가장 강력한 증거가 아닐까 싶습니다. 예수님은 요한복음 10장 30절, 14장 30-31절과 17장 11절, 21-23절에서 같은 말씀을 하십니다.

오늘 본문인 고린도후서 5장 21절을 다시 한 번 봅시다.

> 하나님이 죄를 알지도 못하신 이를 우리를 대신하여 죄로 삼으신 것은(고후 5:21).

하나님은 죄를 벌하셔야 했지만, 그렇게 되면 죄인들은 지옥에서 영원히 멸망할 수밖에 없습니다. 그래서 그분은 대리자를 세워 그가 죄인들 대신 벌을 받게 하셨습니다. 그렇게 그리스도는 죄가 되셨습니다.

그를 죄로 삼으신다는 말은 무슨 뜻입니까? 우선, 그 말이 뜻하지 않는 내용부터 말씀드리겠습니다. 이 말씀은 그리스도가 죄인이 되거나 죄를 저지르거나 하나님의 율법을 깨뜨리셨다는 뜻이 아닙니다. 제가 앞에서 읽은 성경 구절들로 보아, 그분께는 죄를 지을 능력이 없으셨습니다. 예수님은 죄를 지으실 수 없으셨습니다. 그분은 완전한 인간인 동시에 죄 없는 하나님이셨습니다. 하나님이 그런 예수님을 죄인으로 삼으신다는 것은 생각할 수 없는 일입니다. 하나님이 그분의 거룩하신 아들을 죄인으로 삼으신다는 것은 고사하고, 그분이 어느 누구를 죄인으로 만드신다는 것은 납득하기 어려운 일입니다.

그렇다면 예수님을 죄로 삼으신다는 말은 과연 무슨 뜻입니까? 이사야 53장이 우리에게 그 답을 제시해 줍니다.

> 그는 실로 우리의 질고를 지고 우리의 슬픔을 당하였거늘…그가 찔림은 우리의 허물 때문이요 그가 상함은 우리의 죄악 때문이라 그가 징계를 받으므로 우리는 평화를 누리고…우리는 다 양 같아서 그릇 행하여 각기 제 길로 갔거늘 여호와께서는 우리 모두의 죄악을 그에게 담당시키셨도다(사 53:4-6).

그는 자기 죄가 아니라 우리 죄 때문에 죽으셨습니다. 하나님은 우리 모두의 죄를 거두어 예수님께 지우셨습니다. "도대체 무슨 말씀입니까? 그의 죄가 아니라뇨?" 이렇게 말씀하는 분들이 있을지도 모르겠습니다. 그분의 죄가 아닙니다. 우리 죄였습니다. 예수님은 죄가 없으셨지만, 하나님은 그에게 죄의 형벌을 지우시고 그를 죄인 취급하셨습니다. 하나님은 그를 죄인 취급하시고 그 대가를 치르게 하셨습니다. 그뿐이 아닙니다. 하나님은 성도의 모든 죄를 그가 저지른 것처럼 대하셨습니다. 놀랍지 않습니까? 이것이 바로 예수님을 죄로 삼으셨다는 말의 뜻입니다. 그분은 다른 사람의 죄 때문에 죄가 되셨습니다. 다른 사람의 죄가 그분께 전가되었습니다. 하나님이 예수님께 죄를 돌리고 선고하시며 형벌을 받게 하셨습니다. 마치 온 세상 모든 죄인이 자기들의 죄를 여러분의 신용카드에 청구하고, 여러분은 그 청구서를 갚아야 하는 상황과 비슷합니다.

하나님을 믿는 온 세상 사람, 구원받은 모든 사람의 죄책이 예수님께 전가되었습니다. 마치 그분이 그 모든 죄를 짓기라도 한 것처럼 말입니다. 하나님이 그 죄를 예수님께 돌리자마자, 그분은 그 모든 죄와 죄인들을 향한 어마어마한 진노를 퍼부으셨고, 예수님은 온몸으로 그것을 받아내셔야 했습니다. 그러니 하나님께 버림받은 순간, 예수님이 "나의 하나님, 나의 하나님, 어찌하여 나를 버리셨나이까"(마 27:46)라고 부르짖으신 것은 조금도 이상하지 않습니다. 그분은 자신에게 쏟아진 진노의 심판을 온몸으로 느끼며, 벌을 받아 마땅한 죄인 취급을 받으셨습니다. 예수님은 실제로는 점도 흠도 없는 분이셨지만, 공식적으로는 죄인이셨습니다. 실제로는 거룩하신 분이셨지만, 법적으로는 죄인이셨습니다.

갈라디아서 3장 10절은 "무릇 율법 행위에 속한 자들은 저주 아래에 있나니"라고 말합니다. 여러분은 스스로 노력해서 천국에 가는 길을 찾기 원하십니까? 스스로 화해의 길을 찾고 싶으십니까? 특정한 행동이나 종교 의식을 지키려 하십니까? 여러분 스스로 의로워지고자 하십니까? 그렇다면 여러분은 큰일났습니다. 자신의 노력으로 하나님과 화목을 시도하려는 사람들은 모두 저주를 받기 때문입니다. 갈라디아서 3장 10절은 신명기 27장 26절을 인용해서 말합니다.

> 누구든지 율법 책에 기록된 대로 모든 일을 항상 행하지 아니하는 자는 저주 아래에 있는 자라 (갈 3:10).

왜 이런 노력이 저주를 불러오는지 아십니까? 여러분이 처음으로 율법을 어기는 순간, 바로 저주를 받기 때문입니다. 인간적인 노력으로 하나님과 화목을 시도하려고 애쓸 때마다 여러분은 스스로를 저주 아래 놓는 것입니다. 한 가지 율법만 위반해도 저주가 임하기 때문에 결국, 모든 인류는 저주 아래 있습니다. 자신의 노력으로 화목을 이루려 하는 이 땅의 모든 종교 역시, 저주 아래 있습니다.

이 저주에는 반드시 형벌이 따릅니다. 하지만 갈라디아서 3장 13절은 "그리스도께서 우리를 위하여 저주를 받은 바 되사 율법의 저주에서 우리를 속량하셨으니"라고 말합니다. 바로 이겁니다! 예수님은 우리를 대신해서 하나님의 진노를 온전히 받으셨습니다. 하나님은 그리스도를 저주의 길에 놓으시고, 심판으로 그분을 짓밟으셨습니다. 저는 여러분께 다시 한 번 강조합니다. 우리 죄가 그리스도께 전가되어 그가 죄가 되셨습니다. 그리스도의 의가 신자들에게 전가된 것처럼, 우리 죄가 그리스도께 전가되었습니다. 전가는 화목을 이해하는 핵심입니다.

이렇게 한번 이야기해 봅시다. 그리스도는 십자가에서 죽으셨지만, 우리와 같은 악인이 되지는 않으셨습니다. 우리가 십자가를 힘입었다 해도 그분처럼 거룩해질 수 없는 것과 같은 원리입니다. 하나님은 우리 죄를 그리스도에게 돌리시고, 그리스도의 의를 우리에게 돌리셨습니다. 우리가 의로워서 하나님이 만족하신 것이 아닙니다. 예수님이 우리 대신 형벌을 받고 대가를 치르셨기에, 하나님이 그리스도의 의를 우리에게 주실 수 있습니다.

여러분이 의로워질 수 있는 유일한 방법은 전가에 의한 칭의뿐입니다. 그리스도를 죄로 삼으신 것도 마찬가지 개념입니다. 하나님이 우리 죄를 예수님께 돌리셨기에, 그분이 죄가 되십니다. 하나님이 예수님의 의를 우리에게 돌리셨기에, 우리가 의로워집니다.

저는 그리스도인이지만, 거룩하신 하나님 앞에 설 수 있을 만큼 의롭지는 못합니다. 여러분은 어떠십니까? 저는 살면서 많은 죄를 지었기에 하나님 근처에라도 갔다가는 베드로처럼 고백해야 할 것입니다.

주여 나를 떠나소서 나는 죄인이로소이다(눅 5:8).

그러나 하나님은 저의 도덕성을 기준으로 하지 않고, 제게 전가된 그리스도의 의로 저를 보십니다.

요약하자면, 구원 사역을 계획하고 실행하신 분은 하나님이

시고 대리자는 그리스도이십니다. 그리스도는 우리 죄를 가져가시고 우리를 대신해 죽으셨습니다.

수혜자 "하나님이 죄를 알지도 못하신 이를 우리를 대신하여 죄로 삼으신 것은"(고후 5:21). 바울은 누구 이야기를 하고 있습니까? 그 대상은 20절 "우리가 그리스도를 대신하여 사신이 되어"에 나오는 인칭 대명사 '우리'와 동일한 대상입니다. 19절 "화목하게 하는 말씀을 우리에게 부탁하셨느니라"에 나오는 '우리', 18절 "[하나님이] 우리에게 화목하게 하는 직분을 주셨으니"에 나오는 '우리'도 같은 대상입니다.

그들은 누구입니까? 바울은 17절에서 그들을 가리켜 말하기를 "누구든지 그리스도 안에 있으면 새로운 피조물이라 이전 것은 지나갔으니 보라 새 것이 되었도다"라고 합니다. 구원을 받으면 새로운 피조물이 됩니다. 우리는 변화됩니다. 하지만 그 변화에도 불구하고, 우리 의는 거룩하신 하나님을 만족시키기에는 턱없이 부족합니다. 그래서 하나님은 우리가 온전한 의로움에 도달하기 전까지는, 그리스도의 의로 우리를 덮으시고 우리를 받아 주십니다. 그리스도의 죽음으로 화목하게 된 자들은 바로 그리스도 안에 있는 우리입니다. 예수님은 모든 믿는 자들을 위해 대리자가 되셨습니다. 그분은 우리 죄를 위해 죽으셨습니다.

혜택   고린도후서 5장 21절 후반부에 구원의 혜택이 나옵니다. "우리로 하여금 그 안에서 하나님의 의가 되게 하려 하심이라"(고후 5:21). 그 혜택은 무엇입니까? 우리는 하나님 앞에서 의가 됩니다. 이것이 바로 칭의의 역할입니다. 우리에게 전가된 의는 다름 아닌 그리스도의 의입니다. 바울은 빌립보서 3장 9절에서 "그 안에서 발견되려 함이니 내가 가진 의는 율법에서 난 것이 아니요 오직 그리스도를 믿음으로 말미암은 것이니 곧 믿음으로 하나님께로부터 난 의라"고 말합니다. 예수님은 거룩하시지만, 하나님은 그분께 죄를 전가하셨습니다. 우리는 죄인이지만, 하나님은 우리에게 거룩함을 전가하십니다.

하나님은 죄인들을 용납하기 위해 필요한 의를 우리에게 직접 주십니다. 하나님이 여러분을 보실 때는 예수 그리스도의 의로 가려진 여러분을 보십니다. 예수님이 우리 죄의 대가를 이미 지불하셨기 때문에 여러분의 모든 죄는 자동으로 용서받습니다. 예수님이 온전한 대가를 치르시고 죄에 대한 진노를 가져가셨기 때문에 하나님은 더 이상 여러분에게 죄의 책임을 묻지 않으십니다. "그렇다면 제가 그리스도인이 되고 나서 지은 죄는 어떻게 되나요?"라고 묻는 분들이 있을지도 모르겠습니다. 예수님은 그 죄까지 모두 해결하셨습니다. 예수님이 죽으셨을 때 여러분은 태어나지도 않았습니다. 여러분의 죄는 모두 미래의 죄였습니다. 사실 그리스도는 세상의 기초가 놓이기 전, 창조 전에 이미 죽임 당한 어린양이십니다. 하나님은, 예수님이 이 세상 모든 신자의 모든 죄를 위해 죽으시도록 계획하셨습니다.

이것이 바로 바울이 로마서 4장에서 이야기하는 의입니다. 이 의는 율법과는 상관없는 하나님의 의입니다. 예수 그리스도를 믿음으로 말미암아 모든 신자에게 미치는 하나님의 의입니다. 어떻게 하면 이 의를 얻을 수 있습니까? 여러분이 죄인이라는 것을 깨달으면 됩니다. 여러분은 하나님과 분리된 절박한 상태입니다. 여러분 편에서는 화목할 수 있는 희망이 전혀 없다는 사실을 절실히 깨달으십시오. 그런 다음에는, 하나님이 그분의 아들을 사람의 형상으로 이 세상에 보내셔서 여러분 대신 죽게 하셨다는 사실을 믿으십시오. 예수님이 하나님의 불같은 진노를 다 가져가셨습니다. 하나님이 예수님을 죽은 자들 가운데서 일으키실 때, 그분의 정의가 충족되었다는 사실을 믿으십시오. 하나님은 예수님을 죽은 자들 가운데서 일으키실 때 만족하셨습니다. 그리고 하나님은 예수님을 높이셔서 보좌 우편에 앉히셨습니다. 예수님이 자신을 드려 하나님의 정의를 만족시키셨을 때, 하나님은 그에게 이같이 행하셨습니다.

> 모든 이름 위에 뛰어난 이름을 주사…모든 무릎을 예수의 이름에 꿇게 하시고 모든 입으로 예수 그리스도를 주라 시인하여 하나님 아버지께 영광을 돌리게 하셨느니라(빌 2:9-11).

이것이 바로 여러분이 믿는 복음입니다. 여러분이 복음을 믿을 때 자비로우신 하나님은 예수 그리스도의 의를 여러분에게 주십니다. 예수님이 십자가에서 죽으셨을 때 여러분의 죄는 그리스도께 전가되었기 때문입니다. 아들이 죽었을 때 아버지는 이미 여러분을 아셨습니다. 이 세상의 기초가 놓이기 전에, 그리스도가 여러분을 속죄하시기 전에 여러분의 이름은 이미 어린 양의 생명책에 기록되었습니다. 시간이 흘러 여러분은 예수님을 믿고 여러분에게 전가된 의를 받았습니다. 이제 여러분은 이생에서 하나님의 임재 가운데 살다가, 온전한 모습으로 영생을 누릴 수 있습니다. 이것이 복음입니다.

이 모든 계획의 출발점은 하나님이십니다. 이것은 그분의 사랑에서 비롯된 그분의 계획입니다. 여러분의 자리를 대신한 대리자는 완벽한 신인이신 예수 그리스도셨습니다. 그리고 모든 신자가 수혜자입니다. 그 덕분에 여러분은 여러분에게 전가된 하나님의 의를 받고, 예수 그리스도처럼 거룩해집니다. 언젠가 여러분은 정말로 거룩해질 것입니다. 하지만 그 전까지는 그리스도 안에 있는 하나님의 의가 여러분을 덮어 줍니다. 그 의는 예수 그리스도 안에 있는 믿음을 통해서만, 온전히 여러분의 것이 됩니다.

10

죽음, 테러, 중동 지역을 바라보는 성경적 관점

여러 본문

2001. 9. 16.

이 주의 이전 화요일에 자신이 어디서 무엇을 하고 있었는지 정확히 기억하는 사람들이 많을 것이다. 사람들이 아침에 커피를 마시면서 뉴스를 보려고 텔레비전을 켰을 즈음에는, 이미 테러리스트들은 뉴욕과 워싱턴 D. C.를 향하는 중이었을 것이다. 그날 아침, '그레이스투유'에서는 존 맥아더 인터뷰를 특별 방송으로 편성했다. 존은 누가복음 13장 1–5절의 관점에서 인간에게 닥친 비극의 의미와 하나님의 주권을 이야기했다. 다음날, 이 인터뷰는 라디오 방송국으로 보내져 전파를 탔다.

나머지 오후 시간에는 '그레이스투유' 직원들과 함께 이슬람 원리주의와 중동 테러리즘에 대한 자료를 수집했다. 존은 나라 전체가 테러 소식으로 충격에 빠져 있던 그날 오후에 이 설교의 대부분을 작성했다. 그레이스 커뮤니티 교회에서 전한 설교 중에 가장 길었던 이 설교를 듣기 위해 5천 명이 넘는 사람들이 자리했다. 기억에 오래 남을 숙연한 저녁예배였다. 교회의 방방마다 사람들이 꽉 찼고, 평소보다 길게 45분여에 걸쳐 예배가 진행되었지만 일찍 자리를 뜨거나 불평하는 사람은 아무도 없었다.

2001년 9월 11일 화요일, 우리는 미국을 향한 최악의 공격을 목격했습니다. 그 끔찍한 이미지가 마음속 깊이 새겨져 아마도 오랫동안 쉽게 잊지 못할 것입니다. 그날의 죽음과 파괴력에 맞먹을 만한 사건은 진주만 공격 정도밖에 없을 것입니다. 진주만에서는 약 2,400명이 목숨을 잃었는데, 대부분 군인들이었습니다. 그러나 지난 화요일에 목숨을 잃은 2,800명은 대부분 민간인이었습니다. 그 동안 진주만은 이 나라에 대한 도전을 상징하는 사건이었습니다. 하지만 앞으로는 진주만 공격과 더불어, 2001년 9월 11일에 뉴욕과 워싱턴 D. C.에 발생한 테러가 새로운 상징으로 부각될 것입니다. 9·11 테러는 한 국가나 국가 연합이 아니라, 중동의 비밀 테러리스트들이 일으킨 사건이었습니다.

사건의 전모는 다들 잘 아실 겁니다. 언론에서 매일같이 쏟아내는 이미지와 논평만으로도 정보는 넘쳐납니다. 동부 해안에서 서부 해안으로 비행 중이던 미국 국적기 네 대가 납치되어 정해진 목표물에 충돌하려는 목적으로 진로를 바꾸었습니다. 사람들을 죽이고 국가, 경제, 군대에 타격을 입히려는 의도였습니다. 그들은 초강대국 미국보다 더 큰 권력이 있다는 메시지를 미국에 전달하려 했습니다. 이슬람 원리주의 자살 테러범들은 스스로 미국보다 더 강력한 권력이 있다고 주장하고 있었습니다.

연료를 가득 채우고 비행하던 두 대는 목표물을 정확하게 맞혔습니다. 두 비행기는 뉴욕 세계무역센터 쌍둥이 타워를 전력으로 들이받았고, 순식간에 건물은 무너져 버렸습니다. 또 다른 한 대는 펜타곤을 들이받아 수백 명이 목숨을 잃었습니다. 나머지 한 대는 목표물이 무엇이었는지는 몰라도, 거기에 도달하지 못했습니다. 결과는 다들 자세히 아시겠지요.

하지만 우리가 궁금한 것은 이런 일이 벌어진 이유입니다.

제가 보기에 미국인들은 이 사건의 이유에 무척이나 집착하는 것 같습니다. 비행기가 추락하고 범죄가 발생할 때마다 우리는 왜 이런 일이 벌어지는지 그 이유를 알고 싶어 합니다. 분석가, 심리학자, 범죄학자들은 사건을 샅샅이 조사하여 그런 일들이 일어난 동기를 찾습니다. 왜 사람들은 이런 일을 할까요? 제가 여러분께 답을 한번 제시해 보겠습니다. 지금 제 마음속에는 여러 가지 생각이 많습니다. 이 복잡한 생각들을 정리하기 위해서라도 제가 쓴 설교 원고에 최대한 충실하게 말씀드리려 합니다.

우리는 이런 일이 발생한 이유를 피상적으로는 알고 있습니다. 중동 지역에는 잘 훈련된 테러리스트 집단이 있습니다. 그들이 바로 피상적이고 직접적인 이유입니다. 정보 소식통에 따르면, 이들은 오사마 빈 라덴이라는 한 사람이 아닙니다. 빈 라덴, 이제는 우리 모두에게 익숙한 이름입니다. 그가 이 모든 사건을 계획하고 배후에서 조종한 사람이라고 할 수 있습니다. 하지만 이라크의 사담 후세인이 그랬듯이, 그를 추종하는 사람들이 있는 것이 분명합니다. 중동 지역 이슬람 원리주의자들 중에 얼마나 많은 사람이 이 거대한 네트워크에 속해 있는지는 알 길이 없습니다.

이런 사실들은 우리를 성서의 땅으로 인도합니다. 이 테러리스트들은 노르웨이, 아르헨티나, 멕시코, 독일, 중국 출신도 아니고, 성서의 땅 중동 출신이었습니다. 런던의 로이터 통신은 이렇게 보도했습니다.

3주 전에 사우디 반체제 인사 오사마 빈 라덴은 그와 그의 추종자들이 이스라엘을 지지하는 미국에 초유의 공격을 감행할 것이라고 경고했다.…런던 소재 아랍어 뉴스 주간지 「알 쿠즈 알 아라비 al Quds al Arabi」의 압둘바리 아트완 편집인은 빈 라덴이 이끄는 이슬람 원리주의자들이 뉴욕 세계무역센터 공격의 '거의 확실한' 배후 인물이라고 말했다. 아트완은 로이터 통신에 이렇게 말했다.

"이슬람 원리주의자들의 소행이 틀림없습니다. 오사마 빈 라덴은 미국에 대대적인 공격을 감행할 것이라고 3주 전에 경고한 바 있습니다. 우리는 그가 대규모의 공격을 계획하고 있다는 정보를 받았고, 이와 비슷한 경고를 여러 차례 받았습니다. 하지만 이런 경고들을 심각하게 받아들이지는 않았습니다. 공식 보도를 내기 전에 좀 지켜보자는 쪽이었죠"(Karen Matusic, "Bin Laden Warned of 'Unprecedented Attack'" Reuters, September 13, 2001).

도대체 이 오사마 빈 라덴은 어떤 사람입니까? 그가 이끄는 테러리스트 집단은 무엇이며, 이렇게 끔찍한 테러를 자행한 동기는 무엇일까요? 우리는 그들이 또 다른 공격을 시도했던 것을 기억합니다. 세계무역센터를 폭발시키기 위한 준비 작업으로 타워 밑에서부터 공격을 감행했습니다. 우리는 최근에 중동을 비롯한 세계 여러 곳에 위치한 미군 기지와 군사 시설, 군대가 테러리스트들의 무분별한 공격 대상이 된 것을 잘 알고 있습니다. 이스라엘에서는 자살 테러범들이 피자 가게 같은 공공장소를 공격하는 일이 잦아지고 있다는 사실도 잘 압니다. 공격 과정에서 테러범들도 목숨을 잃습니다. 왜 사람들은 이런 행동을 하고, 왜 이런 일이 벌어집니까? 이제 우리 눈앞에서 이런 일들이 벌어지니, 이 질문이 더 설득력 있게 다가옵니다. 우리도 이제 안심할 수 없는 까닭은 이런 사건이 벌어졌기 때문이 아니라, 언제 어디서 이런 일이 또 일어날지 알 수 없기 때문입니다. 도널드 럼스펠드 국방장관의 말처럼, "우리는 전 세계 모든 테러리스트들의 모든 작전을 완벽하게 틀어막을 수는 없습니다."

태생적 동기

가장 먼저 살펴보아야 할 범주가 있습니다. 이 일에는 태생적인 동기가 있습니다. 현대 사회학자들과 심리학자들은 인간이 기본적으로 선하다는 논리를 우리에게 설득하기 위해 애써 왔습니다. 하지만 그것은 사실이 아닙니다. 인간은 기본적으로 악합니다. 예레미야 17장 9절은 "만물보다 거짓되고 심히 부패한 것은 마음이라 누가 능히 이를 알리요마는"이라고 말합니다. 다시 말해, 마음속 생각을 누가 알 수 있겠습니까마는 심히 부패한 것이 마음입니다.

로마서 3장은 사람을 독사(13절)와 '그 발은 피 흘리는 데 빠른'(15절) 살인자로 묘사합니다. 인간 역사만 봐도 그 증거를 찾을 수 있습니다. 세계사는 대학살의 역사입니다. 그 증거는 개인의 범죄뿐 아니라, 집단과 국가의 범죄에서도 찾아볼 수 있습니다. 인간은 태생적으로 살인자입니다. 우리는 그것을 세계대전에서 확인할 수 있습니다. 오늘날 테러리스트들의 활동에서 확인할 수 있습니다. 부족 사회에서도, 문명 사회에서도 확인할 수 있습니다. 인간은 살인자입니다. 창세기 4장 8절에는 성경의 첫 번째 범죄가 기록되어 있습니다. 가인은 동생을 죽였고, 이 비극적인 인류의 역사가 시작되었습니다.

왜 이런 일이 벌어집니까? 야고보서가 그 실마리를 던져 줍니다. 야고보서 4장 첫머리에, 우리가, 우리 사회가, 우리 세상이 지금 던지고 있는 질문과 근본적으로 동일한 질문이 나옵니다. 4장은 이렇게 시작합니다. "너희 중에 싸움이 어디로부터 다툼이 어디로부터 나느냐"(약 4:1). 왜 이런 일들이 벌어집니까? 왜 살인이 발생합니까? 왜 전쟁이 발발합니까? 왜 세상 곳곳에 싸움과 다툼이 있습니까?

바로 뒤에 답이 나옵니다. "너희 지체 중에서 싸우는 정욕으로부터 나는 것이 아니냐"(약 4:1). '지체'에는 인간의 신체적·영적 본성도 포함됩니다. 전쟁을 일으키는 것은 여러분의 내면에 있는 정욕입니다. 싸움의 원인이 무엇입니까? '싸움'을 뜻하는 헬라어 단어 '폴레모스(*polemos*)'는 다툼이 장기간 지속되는 상태를 가리킵니다. '다툼'이라는 뜻의 헬라어 '마케(*mache*)'는 개별적인 일회성 분쟁을 가리킵니다. 이런 분쟁과 다툼을 일으키는 원인은 무엇입니까?

한마디로, 여러분의 정욕 때문입니다. 정욕은 헬라어로 '헤도네(*bedone*)'인데, 이 단어에서 자기애를 향한 갈망, 즉 자기 욕구를 충족시키고자 하는 갈망을 뜻하는 영어 단어 '헤도니즘'(쾌락주의, hedonism)이 파생되었습니다. 쾌락주의자는 자기애를 만족시키기 위해 사는 사람을 말합니다. 그런 사람은 스스로를 만족시키기 위해, 자기가 원하는 것을 손에 넣기 위해, 자기를 충족시키는 것을 얻기 위해 살아갑니다. 원하는 것을 갖고 싶은데 누군가 그것을 방해할 때 전쟁이 시작됩니다.

2절은 이 사실을 한층 더 발전시킵니다. "너희는 욕심을 내어도 얻지 못하여"(약 4:2). 이것이 문제입니다. 여러분에게는 쾌락을 만족시키고 싶은 충동이 있는데, 그것이 좌절되면 내면에서 전쟁을 일으킵니다. 다른 사람이 여러분의 욕구를 만족시키는 것을 방해하기도 합니다. 야고보는 그래서 사람들이 살인을 한다고 말합니다(약 4:2). 살인이 일어나는 태생적인 이유는 개인의 욕구가 만족되지 못하고 통제 불능 상태가 되기 때문입니다. 사람들은 기본적으로 선하지 않습니다. 오히려 기본적으로 악합니다. 이 세상에 법이 없다면, 사람들은 너나없이 살인을 자행할 것입니다. 사람들은 자신의 이기적인 욕구를 따라 삽니다. 자기애를 충족시키려는 필요에 따라 삽니다. 사람들은 강렬한 쾌락주의를 따라 삽니다. 사람들은 쾌락과 만족을 얻으려는 욕구를 따라 삽니다. 욕구 충족에 방해가 되는 사람은 누구라도 희생자가 될 수 있습니다.

여러분은 스스로에게 이렇게 물어야 합니다. '왜 아이 엄마가 자식 다섯을 물에 빠뜨려 죽였을까?' 아이들이 그 엄마의 욕구를 충족시키는 데 방해가 되었기 때문입니다. 폴란드 예드바브네의 주민들이 제2차 세계대전 중 어느 날, 같은 마을에 살던 유대인 1,600명을 죽인 이유는 무엇이었습니까? 그들은 300년간 함께 살면서, 같은 학교에 다니고 같은 직장에 다녔습니다. 그런데 2주 사이에 그들은 이웃에서 살인자로 돌변했습니다. 하루만에 1,600명을 죽였습니다. 왜 그랬을까요? 유대인들에 대한 혐오 때문이었습니까? 아닙니다. 그들은 반유대주의는 들어 본 적도 없었습니다. 마을을 점령한 독일군들이 그들에게 이렇게 말했기 때문입니다. "여러분이 원한다면, 유대인들을 죽이고 그들의 토지와 농장과 재산을 몰수해도 좋습니다"[Jan T. Gross, *Neighbors: The Destruction of the Jewish Community in Jedwabne, Poland* (Princeton, NJ: Princeton University, 2001)]. 그래서 그들은 그렇게 했습니다. 살인해도 좋다는 허가만 내려 주면, 사람들은 얼마든지 그렇게 할 것입니다.

새크라멘토의 러시아 청년이 자기 가족을 죽인 이유는 무엇입니까? 가족들이 자신의 욕구를 만족시키는 데 방해가 된다고 생각했기 때문입니다. 히틀러가 유대인들을 대량 학살한 이유는 뭡니까? 아리안족이 세계를 제패하는 데 유대인들이 방해가 된다고 생각했기 때문입니다. 조셉 스탈린(Joseph Stalin)이 수많은 사람을 대량 학살한 이유는 뭡니까? 자신이 세울 제국에 그들이 방해가 된다고 생각했기 때문입니다. 살인은 이런 대규모 학살에서부터 자기 자녀를 죽인 어머니에 이르기까지 다양합니다.

야고보는 계속해서 말합니다.

시기하여도 능히 취하지 못하므로 다투고 싸우는도다 너희가 얻지 못함은 구하지 아니하기 때문이요 구하여도 받지 못함은 정욕으로 쓰려고 잘못 구하기 때문이라(약 4:2-3).

이것이 바로 사람들이 남을 죽이는 이유입니다. 뭔가를 원하는데 다른 사람들이 방해가 되기 때문입니다. 한 사람을 죽이든 대량 학살을 자행하든, 자신의 쾌락을 억제하지 못하고 정욕으로 불타는 악한 마음들이 살인을 합니다. 이것이 타락한 인간의 자연스런 생리입니다.

역사적 동기

태생적 동기에 이어, 두 번째로 역사적 동기를 살펴보겠습니다. 역사적 동기를 이해하려면, 중동 지역과 성경, 열방의 기원으로 되돌아가야 합니다. 그래서 우리는 창세기를 살펴보려 합니다.

창세기는 기원에 대한 책입니다. 창세기는 '시작'을 뜻합니다. 창세기 10장과 11장에는 족보가 나옵니다. 창세기 10장의 족보를 훑어보면 온갖 민족과 가계와 나라의 이름이 등장하고, 11장 10절부터는 가계와 민족을 이끌었던 개인들의 족보가 등장합니다. 노아 시대까지 거슬러 올라가는 초기 사회를 기록한 내용입니다. 여러분은 창세기 6-9장에 걸쳐 나오는 대홍수로 하나님이 온 세상을 물에 잠기게 하신 사건을 기억하실 겁니다. 그 과정에서 노아와 그의 아내, 노아의 세 아들과 며느리 이렇게 여덟 사람만 살아남았습니다. 이 여덟 사람이 방주에서 나와 다시금 세상에 번성하기 시작했습니다. 창세기 10장은 노아와 그의 세 아들, 셈과 함과 야벳으로부터 갈라져 나온 세대를 기록합니다.

장남 야벳은 오늘날 인도유럽인으로 알려진 사람들의 조상이 되었습니다(창 10:2-5). 야벳의 후손들은 유럽과 인도를 거쳐 러시아까지 건너왔고, 베링해를 건너 아메리카 대륙을 처음 차지한 원주민들도 그들이었을 것으로 추측합니다. 함의 후손은 아프리카와 중동 일부 지역을 포함하는 아시아를 차지하였습니다(창 10:6-20). 마지막으로 노아의 가장 유명한 아들 셈은 셈족의 조상이 되었습니다. 셈족은 메소보다미아 계곡, 지금의 중동 지역에 사는 유대인과 아랍인들을 가리킵니다(창 10:21-31). 셈족은 이스라엘 땅의 북쪽과 남쪽, 동쪽에 살았습니다. 중동 지역의 역사는 매우 복잡하기 때문에 그 내용을 단순화하기 어렵습니다. 하지만 여러분이 그 지역의 현 정세를 이해할 수 있도록 제가 한 번 설명을 해드리도록 하겠습니다.

자, 지금까지의 이야기를 간단히 정리해 봅시다. 하나님은 인간을 창조하시고 아담과 하와를 에덴동산에 살게 하셨습니다. 성경은 이 동산의 위치가 메소보다미아 지역에 있는 티그리스 유브라데 계곡 근처라고 암시합니다(창 2:14-15). 이곳은 중동 지역 한가운데입니다. 하나님은 이곳에 최초의 낙원을 만드셨습니다. 하나님은 이곳에 생명나무와 선악을 알게 하는 나무를 두셨습니다(창 2:9). 그런데 오늘날 아랍 무슬림의 중심이 이곳입니다. 바벨탑이 세워지고 세속 종교가 시작된 곳도 이곳이었습니다(창 11:1-9). 나중에는 바벨론이라는 도시가 이곳에 들어서는데, 바로 현대의 이라크입니다. 홍수 이전에 노아가 살던 곳도 이곳이었습니다. 성경 역사와 종교 역사의 산실이 이곳입니다. 그런데 아브라함이 역사에 등장하자, 하나님은 이 땅을 그와 그의 가족들에게 주셨습니다. 하나님은 "애굽 강에서부터 그 큰 강 유브라데까지"(창 15:18) 모든 땅을 그에게 주셨습니다.

아브라함은 월신(月神)을 숭배하는 데라라는 사람의 아들이었습니다. 월신 숭배는 아브라함 당시에 가장 흔한 우상 숭배였습니다. 월신 숭배의 거점이 두 군데 있었는데, 그중 한 곳이 오늘날 페르시아 만에 위치한 쿠웨이트의 옛 땅 우르였습니다. 다른 한 곳은 오늘날의 이라크에 해당하는 하란이었습니다. 아브라함은 우르에 사는 월신 숭배 가정에서 태어났습니다.

이런 역사적 장소인 중동 땅, 메소보다미아 계곡, 아랍 국가들의 땅에서 인류 역사가 시작되었습니다. 이 땅은 인류 역사의 종말에도 중요한 역할을 할 것입니다. 성경의 예언자들은 세상 종말에 중동 땅에서 큰 불과 전쟁이 일어날 것이라고 말합니다. 남과 북에서 온 어마어마한 군대가 지금의 이스라엘에 속한 므깃도 골짜기에 집결합니다(계 16-17장). 예수님이 오셔서 악한 무리를 멸망시키고 평화와 공의의 나라를 세우실 때까지 이스라엘 온 땅에 선혈이 낭자할 것입니다. 이곳이야말로 세상에서 가장 중요하고 전략적인 장소라 할 수 있습니다.

아브라함은 유대 백성의 조상이었습니다. 창세기 12장 1-3절에서 하나님은 아브라함(당시에는 아브람)에게 이렇게 말씀하셨습니다.

너는 너의 고향과 친척과 아버지의 집을 떠나 내가 네게 보여 줄 땅으로 가라 내가 너로 큰 민족을 이루고 네게 복을 주어 네 이름을 창대하게 하리니 너는 복이 될지라 너를 축복하는 자에게는 내가 복을 내리고 너를 저주하는 자에게는 내가 저주하리니 땅의 모든 족속이 너로 말미암아 복을 얻을 것이라(창 12:1-3).

하나님은 창세기 15장 18-21절에서 약속하신 땅에 대해 아브라함에게 자세히 말씀해 주셨습니다.

그 날에 여호와께서 아브람과 더불어 언약을 세워 이르시되 내가 이 땅을 애굽[나일] 강에서부터 그 큰 강 유브라데까지 네 자손에게 주노니 곧 겐 족속과 그니스 족속과 갓몬 족속과 헷 족속과 브리스 족속과 르바 족속과 아모리 족속과 가나안 족속과 기르가스 족속과 여부스 족속의 땅이니라 하셨더라(창 15:18-21).

하나님은 아브라함에게 지중해 연안에서 중동 내륙에 이르는 땅을 모두 주셨습니다. 다시 말해, 하나님의 입에서 나오는 신권으로 아브라함과 그 자손에게 이 지역이 주어졌습니다. 아브라함 당시에는, 19-21절에 열거한 민족들이 이미 이 땅을 차지하고 있었습니다. 하나님이 이 땅을 아브라함에게 약속하셨지만, 이곳은 이미 다른 사람들의 소유였습니다.

창세기 10장 21-31절은 셈의 후손인 부족과 나라와 함께 민족과 가족의 명단까지 기록합니다. 이 지역에는 셈족이 아주 많았을 것입니다. 수많은 부족과 가족, 민족 집단이 그 지역에 퍼져 살았습니다. 중동 지역은 그 당시 세상에서 인구 밀도가 가장 높은 지역이었을 것입니다. 대홍수에서 살아남은 여덟 사람이 그곳에서 다시 번성하기 시작했으니, 그 당시 다른 곳에는 사람들이 없었을 것입니다.

머지않아 미스라임(Mizraim, 애굽의 히브리어 이름)이 두각을 나타내기 시작했습니다. 곧이어 아람과 아셀(Aram and Asher, 수리아와 앗수르) 같은 다른 강대국들도 등장했습니다. 이 대규모 부족과 집단들은 모두 우상을 숭배했고, 살아 계신 진짜 하나님, 창조주 하나님을 거부했습니다.

하나님이 아브라함에게 이 모든 땅을 주겠다고 약속하셨을 때, 아브라함과 그의 자손은 종교·정치적 갈등 세력과의 충돌을 각오하고 있었습니다. 그 땅이 아브라함과 후손들의 소유가 되려면, 하나님은 그 땅을 그들에게 열어 주셔야 했고 아브라함은 하나님께 신실해야 했습니다. 아브라함이 하나님께 순종하면 하나님은 그 땅을 그에게 주실 것이지만, 아브라함의 후손들이 하나님께 불순종하면 그들은 하나님이 주신 땅을 소유하기 위해 끊임없이 전쟁을 치러야 할 것입니다.

그러면 여러분은 이런 질문을 던질 겁니다. "그것이 곧 그 땅을 소유한 나라들을 심판하신 것 아닙니까?" 맞습니다. 하나님은 우상 숭배를 심판하시는 공의로운 분입니다. 십계명의 첫 계명은 "너는 나 외에는 다른 신들을 네게 두지 말라"(출 20:3)입니다. 어느 시대가 됐든, 우상 숭배는 하나님의 심판을 받을 것입니다. 하나님은 그분을 저버린 사람들에게서 그 땅을 빼앗아, 그분을 사랑하고 섬기라는 명령을 받은 한 민족에게 주셨습니다. 이것은 그분의 공의로운 심판이었습니다. 중동 지역은 세계에서 가장 풍요로운 땅입니다. 이스라엘에는 비옥한 샤론 평야, 국가의 중추를 따라 이어진 기름진 땅, 사해 광물 자원, 아라비아 반도의 석유, 과거 레바논 지역을 뒤덮었던 목재 등 자원이 풍부합니다. 그뿐이 아닙니다. 요단 계곡 평야의 엄청난 소출과 사해 바다 속 천연자원도 만만치 않습니다. 하나님은 그 모두를 아브라함의 후손에게 주셨습니다. 하나님께 순종하기만 하면, 그들은 그 땅을 소유하게 될 것입니다.

그 땅에서 우상을 숭배하며 살던 사람들은 이스라엘과 충돌할 수밖에 없었습니다. 이스라엘은 하나님께 신실하지 못했기에 하나님이 그들에게 주신 땅을 소유할 수 없었습니다. 하지만 언젠가는 "그들이 그 찌른 바 그를 바라보고 그를 위하여 애통하기를 독자를 위하여 애통하듯"(슥 12:10) 하는 날이 올 것입니다. 언젠가는 예수님을 그들의 메시아로 받아들이고 구원으로 나아올 것입니다. 그들이 구원으로 나아오는 날에 메시아가 직접 그들에게 그 땅을 주실 것입니다.

하나님은 아브라함에게 약속을 주시면서, 자손 문제는 자기만 믿으라고 하셨습니다. 아브라함이 100세가 되고 사라는 90세가 되었을 무렵, 두 사람 사이에는 자식이 없었습니다(창 11:30; 17:15-17). 아브라함은 자기 자식도 하나 없는데 어떻게 열방의 아비가 될 수 있는지 궁금했을 것입니다. 어느 날 사라가 아브라함에게 이런 제안을 내놓았습니다. "여호와께서 내 출산을 허락하지 아니하셨으니 원하건대 내 여종에게 들어가라 내가 혹 그로 말미암아 자녀를 얻을까 하노라"(창 16:2). 아브라함은 하나님을 신뢰하지 못하고 아내의 계획을 받아들였습니다. 그리고 사라의 여종 하갈이 임신해서 이스마엘을 낳았습니다. 그는 적법한 아들이 아니었습니다. 하나님의 약속의 아들, 언약의 아들이 아니었습니다(창 16:4,15). 하나님은 "내가 그를[이스마엘의 가족을] 큰 나라가 되게 하려니와 내 언약은 내가 내년 이 시기에 사라가 네게 낳을 이삭과 세우리라"(창 17:20-21)고 말씀하셨습니다.

사라는 이삭을 낳았고, 이삭을 통해 유대 백성이 나왔지만, 이스마엘을 통해서는 더 많은 원수가 나왔습니다. 그들은 북아라비아에 사는 열두 유목 민족이었습니다(창 25:13-16). 이삭이 아들 에서를 거부한 사건은 상황을 더 악화시켰습니다(창 27:30-40). 에서의 후손은 언약 가운데 있지 않았고, 아브라함의 후손과는 원수가 되었습니다. 이들의 후손이 중동 지역을 차지하고, 아브라함에게 주신 약속을 주장하는 이스라엘과 갈등을 빚고 있습니다. 하나님은 이스라엘이 우상 숭배와 정욕에 빠진 악한 사람들을 없애기 원하셨습니다. 이스라엘이 400년의 포로 생활에서 벗어나 애굽을 탈출할 때 하나님이 그들에게 원하신 일이 바로 그것이었습니다(출 23:23-33; 행 7:6). 하나님은 모세를 세워 이스라엘 백성을 이끌게 하셨습니다. 하나님은 그들을 광야로 인도하셨지만, 그들에게는 믿음이 없었습니다. 결국, 그 세대는 모두 광야에서 죽었습니다(고전 10:5).

새로운 세대가 일어나자 하나님은 그들을 약속의 땅 가나안으로 데려가셨습니다. 하나님이 주신 약속에 따라, 그들은 우상 숭배하는 그 땅의 거주자들을 전멸해야 했습니다(수 1:1-9). 하나님은 그분을 믿지 않는 악한 사람들을 멸망시키신다는 사실을 역사에서 이미 보여주셨습니다. 대홍수로 온 세상이 물에 잠기기도 했습니다(창 6장). 이제 물이 아니라 이스라엘이 이 땅의 우상 숭배를 제거하는 하나님의 병기가 될 차례였습니다.

그들은 애굽에 승리를 거두었습니다. 애굽 군대가 홍해에 빠졌고, 애굽 전역을 덮친 전염병은 엄청난 사망자를 낳았습니다(출 7-11장). 그들은 요단 강 위쪽에 살던 족속들을 정복하고(신 3장), 가나안에 들어가 그 땅을 정복할 만반의 준비가 되어 있었습니다. 그런데 막상 가나안 땅에 들어가서는 패하고 말았습니다. 그들은 아이 성에서 패했는데, 그 이유는 그들 가운데 죄가 있었기 때문입니다(수 7장). 그들은 하나님이 명령하신 일을 하지 않았고, 여호와의 칼이 되기를 거부했습니다. 그래서 주변 이웃들에게 끊임없이 위협을 받으며 갈등 가운데 살게 되었습니다.

하지만 경고의 말씀을 덧붙여야겠습니다. 하나님이 이스라엘과 하신 언약은 여전히 깨지지 않았기 때문에, 이스라엘을 축복하는 자는 복을 받고, 이스라엘을 저주하는 자는 저주를 받는다는 약속은 아직 유효합니다(창 12:3). 이스라엘의 존재를 위협하는 나라는 어느 나라든 하나님의 심판을 받을 것입니다. 이 경고는 시편 129편과 이사야 43장에 반복해서 나옵니다.

따라서 테러리스트들이 등장하는 역사적 이유는 분명합니다. 그 갈등은 아랍 민족과 아브라함 자손 사이의 갈등까지 거슬러 올라갑니다. 2억 5천만 아랍인들이 500만 유대인을 둘러싸고 있습니다. 유대인들은 하나님이 그 땅을 소유할 권리를 주셨다고 믿지만, 하나님이 허락하시지 않으면 그들은 그 땅을 차지할 수 없습니다. 그들은 죄에서 돌이키고 메시아를 인정해야 합니다. 중동 땅에서는 모두가 이스라엘에 대적합니다. 사탄까지도 말입니다. 그 사실이 의심스러운 분들은 요한계시록 12장을 읽어 보십시오. 거기에 사탄이 이스라엘을 멸망시키려 애쓰는 모습이 나옵니다. 이 여러 민족이 중동에서 공존하려 애쓰는 가운데, 작은 이스라엘이 끼어 있습니다. 하나님을 배신했고 믿음도 없지만 그럼에도 언약 백성인 이스라엘은, 늘 파괴를 생각하는 사람들의 틈바구니에 살고 있습니다.

성경 시대에는 각각의 민족 집단이 분리되어 있었기에, 자연스레 평화를 유지할 수 있었습니다. 견제와 균형의 원칙입니다. 모든 사람의 언어와 생각이 같을 때 하나님은 그들을 흩으셨습니다. 그들의 언어를 혼잡케 해서 전 세계에 흩어지게 하셨습니다(창 11:9). 하나님을 모르는 악한 사람들이 한데 모이면, 힘을 결집하여 강력한 세력을 만듭니다. 악을 위해 대동단결한 이들은 지독하고 거칠 것이 없습니다. 하나님은 이 세상을 작은 나라로 나누셔서 악이 하나로 뭉치는 것을 막으십니다. 중동 지역에 아랍 국가가 몇이나 되는지 정확히 파악하기란 쉽지 않습니다. 거대한 하나의 세력 때문에 날마다 국경이 달라지고, 국적도 달라지기 때문입니다. 그 세력은 다름 아닌 중동 지역을 장악한 이슬람 종교입니다.

아랍 제국은 모하메드라는 사람 덕분에 거대한 통일 제국이 되었습니다. 모하메드는 아랍어로 '크게 찬양을 받는다'는 뜻입니다. 주후 570년 메카라는 도시에서 태어난 모하메드는 자신이 이스마엘의 직계 후손이라고 주장했습니다. 일리 있는 주장입니다. 이 모하메드의 말을 기반으로 이슬람교 경전 코란이 탄생했습니다. 주후 622년 그는 메디나에 거처를 마련했는데, 그날이 이슬람력의 첫날이 되었습니다. 모하메드 이후 100년간 아랍 세계는 놀라운 속도로 세력을 규합했는데, 중동 지역 대부분이 이슬람 세력의 무력 앞에 굴복했습니다. 신앙이 없는 사람을 이슬람교에 항복시키기 위한 전쟁을 지하드(jihad), 즉 성전이라고 합니다. 모하메드도 알라의 이름으로 이단자들을 죽이고 약탈했습니다. "개종 아니면 죽음"이라는 모토는 이슬람 선교사들의 가장 강력한 무기였습니다. 이런 사고는 이슬람 과격주의자들 사이에 여전히 존재하고 있습니다. 이슬람은 늘 칼로 정복했습니다. 실제로 이슬람은 이스라엘의 땅을 빼앗아 1948년까지 소유했습니다.

그들에게는 이스라엘에 대한 반감이 실제로 있습니다. 그런데 왜 그들은 미국을 공격합니까? 미국이 이스라엘의 가장 주요한 우방이자 친구이기 때문입니다. 저는 이슬람 과격주의자들이 이스라엘을 '작은 사탄'이라 하고, 미국을 '큰 사탄'이라고 한 글을 읽은 적이 있습니다. 미국은 더 큰 세력이기 때문에, 이스라엘 배후에 있는 미국에게는 더 큰 위협이 따릅니다.

종교적
동기   이렇게 해서 자연스럽게 세 번째 이유인 종교적 동기로 넘어갑니다. 우리는 단순히 민족 간의 갈등을 넘어 종교를 살펴보려고 합니다. 오늘날 전 세계 무슬림 인구는 12억입니다. 이슬람은 '항복' 또는 '복종'을 뜻하는 단어입니다. 이슬람은 알라의 뜻에 온전히 항복한다고 주장합니다. 그런데 알라의 뜻은 그의 선지자 모하메드를 통해 알 수 있다고 합니다. 알라의 계시는 코란이라는 무슬림 경전에 기록되어 있습니다.

자, 이제 이슬람 신학을 속속들이 공부하지 않고도 이슬람교의 신학적 토대를 알 수 있도록, 제가 몇 가지 정보를 드리겠습니다. 이슬람에는 기본 신앙 조항이 여섯 가지 있습니다. 이슬람 교리를 정리하면 다음과 같습니다.

1. 무슬림은 알라만이 진정한 유일신임을 믿는다. 알라는 삼위일체가 아니다. 알라는 구약 성경의 하나님도 아니고, 기독교의 하나님도 아니다.
2. 무슬림은 코란이 가장 거룩한 책이라고 믿는다. 이슬람교는 다른 경전들도 인정하지만, 코란만이 순수한 책이라 간주한다.
3. 모하메드는 알라의 위대한 선지자이다. 이슬람 문헌에 따르면, 알라는 수많은 선지자를 보냈는데(그중에는 예수도 있었다), 그중에서 모하메드가 최고의 선지자다.
4. 무슬림은 알라의 천사들을 믿는다.
5. 알라는 만사를 미리 정했고 그것은 변경할 수 없다. 알라에게는 절대 주권이 있어서 모든 사람의 운명을 결정한다.
6. 무슬림은 심판의 날에 죽은 사람들이 모두 일어나 알라 앞에서 심판을 받는다고 믿는다. 그들은 자기 행위에 따라 심판을 받을 것이라고

생각한다.

그들 중에는 사후에 어디로 가는지 확실히 아는 사람이 아무도 없습니다. 모든 사람의 운명은 알라가 결정하는데, 그 결정은 절대적이고 임의적이라고 믿습니다. 대부분의 무슬림들은 선행을 하면 알라의 공의의 저울이 무거워지리라는 희망에 기대를 겁니다. 하지만 그런 보장은 없습니다. 이것이 무슬림 신앙의 여섯 가지 기본 조항입니다.

그다음으로는 이슬람의 기둥이라고 하는 다섯 가지 의무가 있습니다. 이것은 무슬림들에게 요구되는 실천 사항입니다.

1. 샤하다(Shahadah)라는 이슬람의 신앙 고백을 암송한다. 샤하다는 '알라 외에는 다른 신이 없고 모하메드는 그의 선지자'라는 내용의 고백이다. 대부분의 무슬림들은 하루에도 여러 번씩 샤하다를 암송한다.
2. 하루에 다섯 번씩 기도한다. 기도에는 미리 정해진 형식이 있다. 하루에 다섯 번이라는 횟수도 정해져 있다. 이슬람 모스크 윗부분에는 대개 첨탑이 있는데, 이 탑 꼭대기에 무에진(muezzin)이라는 사람이 있어서 하루에 다섯 차례 정확한 기도 시간을 알려준다.
3. 무슬림들은 가난한 자들에게 돈을 기부한다. 이를 위해 모든 무슬림은 연간 수입과 재산의 2.5퍼센트를 세금으로 낸다.
4. 라마단 금식 기간을 한 달간 지킨다. 그런데 어떻게 한 달씩이나 굶고 살아남을 수 있는가? 금식 기간에는 낮에는 먹을 수 없지만, 밤에는 먹을 수 있다. 라마단은 주후 610년 모하메드에게 처음으로 찾아온 계

시를 기념하는 것이다. 모하메드는 40세 때 처음으로 신의 계시를 받았고, 이것을 계기로 라마단이 시작되었다. 밤부터 동트기 직전까지만 식사가 가능하다.

5. 모든 무슬림은 특별한 제한이 있어 불가능한 경우를 제외하고는, 평생에 최소한 한 번은 메카로 성지순례를 간다.

이것이 무슬림의 실천 사항과 신학입니다. 그들의 신학은 '세 하나님이 아니라 한 하나님'으로 요약할 수 있을 것 같습니다. 그들은 그리스도인과 유대인들을 이단자로 못 박습니다. 알라는 신실한 무슬림들만 사랑하고, 죄인이나 이단자들은 사랑하지 않습니다. 대부분의 신실한 무슬림들은 알라를 알 수 없고 멀리 떨어져 있는 비인격체로 생각합니다. 그들은 예수 그리스도는 일개 선지자요 사람에 불과할 뿐, 하나님의 아들이 아니라고 가르칩니다. 그리스도의 신성을 확신하는 사람은 예수를 제2의 신으로 만듭니다. 이것은 이슬람에서 용서받지 못할 죄입니다. 쉬르크(shirk)라고 하는 이 죄를 범한 사람은 지옥에 떨어진다고 합니다. 그렇기 때문에 무슬림 신자가 그리스도를 믿는 것은 매우 어렵습니다. 무슬림 신자는 예수님을 하나님으로 인정하면 영원히 지옥에 떨어진다고 평생 세뇌를 받았기 때문입니다.

더 나아가, 무슬림 신학은 예수님이 십자가에서 죽으셨다는 사실을 부인합니다. 그들은 예수가 알라의 선지자이며, 알라는 자기 선지자를 그렇게 내버리지 않는다고 믿기 때문입니다. 예수님이 십자가에서 죽지 않았으니 죽은 자 가운데서 살아날리도 만무하며, 앞으로 다시 오실 일도 없는 것입니다. 또 무슬림 외에는 아무도 구원을 얻을 수 없다고 가르칩니다. 무슬림 자신들도 구원 여부를 알 수 없지만, 어쨌든 무슬림만 구원을 받을 수 있다는 겁니다. 하지만 가장 가슴 아픈 사실은 이것입니다. 이슬람에는 구세주가 없습니다. 그들은 자기가 어디로 가는지도 알지 못한 채 죽습니다. 무슬림 신학에는 속죄 개념도, 구원의 근거도 없습니다.

저는 어느 무슬림과 비행기에서 나눴던 대화를 잊지 못합니다. 제가 "선생님은 죄를 짓습니까?" 하고 묻자, 그 사람은 "물론이죠. 늘 죄를 짓습니다" 하고 답했습니다.

제가 다시 물었습니다. "죄를 지은 사람은 어떻게 됩니까?"

"지옥에 가죠." "그런데 왜 계속 죄를 지으십니까?" 하고 묻자, "어쩔 수가 없네요"라는 답변이 돌아왔습니다.

"어떤 바람이 있으십니까?"라는 질문에 그는 이렇게 대답했습니다. "알라 신이 저를 용서해 주기를 바랄 뿐입니다."

"알라 신이 선생님을 용서할까요?"

"저도 잘 모르겠습니다."

속죄도, 용서의 근거도, 구세주도 없는 종교. 하지만 우리에게는 그들을 위한 메시지가 있습니다. 바로 구세주가 있다는 사실입니다.

이슬람의 교리는 어디서 나왔습니까? 지옥입니다. 이것은 악령들의 교리입니다. 모하메드는 메카에서 자랐습니다. 그는 쿠라이시(Quarish) 족 출신입니다. 모하메드 당시 메카에는 우상 숭배가 만연했습니다. 그들은 360가지 우상을 섬겼는데, 그중에는 (코란에 따르면) 가브리엘이 아브라함에게 주었다는 검은 돌도 있었습니다. 이슬람 전통에 따르면, 모하메드는 어린 시절 천사장 가브리엘의 방문을 받았습니다. 가브리엘은 모하메드의 가슴을 열고 심장을 꺼내 깨끗하게 씻은 다음 다시 집어넣었다고 합니다. 모하메드는 메카에서 360가지 우상과 함께 성장했습니다. 하지만 그는 사탄의 지시를 받아 하나님의 언약을 무효로 만들 거대한 세력을 형성하고 있었습니다. 이 종교는 분열을 끝내고 만민을 한 세력으로 규합할 것입니다. 그리고 모하메드는 그 대리인이 될 것입니다.

    360가지 우상 중에 가장 주요한 신은 유일신 알라였습니다. 알라는 월신의 이름이었습니다[*The Moon-god Allah in the Archeology of the Middle East* (Eugene, OR: Harvest House, 1992), p. 8]. 초승달은 무슬림의 상징 중 하나입니다. 월신은 아브라함의 아버지와 그 가족이 숭배하던 신이기도 했습니다. 데라라는 이름도 월신의 이름과 연관이 있습니다.

    모하메드가 어둠의 영향력 아래 했던 일은 이렇습니다. 그는 우상 숭배의 몇 가지 형태를 가져다가 특정한 종교 형식으로 발전시키면서 딱 한 가지만 바꾸었습니다. 세상에는 오직 하나의 신, 월신 알라밖에 없다고 주장한 것입니다. 어디서 이런 정보를 얻었겠습니까? 주후 610년부터 그는 무시무시한 계시를 받기 시작했습니다. 그는 자신이 본 환상이 신에게서 왔는지, 악마에게서 왔는지 알 수 없었습니다. 하지만 모하메드의 아내는 가브리엘의 환상이 틀림없다면서 그 계시에 순종하라고 말했습니다. 그래서 주후 610년부터 그가 사망한 주후 632년까지 22년 동안 그는, 자신을 장악한 그 영으로부터 계시를 받았습니다. 처음에는 사람들이 이 계시를 수집하고 암송하여 구전했습니다. 그러다가 그의 추종자들이 기억을 더듬어 기록한 책이 바로, 코란입니다. 나중에는 모하메드의 다른 가르침과 전승을 모은 하디스(Hadith)가 추가되었습니다.

모하메드는 이 악령의 계시를 기반으로 자기 종교를 창시했습니다. 메카에 이미 성행 중이던 우상 숭배에서 다양한 형식과 특징을 빌려와서 새로운 것을 한 가지 추가했습니다. 월신 알라가 유일한 진짜 신이고, 나머지 신들은 다 가짜라는 것이었습니다. 그런 식으로 다른 신들에 대한 숭배는 모두 엄금했습니다. 사탄은 다신교를 좋아하지만 이처럼 엉뚱한 신을 섬기는 유일신교도 환영합니다.

이쯤에서 보충 설명을 한 가지 해야겠습니다. 미국의 흑인 무슬림 운동에 대해 들어본 분들은 그 운동이 이슬람교와 어떻게 연결되는지 궁금하셨을 겁니다. 진짜 이슬람은 흑인 무슬림 운동이 그들의 소속이 아니라고 할 겁니다. 그렇다면 일라이저 무하마드(Elijah Muhammad)가 창시한 흑인 무슬림 운동은 무엇입니까? 이 운동은 희한한 조합입니다. 일라이저 무하마드는 우연히 월리스 파드(Wallace Fard)의 가르침을 알게 되었습니다. 무하마드는 그의 기이한 가르침을 가져다가 여호와의 증인 파수대협회의 가르침과 뒤섞었습니다. 그렇게 해서 네이션 오브 이슬람(Nation of Islam)의 전신인 흑인 무슬림 신앙이라는 혼합 종교를 만들었습니다. 이것은 진짜 이슬람이 아닙니다. 일라이저 무하마드는 윌리스 파드가 알라이고, 이 운동을 이끈 루이스 파라칸(Louis Farrakhan)이 이사야 9장 6절을 성취한 인물 곧 전능하신 하나님, 영존하시는 아버지, 평강의 왕이라고 말했습니다. 이 운동을 이슬람이라고 한다면, 여호와의 증인을 기독교라 하는 것과 마찬가지입니다.

모하메드는 알라가 유대인들을 거부하고 저주했다고 가르쳤습니다. 또 필요하다면 성전(聖戰)을 통해서라도, 알라의 다스림을 전 세계로 확장하는 것이 모든 무슬림의 의무라고 했습니다. 과거부터 지금까지 이슬람을 따른 많은 사람들 중에 초기 이슬람 군대만큼 전투적인 이들은 없었습니다. 모하메드는 매우 악하고 공격적이고 치명적인 인물이었습니다. 그래서 알라의 이름으로 폭력을 정당화하기 원하는 사람들에게 이슬람 체제는 많은 것을 보장해 줍니다. 미국의 어느 이슬람 지도자는 "이 과격주의자들은 자기들의 목적을 위해 모든 종교를 말 그대로 납치했다"고 말했습니다 [James Rudin, " The Vocabulary of Terrorism", Religion News Service (October 11, 2001)]. 하지만 이슬람 과격주의자들은 이슬람 교리에서 자신들이 저지른 일에 타당한 이유를 찾을 수 있었습니다. 이슬람에는 무슨 수를 써서라도 사람들을 개종해야 한다는 정신이 있기 때문입니다. 실제로, 최근 이슬람은 성경의 진리와 기독교를 파괴하는 가장 강력한 세력으로 부상하고 있습니다. 이슬람은 전 세계, 특히 중동과 아프리카 지역에서 기독교를 박해하는 주요 세력입니다. 수많은 그리스도인들이 이슬람의 박해를 받아 죽어 가고 있습니다.

이슬람은 이 세상이 알라가 다스리는 다르 알 살람(Dar al Salaam, 평화의 집)과 이단자들이 사는 다르 알 하릅(Dar al Harb, 전쟁의 집)으로 나누어진다고 생각합니다. 1948년, 이스라엘이 평화의 집을 침공하여 그곳을 전쟁의 집으로 만들어 버린 사건이 있었습니다. 그래서 팔레스타인해방기구 의장 야세르 아라파트(Yasser Arafat)는 "우리의 평화는 이스라엘의 파괴를 뜻한다"고 말했습니다[El Mundo에 인용됨(Caracas, Venezuela, February 1980)]. 이슬람 원리주의 지도자들이 생각하는 평화의 유일한 조건은 이스라엘의 완전한 멸망입니다.

> 이스라엘이 아랍 국가와 충돌해서 맨 처음 승리를 거두었을 때 그 사건은 알라에게는 막대한 패배였다. 결국, 이란의 아야톨라 호메이니는 이스라엘은 무슬림들이 타락해서 알라가 내리신 벌이라고 설명했다. 따라서 이스라엘의 패배는 알라가 신실한 무슬림들을 기뻐하신다는 가장 중요한 표시가 되었다(Barbara Richmond, "Some facts about Islam", http://www.foryourglory.org/Islam).

이슬람 원리주의자들은 알라의 기쁨을 얻기 위해 이스라엘을 무찔러야 한다고 굳게 믿고 있습니다. 어느 이슬람 과격주의자는 "이슬람은 순교자들의 피와 절단된 사지를 등에 업고 성장한다"고 말했습니다. 그들은 목적을 달성하기 위해서라면 피를 보는 것쯤은 전혀 개의치 않습니다. 전쟁은 이슬람 과격주의자들에게 통하는 언어요, 성전입니다. 코란은 "아브라함은 유대인도 기독교인도 아닌 성실한 무슬림이었으며"라고 말합니다. 무슬림들은 예수님이 알라의 선지자였기 때문에 그분의 제자들도 무슬림이었다고 주장합니다. 알제리에서는 지난 2년간, 6만에서 8만 명에 달하는 사람들이 목숨을 잃었습니다. 이슬람교도들이 알제리를 이슬람 국가로 만들기 위해 전쟁을 하고 있기 때문입니다. 히잡(hijab)을 쓰지 않았다는 이유로 수많은 여성들이 살해당했고, 이슬람 원리주의자들은 더 많은 살상을 맹세하고 있습니다.

역사를 보면, 이슬람 지하드의 폭력은 그리스도인들에 집중되어 있습니다. 1894년부터 1918년까지 터키의 무슬림들이 아르메니아인들을 박해했는데, 이 사건은 아직까지도 그리스도인에 대한 가장 잔혹한 행위로 기억됩니다. 무슬림들의 잔인무도함은 초기 기독교 300년간 지속된 로마 제국의 잔인무도함을 능가했습니다. 터키 무슬림들의 만행은 아르메니아 종족의 몰살 직전까지 갔습니다. 굶주림과 추방, 질병, 구타, 살인 등으로 아르메니아인 100만 명이 죽고 1,500만 명이 망명했습니다. 어느 저자는 이렇게 썼습니다.

> 1년이 채 못 되는 시간에, 남녀노소 빈부를 막론하고 100만 명에 달하는 터키의 아르메니아인들이 물에 빠져, 불에 타서, 검에 찔려, 굶주려, 고문으로 목숨을 잃었다. 그나마 목숨을 건진 이들은 강제 추방되

어, 이글거리는 아라비아 사막을 음식과 돈 한 푼 없이 걸어서 횡단해야 했다.

모하메드 시대 이후 800년간, 이슬람은 중동 지역에서 막강한 권력을 행사했습니다. 이슬람은 1948년 이스라엘이 독립할 때까지 중동 지역을 단독으로 다스렸습니다. 오늘날 아랍 세계는 이스라엘에 대한 통제권을 주장하면서 그 땅을 다시 지배하려고 시도하고 있습니다. 이슬람 원리주의자들의 관심사는 그 땅을 재점령하고 그 땅에서 이스라엘을 몰아내는 것입니다.

1908년 5월 26일, 이란에서 석유가 발견되면서 이슬람 세력은 일어나기 시작했습니다. 그리고 1970년 이후로 그들은 석유에서 권력을 얻었습니다. 에너지 소비자들을 좌지우지하는 것은 에너지 생산자들입니다. 중동 지역에 돈이 흘러들기 시작하면서, 이슬람은 지하드를 유지할 수 있는 막대한 부를 축적했습니다. 중동 지역의 자본 유입이 어찌나 빨랐던지, 「이코노미스트」지의 한 기사는 그들이 뱅크 오브 아메리카를 6일만에, IBM은 43일만에, 세계 주식시장의 주요 회사는 15년이면 한꺼번에 사들일 수 있다고 보도했습니다. 이 막대한 부는 세계 석유의 절반이상을 소유한 결과입니다. 중동 지역의 석유는 지표면에서 가까워 시추하기 쉽고, 바다에 근접해 이송과 해상 운송이 편리합니다. 그리고 유황 성분이 적고 품질이 뛰어납니다. 유전 하나에서 하루에 8만 배럴을 생산할 수 있습니다. 온 세상 에너지가 중동 지역에 달려 있습니다. 세상의 부가 그곳에 있습니다. 그들에게는 지하드를 후원할 돈이 있습니다.

이슬람 원리주의자들의 심각성을 여러분께 알려 드리기 위해 오사마 빈 라덴이 CNN과 인터뷰한 내용을 소개하려고 합니다. "지하드는 미국 정부에 반대합니다. 미국 정부는 불의와 범죄와 포악함이 넘치기 때문입니다. 미 정부는 직접적으로, 또는 이스라엘 주둔을 지지하면서, 불의하고 끔찍한 범법 행위를 자행해 왔습니다. 이런 공격적이고 불의한 행동에 맞서, 우리는 지하드가 미국 정부를 반대한다고 발표했습니다. 우리의 의무는 지하드를 통해 하나님의 말씀이 가장 높이 들리고, 미국인을 모든 무슬림 국가에서 몰아내는 것이기 때문입니다"(Washington Post, August 23, 1998).

1998년 2월 22일, 빈 라덴은 모든 미국인을 죽이겠다는 칙령을 발표했습니다. 당시에 그는 이집트와 파키스탄, 방글라데시 출신 원리주의 집단과 힘을 합쳐 "유대인과 십자군에 대항하는 성전을 위한 세계 이슬람 전선" 결성을 선언했습니다. 다음 인용문은 그 칙령의 일부입니다.

미국은 7년이 넘도록 가장 거룩한 곳 아라비아 반도에 있는 이슬람의 땅을 점령하면서 자원을 강탈하고, 통치자들을 부리고, 백성에게 굴욕을 주고, 이웃 국가들에게 테러를 자행하고, 반도에 있는 기지들을 무슬림 민족들과 싸우는 전선으로 활용했다. 십자군과 시온주의 연합이 이라크인들에게 불러온 대재앙과 100만이 넘는 엄청난 희생자에도 불구하고, 미국인들은 또다시 끔찍한 대학살을 반복하려고 애쓰고 있다.

흉포한 전쟁이나 분열, 파괴로 인한 장기간의 봉쇄로 만족하지 못하겠다는 것이다.

우리는 하나님의 도우심으로, 하나님을 믿는 모든 무슬림 즉, 시간과 장소를 불문하고 미국인들을 죽이고 그들의 돈을 강탈하라는 그분의 명령에 순종함으로써 보상을 받고자 하는 모든 무슬림에게 촉구한다. 우리는 또한 무슬림 울라마(이슬람 사회의 신학자와 법학자를 총칭하는 말—역주)와 지도자들, 젊은이들, 군인들을 촉구하여 사탄 수하의 미군과 미국과 동맹을 맺은 마귀의 지지자들을 습격할 것이다. 미국 배후에 있는 이들을 쫓아내고 본때를 보여주겠다.

민군(民軍)을 막론하고 미국인과 그 동맹국을 죽이겠다는 결정은 그 일이 가능한 곳이라면 어느 나라에서든 할 수 있는, 모든 무슬림 개인의 의무다. 그 목적은 알 아크사 모스크(al-Aqsa mosque, 예루살렘에 있는 이슬람 성원) 외 거룩한 모스크를 미군의 점령에서 해방시키고, 그들을 이슬람의 전 영토에서 축출하기 위해서다. 다시는 그 어떤 무슬림도 위협하지 못하도록 완패시킬 것이다("Jihad Against Jews and Crusaders", World Islamic Front Statement, February 23, 1998).

보시다시피 이들의 목표는 분명합니다.

같은 해 12월에 있었던 「타임」과의 인터뷰에서 그는 "수많은 무슬림들이 화가 나 있다.…미국에 대한 적대감은 우리 종교의 의무다. 우리는 하나님이 보상하실 것을 믿는다.…나는 무슬림들이 초강대국 미국의 전설을 종식시킬 수 있으리라 확신한다"고 말했습니다.

이것이 테러리스트들의 공격 배후에 있는 종교적 동기입니다. 악한 사람들은 여건만 되면, 얼마든지 악행을 저지릅니다. 게다가 그 악행이 하나님을 섬기는 일이라고 한다면, 그들에게 이보다 더 정당한 이유는 없을 것입니다.

이슬람 교리를 다시 한 번 생각해 봅시다. 무슬림에게 천국을 기대할 수 있는 유일한 길은 지하드에서 죽는 것입니다. 코란에는 이런 구절이 나옵니다. "하나님의 길에서 살해당하거나 죽는다면 하나님으로부터 관용과 자비가 있을지니 이는 생전에 축적한 것보다 나으리라. 만일 너희가 죽거나 살해당한다면 너희는 하나님께로 돌아가니라." 이런 말도 나옵니다. "믿는 자들이여, 너희가 싸움터에서 불신자들을 만날 때 그들로부터 너희의 등을 돌리지 말라. 그러한 날에 등을 돌리는 자는…분명 하나님의 분노를 자아낼 것이며, 그의 주거지는 지옥이 되니라."

"싸워라, 그러면 천국에 갈 것이다. 도망쳐라, 그러면 지옥에 갈 것이다." 그들이 천국행을 확신할 수 있는 유일한 길은 성전에서 싸우는 것뿐입니다.

관능적 동기

그들에게는 관능적 동기도 있습니다. 미국에 거주하는 18세에서 23세 사이의 무슬림 미혼 남자 64퍼센트는 어쩌면 비밀공작에 연루되어 있을지도 모릅니다. 이 사람들에게는 가족이 있는 것처럼 보이지만, 위장에 불과하다는 증거가 있습니다. 여러분은 어떻게 젊은이들을 동기부여하시겠습니까? 자살 폭탄 테러범들은 13세라는 어린 나이에 발탁됩니다. 어떻게 하면 한 사람을 자살 테러범으로 만들 수 있을까요? 어떻게 하면 한 사람이 비행기로 건물을 들이받게 만들 수 있을까요? 그 동기는 무엇이겠습니까?

그가 진정한 무슬림이라면, 자신이 천국에 갈 수 있는지 궁금해할 것입니다. 이슬람교는 지옥을 무시무시한 곳으로 가르칩니다. 전쟁터에 나가 이교도를 죽이고 천국에 갈 수 있다는 사실을 확신하는 편이 더 쉽지 않겠습니까? 여러분이라면 어떻게 하시겠습니까? 왜 자살이라는 극단적 방법을 택해야 할까요?

팔레스타인 자살 폭탄 테러범들은 1994년에 처음으로 이스라엘을 공격했습니다. 그리고 2001년 무렵에는 이런 자살 테러가 아주 흔해졌습니다. 이슬람 종교 지도자들 사이에서는 자살 폭탄 테러범을 둘러싸고 논란이 분분합니다. 이슬람에서 자살은 죄이고, 많은 무슬림들은 어떤 형태로든 자살을 금해야 한다고 믿습니다. 하지만 많은 이슬람 종교 지도자들은 그런 폭격은 자살이 아니라 지하드라고 주장합니다. 지하드에서 죽은 사람들은 자살이라 해도 순교자라는 것입니다. 자살 폭탄 테러는 고귀한 행위이고 천국을 보장한다고 주장한 사람들도 있습니다. 이집트에서 가장 존경받는 성직자인 셰이크 유세프 알 카라다위는 "자살 임무는 지하드의 가장 고귀한 형태"라고 말했습니다 [Albayan(May 12, 2001)]. 예루살렘 최고의 무슬림도 성전에서 자살하는 것은 고상한 행위라는 데 동의했습니다. 자살 폭탄 테러를 여러 차례 실행한 이슬람 원리주의 단체 하마스(Hamas)와 지하드

관계자들은 자원자가 늘 넘쳐난다고 말합니다. 자원자들은 대개 어린 친구들로, 다섯 살 때부터 훈련을 시작할 수 있습니다. 이들은 정해진 프로그램에 따라 세뇌를 받기 때문에 취업은 사실상 불가능합니다. 영웅처럼 죽음을 맞고 영원한 낙원에 들어가기를 고대하는 이들의 미래는 암울합니다. 팔레스타인 사람들의 80퍼센트가 자살 폭탄 테러를 지지한다는 최근 통계가 있습니다(Associated Press, August 28, 2001). 그들은 대부분 자살 폭탄 테러에 아무 문제가 없다고 생각합니다. 오히려 영웅의 탄생과 천국을 약속합니다. 실제로 어느 팔레스타인 심리학자는 이렇게 말하기도 했습니다. "자살 폭탄 테러가 발생한다는 사실이 놀라운 것이 아니라, 그것을 보기 드문 상황이 오히려 이상하다"(Dr. Eyad Sarraj, "Why We Have Become Suicide Bombers", http://www.missionislam.com/conissues/palestine.htm). 그들의 대변인 중 한 사람은 "우리는 이스라엘에 있는 모든 사람을, 우리 땅을 강탈한 사람으로 봅니다"라고 말했습니다. 그런 관점이 문제입니다. 이스라엘을 지지하는 한, 우리는 그들에게 거대한 사탄이 될 수밖에 없습니다.

자살 폭탄 테러 훈련은 일찍부터 시작됩니다. 13세 팔레스타인 소년 모하마드 엘 뒤라는 이스라엘에서 있었던 총격전으로 사망했습니다. 그의 어머니는 "아들이 순교해서 기쁘다"고 말했습니다. 그녀는 교전에 나가는 아들에게 과자를 줬다고 했습니다[Norman Doidge, "The Palestinians' little bombers", National Post (November 9, 2000)]. 그곳에서는 열세 살 난 자녀를 전쟁터에 내보내는 것이 부모의 자연스런 본능보다 훨씬 더 중요합니다. 노먼 도이지

(Norman Doidge)는 「내셔널 포스트」에 이렇게 보도하고 있습니다.

징병 대상은 대개 사춘기의 어려움에 빠져 있는 17-23세 사이의 소년들이다. 이 소년들을 비밀 소집단으로 나누어, 함께 코란 구절을 읽게 한다. "하나님의 길에서 순교한 자가 죽었다고 생각지 말라. 그들은 하나님의 양식을 먹으며 하나님 곁에서 살아 있노라." 함께라는 신비한 동질감이 생기면서, 아이들은 사춘기의 고립감을 잊게 된다. 축구팀을 단결시키는 매커니즘과 테러리스트 집단을 만드는 매커니즘은 기본적으로 동일하다. 이 소년들은 대부분 성적 충동을 억제하고 텔레비전도 보지 않도록 교육을 받지만, 순교자가 되면 처녀들과 천국에서 무제한 성행위를 할 수 있다는 약속을 받는다.

순교자들은 죽은 후에 천국에 갈 뿐 아니라, 천국에 가서 검은 눈 처녀 일흔두 명의 영접을 받고 그들과 영원히 성관계를 누릴 수 있다는 약속을 받습니다. 코란은 아내를 네 명까지 둘 수 있도록 허락합니다. 모하메드는 아내가 열세 명이었고, 동거한 여자 중에 이름을 확인할 수 있는 여자만 스물두 명에 달했습니다. 이처럼 이슬람에서는 자살 폭탄 테러범들에게 천국만 약속하는 것이 아니라, 거기서 일흔두 명의 처녀들과 영원히 섹스를 즐길 수 있다고 말합니다.

팔레스타인 자치 정부가 발행한 공식 교과서 140권을 검토한 최신 발표에 따르면, 전 교과목에서 팔레스타인 어린이들에게 '샤히

드'(shahid), 즉 순교자를 존경하도록 가르치고 있다. 중학교 2학년 문학 교과서에는 어린이의 죽음을 미화하는 노래와 시가 가득하다. "네 칼을 뽑아라. 죽음이 너를 부르고, 네 칼은 미쳐 날뛰리니. 팔레스타인이여, 젊은이들이 너희 땅을 되찾으리라." 문법 교과서에는 다음과 같은 질문이 등장한다. "다음 문장에서 주어와 목적어를 찾아라. '지하드는 모든 무슬림의 종교적 의무다', '예루살렘 땅을 피로 잠재우는 지하드 병사들을 귀히 여겨라'"(「내셔널 포스트」 같은 글).

"세서미 스트리트"(Sesame Street)를 따라한 팔레스타인 TV의 한 어린이 프로그램은 이런 주제가를 내보냅니다. "나는 예루살렘으로 들어가면서 자살 폭탄 테러를 생각하네"[Charles Krauthammer, "Mideast Violence: The Only Way Out", Washington Post (August, 16, 2001)]. 팔레스타인 자치 정부 경찰의 한 율법고문은, 이스라엘의 유대인 부녀자들을 살해한 자살 폭탄 테러범들이 다음 생에서 이런 것들을 기대한다고 말했습니다. "그는 자신의 피가 한 방울 떨어지기 시작하는 순간부터, 아무런 고통도 느끼지 않고, 모든 죄를 사면 받는다. 천국에 있는 자기 자리가 보이고, 사망의 고통을 면제받는다. 그는 끔찍한 심판의 날을 면하고, 검은 눈 처녀 일흔 명과 결혼하며, 그의 가족 중 일흔 명은 천국행을 보장받는다"[Mona Charen, "Reality Check", Jewish World Review (August 17, 2001)].

2001년 5월 25일 텔아비브에서 발생한 자살 폭탄 테러 일주일 전, 보이스 오브 팔레스타인 라디오는 예루살렘의 알 아크사 모스크에서 전한 금요일 설교를 방송했습니다. 이 메시지에서 팔레스타인 자치 정부 율법고문인 셰이크 이크리마 사브리는 이런 말을 했습니다. "여러분이 생명을 사랑하듯이, 무슬림은 죽음과 순교를 사랑합니다. 사후세계를 사랑하는 사람과 이 세상을 사랑하는 사람 사이에는 큰 차이가 있습니다. 무슬림은 죽음을 사랑[하고 순교를 추구]합니다"(Aluma Solnick, "Martyrs and Mothers", http://aish.com/jewishissues/midderrast/Martyrs_and_Mothers.asp).

천국에 가서 영원히 섹스를 즐긴다니, 이 얼마나 왜곡된 시각입니까. 이것이 바로 정욕이 넘치지만 권리를 박탈당한 젊은 남성들 눈앞에 매달려 있는 마지막 당근입니다. 코란은 이 여성들이 루비처럼 아름답고, 다이아몬드와 진주 같은 살결을 지녔다고 말합니다. 거기서 순교자들은 초록빛 방석과 아름다운 카펫에 누워 마음껏 즐길 것이라 말합니다.

2001년 7월 5일자 「USA 투데이」에서 잭 켈리는, 하마스가 운영하는 유치원 벽에 이런 문구가 쓰여 있다고 말합니다. "이 유치원의 아이들은 미래의 '샤히드'(거룩한 순교자)입니다." 모든 것은 유치원에서부터 시작됩니다. 웨스트 뱅크 알 나자 대학교와 가자 이슬람 대학교 교실에는 "이스라엘에 핵폭탄이 있다면, 우리에게는 인간 폭탄이 있다"는 문구가 붙어 있습니다. 켈리는 계속해서 이렇게 말합니다.

하마스가 운영하는 가자 지역 이슬람 학교, 열한 살 난 팔레스타인 학생 아흐메드(Ahmed)의 자그마한 체구와 소년 같은 미소는 다 가짜다.

그들은 어떤 대가를 치르더라도 반드시 죽여야 한다는 굳은 결의를 감추고 있다. "제 몸을 폭탄 삼아, 돼지와 원숭이의 자식들인 시온주의자들의 몸뚱이를 날려 버릴 겁니다."

코란을 보면, 알라가 유대인들을 돼지와 원숭이로 만들었다는 이야기가 나옵니다.

켈리의 기사는 이렇게 이어집니다. "아흐메드는 '그들의 몸뚱이를 산산조각내서 최악의 고통을 맛보게 해줄 거예요'라고 말한다. 같은 반 친구 알라후 아크바르도 '신은 위대합니다'라고 덩달아 소리 지르고, 교사는 '처녀들이 너에게 큰 기쁨을 주기를!' 하고 외친다"[Jack Kelley, "Devotion, desire drive youths to 'martyrdom'", USA Today (August 5, 2001)].

이슬람이 정말로 지하드에서 이길 수 있을까요? 아닙니다. 저는 그 전쟁이 어떻게 끝날지 여러분께 말씀드릴 수 있습니다. 궁금하시지요? 축구 경기의 결과를 알려 드릴 수는 없지만, 이 충돌의 종말은 알려 드릴 수 있습니다. 다같이 에스겔 36장을 봅시다.

인자야 너는 이스라엘 산들에게 예언하여 이르기를 이스라엘 산들아 여호와의 말씀을 들으라 주 여호와께서 이같이 말씀하시기를 원수들이 네게 대하여 말하기를 아하 옛적 높은 곳이 우리의 기업이 되었도다 하였느니라(겔 36:1-2).

그들은 이스라엘 빼고는 다 가졌습니다. 이제 이스라엘이라는 작은 땅덩어리를 그들의 손에 넣는 것만 남아 있었습니다.

그러므로 너는 예언하여 이르기를 주 여호와께서 이같이 말씀하시기를 그들이 너희를 황폐하게 하고 너희 사방을 삼켜 너희가 남은 이방인의 기업이 되게 하여 사람의 말거리와 백성의 비방 거리가 되게 하였도다 그러므로 이스라엘 산들아 주 여호와의 말씀을 들을지어다 산들과 멧부리들과 시내들과 골짜기들과 황폐한 사막들과 사방에 남아 있는 이방인의 노략 거리와 조롱거리가 된 버린 성읍들에게 주 여호와께서 이같이 말씀하셨느니라 주 여호와께서 이같이 말씀하시기를 내가 진실로 내 맹렬한 질투로 남아 있는 이방인과 에돔 온 땅을 쳐서 말하였노니 이는 그들이 심히 즐거워하는 마음과 멸시하는 심령으로 내 땅을 빼앗아 노략하여 자기 소유를 삼았음이라 그러므로 너는 이스라엘 땅에 대하여 예언하되 그 산들과 멧부리들과 시내들과 골짜기들에 관하여 이르기를 주 여호와께서 이같이 말씀하시기를 내가 내 질투와 내 분노로 말하였나니 이는 너희가 이방의 수치를 당하였음이라 그러므로 주 여호와께서 이같이 말씀하시기를 내가 맹세하였은즉 너희 사방에 있는 이방인이 자신들의 수치를 반드시 당하리라 그러나 너희 이스라엘 산들아 너희는 가지를 내고 내 백성 이스라엘을 위하여 열매를 맺으리니 그들이 올 때가 가까이 이르렀음이라 내가 돌이켜 너희와 함께하리니 (겔 36:3-9).

하나님은 이 전쟁에서 누구 편이십니까? 이스라엘 편이십니다. 이스라엘은 아직도 하나님을 믿지 못하고 있습니다. 그런데 왜 하나님은 이스라엘 편입니까? 그들은 하나님의 언약 백성이기에, 그들에게 구원을 주시려는 것입니다. 여러분은 어떨지 모르겠지만, 저는 하나님이 편드시는 사람들 편에 서고 싶습니다. 하나님이 이스라엘 편이시라면, 저도 이스라엘 편입니다. 에스겔은 계속해서 여호와의 말씀을 전달합니다.

> 내가 돌이켜 너희와 함께하리니 사람이 너희를 갈고 심을 것이며 내가 또 사람을 너희 위에 많게 하리니 이들은 이스라엘 온 족속이라 그들을 성읍들에 거주하게 하며 빈 땅에 건축하게 하리라 내가 너희 위에 사람과 짐승을 많게 하되 그들의 수가 많고 번성하게 할 것이라 너희 전 지위대로 사람이 거주하게 하여 너희를 처음보다 낫게 대우하리니 내가 여호와인 줄을 너희가 알리라 내가 사람을 너희 위에 다니게 하리니 그들은 내 백성 이스라엘이라 그들은 너를 얻고 너는 그 기업이 되어 다시는 그들이 자식들을 잃어버리지 않게 하리라(겔 36:9-12).

이 정도면 분명하지 않습니까? 누가 이길지 아시겠지요? 22절에는 뭐라고 나오는지 한번 봅시다.

> 그러므로 너는 이스라엘 족속에게 이르기를 주 여호와께서 이같이 말씀하시기를 이스라엘 족속아 내가 이렇게 행함은 너희를 위함이 아니요 너희가 들어간 그 여러 나라에서 더럽힌 나의 거룩한 이름을 위함이라 여러 나라 가운데에서 더럽혀진 이름 곧 너희가 그들 가운데에

서 더럽힌 나의 큰 이름을 내가 거룩하게 할지라 내가 그들의 눈앞에서 너희로 말미암아 나의 거룩함을 나타내리니 내가 여호와인 줄을 여러 나라 사람이 알리라 주 여호와의 말씀이니라 내가 너희를 여러 나라 가운데에서 인도하여 내고 여러 민족 가운데에서 모아 데리고 고국 땅에 들어가서 맑은 물을 너희에게 뿌려서 너희로 정결하게 하되 곧 너희 모든 더러운 것에서와 모든 우상 숭배에서 너희를 정결하게 할 것이며 또 새 영을 너희 속에 두고 새 마음을 너희에게 주되 너희 육신에서 굳은 마음을 제거하고 부드러운 마음을 줄 것이며 또 내 영을 너희 속에 두어 너희로 내 율례를 행하게 하리니 너희가 내 규례를 지켜 행할지라 내가 너희 조상들에게 준 땅에서 너희가 거주하면서 내 백성이 되고 나는 너희 하나님이 되리라 내가 너희를 모든 더러운 데에서 구원하고 곡식이 풍성하게 하여 기근이 너희에게 닥치지 아니하게 할 것이며 또 나무의 열매와 밭의 소산을 풍성하게 하여 너희가 다시는 기근의 욕을 여러 나라에게 당하지 아니하게 하리니 그 때에 너희가 너희 악한 길과 너희 좋지 못한 행위를 기억하고 너희 모든 죄악과 가증한 일로 말미암아 스스로 밉게 보리라 주 여호와의 말씀이니라 내가 이렇게 행함은 너희를 위함이 아닌 줄을 너희가 알리라 이스라엘 족속아 너희 행위로 말미암아 부끄러워하고 한탄할지어다 주 여호와께서 이같이 말씀하셨느니라 내가 너희를 모든 죄악에서 정결하게 하는 날에 성읍들에 사람이 거주하게 하며 황폐한 것이 건축되게 할 것인즉 전에는 지나가는 자의 눈에 황폐하게 보이던 그 황폐한 땅이 장차 경작이 될지라 사람이 이르기를 이 땅이 황폐하더니 이제는 에덴 동산 같이 되었고 황량하고 적막하고 무너진 성읍들에

성벽과 주민이 있다 하리니 너희 사방에 남은 이방 사람이 나 여호와가 무너진 곳을 건축하며 황폐한 자리에 심은 줄을 알리라 나 여호와가 말하였으니 이루리라(겔 36:22-36).

여호와는 계속해서 "내가 그들의 수효를 양 떼같이 많아지게 하되"라고 말씀하시고(겔 36:37), 이렇게 결론을 맺으십니다. "그리한즉 그들이 나를 여호와인 줄 알리라"(겔 36:38).

그날이 오고 있습니다. 언제인지는 모르지만, 다가오고 있는 것은 사실입니다. 그날까지 전쟁은 끊이지 않을 것입니다. 충돌도 더 심해질 것입니다. 중동 지역에서 멀리 떨어져 있는 우리도 그 싸움에 엮이고 있습니다. 우리는 어떻게 반응해야 합니까? 정의를 행해야 합니다. 정부는 하나님이 원하시는 일을 해야 합니다. 하나님이 계획하신 정부의 모습은 무엇입니까? 로마서 13장 4절에는 정부가 "공연히 칼을 가지지 아니하였으니"라고 말합니다. 정부는 가장행렬이 아닙니다. 정부가 칼을 소유하는 이유가 무엇입니까? 정부는 행악자를 처벌하고 무고한 시민들을 보호해야 합니다. 시민을 보호하고 행악자를 처벌하기 위한 전쟁은 정당한 전쟁입니다. 우리집에 자녀가 넷인데, 강도가 들어 두 아이를 죽였다고 합시다. 제가 어떻게 해야 하겠습니까? 협상을 할까요? 남은 두 아이를 살리기 위해 최선을 다할 겁니다. 희생은 더 큰 선(善)을 위한 것입니다. 악은 처벌해야 마땅합니다. 인간의 선함도 이렇게 보호받아야 마땅합니다.

정부는 의료제도와 사회보장제도를 제공하기 위해서만 존

재하지 않습니다. 부의 재분배만을 위해 존재하지도 않습니다. 정부는 법을 지키는 사람들을 보호하기 위해 존재합니다. 칼, 총, 소총, 대포, 미사일과 함께 올가미, 단두대, 총살형 집행대, 가스실, 전기의자 등이 문명을 안정적으로 받쳐줍니다. 사람은 누구나 살인범이 될 수 있기 때문입니다. 정의의 전쟁은 범죄의 저울이 소집한 전쟁입니다. 그것은 개인의 복수 행위가 아닙니다. 그것은 악한 자들을 처벌함으로써 그들의 악행으로부터 시민들을 보호하려는 국가적 차원의 행위입니다.

9·11 사건이 종말의 시나리오는 아닌지 궁금해하는 사람들이 많습니다. 저는 펜타곤과 세계무역센터에 비행기가 충돌한 사건이 종말을 뜻하지는 않는다고 생각합니다. 우리는 성경에 나오는 종말의 징조들을 잘 알고 있습니다. 이스라엘이 땅을 차지하는 것도 그중 하나입니다. 세상은 적그리스도가 다스릴 수 있는 한 가지 세계 종교로 움직이고 있습니다. 이슬람도 그쪽으로 가고 있습니다. 저는 지난 10년간 로마 가톨릭 교회가 이슬람과 협상하는 모습을 관심 있게 지켜보고 있습니다.

요한계시록은 종말에 세계 인구의 3분의 1이 죽고(계 9:15-18), 4분의 1이 죽는다(계 6:8)고 말합니다. 한꺼번에 이렇게 많은 사람을 죽이려면 대량 살상 무기가 필요합니다. 칼이나 활로는 이렇게 많은 사람을 죽일 수 없습니다. 다니엘 9장은 종말에 중동 지역에 큰 소동이 일어나 중재자가 필요할 것이라고 암시합니다. 그 중재자가 적그리스도입니다. 가짜 그리스도가 와서 가짜 평화를 이룬다는 완벽한 시나리오입니다. 저는 중동 지역에

협상하러 간다는 사람이 나올 때마다 그가 혹시 적그리스도는 아닌지 유심히 살피곤 합니다.

저는 여러분께 테러가 발생하는 태생적 이유를 말씀드렸습니다. 테러는 남을 죽이려는 타락한 인간 심성의 결과입니다. 이런 마음은 공포와 처벌로 통제해야 합니다. 역사적 이유도 말씀드렸습니다. 아랍 세계가 이스라엘에 품고 있는 깊은 반감과, 그 땅을 둘러싼 둘의 기나긴 갈등이 그 이유입니다. 미국은 이스라엘 우군이라는 이유로 이 싸움에 휘말려 들었습니다. 다음으로는 종교적 이유를 말씀드렸습니다. 이슬람 교리는 성전에서 순교자로 죽지 않는 한 지옥에서 구원받을 길을 보장해 주지 않습니다. 물론, 그 배후에는 사탄이 있습니다. 바로 앞에서는, 관능적 이유를 말씀드렸습니다. 자살 폭탄 테러범들은 영원한 섹스를 얻기 위해 활동합니다.

신학적

해설 이제 마지막으로 신학적 이유가 남았습니다. 이 사람들은 왜 죽었을까요? 죄의 삯은 사망이기 때문입니다(롬 6:23). 한 번 죽는 것은 사람에게 정해진 것이기 때문입니다(히 9:27). 지난 화요일에 그 사람들에게 생긴 일은 언젠가는 맞이할 일이었습니다. 그 사람들도 언젠가는 죽습니다. 단지 그날이라고 생각하지 못했을 뿐입니다. 사람이 죽는 건 당연합니다. 여러분은 죽음을 맞을 준비가 되었습니까? 지난 화요일 이후, 5만 명의 미국인이 죽었습니다. 그리고 올해에만 2,500만 명이 죽음을 맞습니다. 사람은 누구나 다 죽습니다. 한 번에 한 사람씩 죽기 때문에 좀 더 편안하게 생각할 따름입니다. 비행기 사고로 250명이 한꺼번에 사망하면 불편해집니다. 때로는 제3세계에서 발생한 홍수나 지진, 화산 분출로 수천 명이 한꺼번에 목숨을 잃기도 합니다. 드물게 5천 명이나 만 명이 동시에 죽는 사고도 있지만, 미국에서는 보기 어려운 일입니다. 하지만 어쨌든 모든 사람은 죽습니다. 미국에서는 일주일에 5만 명씩 죽습니다. 그렇다고 미국인들이 걱정합니까? 아닙니다. 우리는 매주 5만 명의 미국인이 사망한다는 사실은 별로 의식하지 못한 채 일상을 살아갑니다. 우리가 사는 세상이 평화롭기만 하다면, 토막 난 비행기나 토막 난 기차, 토막 난 건물을 보지 않아도 된다면, 우리는 괜찮습니다. 죽음과 어느 정도 거리를 두고 살 수 있으니까요.

    사람들은 묻습니다. "왜 하나님은 이런 일이 일어나게 놔두십니까?" 그러나 이런 일은 누구에게나 일어납니다. 우리가 던져야 할 근본적인 질문은 "왜 우리는 살아 있습니까?"라는 질문입니다. 죄의 삯은 사망이기에 우리는 모두 죽어 마땅합니다. "범죄하는 그 영혼은 죽으리라"(겔 18:4). 우리는 끊임없는 자비 아래 살기 때문에 정의가 드러날 때 충격을 받습니다. 은혜에 너무 익숙해진 나머지 정의를 이해하지 못합니다. 때때로 하나님이 은혜를 거두시고 끔찍한 재앙을 내리실 때면 우리는 충격에 빠집니다. 아마도 우리가 마땅히 받아야 할 처분을 떠올리기 때문이 아닐까 싶습니다.

    사람들은 "그래서 하나님은 뭐라고 말씀하십니까?" 하고 묻습니다. 그분은 말씀하십니다. "사람은 언젠가는 다 죽는데, 그것을 막을 도리는 없다. 죽음은 내가 너희에게 생명과 사랑과 행복을 준다는 사실을 상기시켜 준다. 나는 너희에게 일반 은총을 내려 삶을 풍성하게 만들어 주었다. 나는 오래 참고 자비롭다. 하지만 때로는 너희에게 닥칠 냉혹한 현실을 알려줄 수밖에 없구나."

사람들은 생명을 자신의 권리로 생각합니다. 운동과 영양 섭취를 잘하면 오래 살 수 있다고 생각합니다. 하지만 사는 것은 우리 권한이 아닙니다. 우리에게 생명을 주시는 하나님의 은혜입니다. 하나님이 끔찍하고 드라마 같은 비극을 허락하실 때, 그분의 공정성을 논하지 마십시오. 오히려 그분의 은혜에 감사해야 합니다.

누가복음 13장을 한번 봅시다. "그때[예수님이 큰 무리에게 가르치시던 도중에] 마침 두어 사람이 와서 빌라도가 어떤 갈릴리 사람들의 피를 그들의 제물에 섞은 일로 예수께 아뢰니"(눅 13:1). 빌라도는 로마의 유대 총독이었습니다. 당시 로마인들은 이스라엘을 점령했습니다. 갈릴리 사람들은 그 땅 북쪽에 사는 유대인들이었는데, 그들은 성전에서 희생 제사를 드리고 있었습니다. 성전은 사람들이 희생 제사를 드릴 수 있는 유일한 장소였기에 그들은 갈릴리 지방에서부터 그곳까지 내려와야 했습니다. 예수님과 사도들도 모두 갈릴리 출신이었습니다. 이 갈릴리 사람들은 희생 제사를 드리려고 성전에 들어갔습니다. 그들은 독실하고 성실한 사람들이어서 하나님이 명령하신 일을 잘 지켰습니다. 그런데 빌라도가 그들의 피를 제물에 섞었습니다. 빌라도가 성전에 사람들을 보내 이 독실한 유대인들을 죽인 것입니다. "[예수님이] 대답하여 이르시되 너희는 이 갈릴리 사람들이 이같이 해 받으므로 다른 모든 갈릴리 사람보다 죄가 더 있는 줄 아느냐"(눅 13:2). 다시 말해, "너희는 이 사람들이 다른 사람들보다 악해서 하나님이 이렇게 하셨다고 생각하느냐?"라는 말입니다. 사람들은 속으로 이렇게 생각합니다. '이 사람들은 독실한 신자들이야. 마땅히 해야 할 일을 하고 있었다고. 그런데 왜 하나님은 빌라도가 그 사람들을 죽여 그들의 피가 제물과 섞이도록 하셨을까? 그 사람들이 다른 사람들보다 악했던 것이 틀림없어.'

예수님은 계속해서 말씀하십니다. "아니라 너희도 만일 회개하지 아니하면 다 이와 같이 망하리라"(눅 13:3). 무슨 말씀입니까? 사람은 죽습니다. 누군가의 죽음에는, 그가 다른 사람들보다 더 악하다는 의미가 담겨 있지 않습니다. 하나님은 세계무역센터와 펜타곤에서 근무하던 사람들이나 그 비행기에 타고 있던 사람들이 남들보다 더 악해서 심판하신 것이 아닙니다. 그들은 다른 사람들과 다를 바가 없었습니다. 하나님은 이 갈릴리 사람들이 남들보다 더 악해서 빌라도의 사람들 손에 죽게 하신 것이 아니었습니다. 여러분도 회개하지 않으면, 이 땅에서 삶을 마감하면서 영원히 멸망할 것입니다. 하나님이 이 나라에 무슨 말씀을 하고 계십니까? 너희도 언제 죽을지 모르니 회개해야 한다는 것입니다. 준비 없이 죽으면 여러분은 영원히 멸망할 것입니다.

예수님은 4절에서 더 생생한 예를 보여주십니다. "또 실로

암에서 망대가 무너져 치어 죽은 열여덟 사람이 예루살렘에 거한 다른 모든 사람보다 죄가 더 있는 줄 아느냐"(눅 13:4). 사람들이 답해야 할 질문이 하나 더 늘었습니다. 어느 날 실로암 망대가 무너졌습니다. 비행기가 충돌한 것은 아니었고, 애초에 부실하게 지었을 수도 있고, 지진 때문일 수도 있습니다. 망대가 길 가던 사람 열여덟 명을 덮쳐 전원 사망했습니다. 사람들은 속으로 이렇게 생각합니다. '왜 하필 이 사람들에게 이런 일이 생겼을까? 이 사람들은 예루살렘에 사는 다른 사람들보다 더 악하지 않았을까?'

예수님은 5절에서 그 답을 주셨습니다. "너희에게 이르노니 아니라 너희도 만일 회개하지 아니하면 다 이와 같이 망하리라"(눅 13:5). 펜타곤에 근무하는 사람들, 세계무역센터 건물에 있던 사람들이 죽었습니다. 그중에는 예수님을 믿는 사람도, 믿지 않는 사람도 있었을 겁니다. 멸망하지 않는 사람들이 있는가 하면, 하나님도, 소망도 없이 영원히 지옥에 갈 사람들도 있었을 겁니다. 그들이 특별히 남들보다 악하지는 않았습니다. 여러분도 회개하지 않으면 멸망할 것입니다. 이것이 하나님이 주시는 메시지입니다.

사람들의 차이는 정도의 차이일 뿐, 종자가 전혀 다른 것은 아닙니다. 모든 사람은 죄인입니다. 그리고 죄인들에게는 죽음과 심판이 기다리고 있습니다. 하지만 여러분은 죽지 않았습니다. 여러분은 그 건물에 있지 않았습니다. 그 비행기를 타고 있지 않았습니다. 하나님이 살아남은 여러분께 주시는 메시지는 이것입니다. 죄를 회개하고 그리스도를 영접하십시오. 그러면 여러분의 날이 닥쳤을 때 멸망하지 않을 것입니다. 그분의 임재 가운데 들어갈 것입니다.

6-9절에서 예수님은 이야기를 하나 들려주십니다.

> 한 사람이 포도원에 무화과나무를 심은 것이 있더니 와서 그 열매를 구하였으나 얻지 못한지라 포도원지기에게 이르되 내가 삼 년을 와서 이 무화과나무에서 열매를 구하되 얻지 못하니 찍어버리라 어찌 땅만 버리게 하겠느냐 대답하여 이르되 주인이여 금년에도 그대로 두소서 내가 두루 파고 거름을 주리니 이 후에 만일 열매가 열면 좋거니와 그렇지 않으면 찍어버리소서 하였다 하시니라 (눅 13:6-9).

이 얼마나 생생한 비유입니까. 우리네 인생은 덤으로 사는 삶입니다. 하나님은 지금 당장이라도 여러분에게 "찍어 버리라"고 말씀하실 수 있습니다. 하지만 은혜가 충만하신 하나님은 기다려 주겠다고 말씀하십니다. 조금 더 시간을 주고 열매를 맺는지 지켜보겠다고 하십니다. 이것이 하나님의 마음입니다. 이 이야기는 우리에게 죄를 회개하고, 그리스도 안에서 용서와 구원의 선물을 받으라고 말합니다.

올해에도 250만 명의 미국인이 이 땅을 떠납니다. 언젠가는 우리 모두 죽습니다. 이제 삶과 죽음을 좀 더 진지하게 생각할 때입니다. 파티와 게임은 그만하면 됐습니다. 회개하고 하나님을 부르십시오. 영원한 지옥에서 여러분을 구해 달라고 요청하십시오. 우리는 덤으로 사는 인생입니다. 예수님은 아버지께 "금년만 더 애써 보겠습니다"라고 말씀하십니다. 설교자들은 연기나 심리학적 메시지, 웃긴 이야기, 잡담을 이제 그만 그치고, 생명과 죽음을 선포해야 합니다. 지옥에 떨어질 사람들을 구하고 죽어 가는 사람들을 보살펴야 합니다. 여러분도 자신의 삶을 복음 증거에 바쳐야 할 때입니다. 이보다 더 중요한 일이 어디 있겠습니까?

작은 일부터 시작해 보십시오. 무슬림들에게 사랑을 베풀고 복음을 전하십시오. 그들에게는 그리스도가 필요합니다. 그들은 여러분의 적이 아니라, 선교지입니다. 기만과 저주의 종교에 갇혀 허우적대는 그들에게 필요한 것은 긍휼과 사랑뿐입니다. 여러분이 아랍인이나 무슬림을 알고 있다면, 그들에게 구세주가 계시다고 말해 주십시오. 용서받을 수 있다고 말해 주십시오. 여러분은 모두 선교사입니다. 이제는 영원한 것들을 진지하게 생각할 때입니다.

11

제자도의 제1원칙

누가복음 9:23-26

2002. 11. 3.

이 설교는 지난 몇 년간 발생한 '주 되심 논란'과 그와 관련한 교리 논쟁을 돌아볼 수 있게 한다. 뿐만 아니라, 이 설교는 복음 메시지, 즉 자기를 부인하라는 그리스도의 명령과 함께, 안일한 신앙이나 자존심 등 허울뿐인 신앙을 다룬다. 또한, 현대인들이 복음을 지나치게 단순화하는 데 따른 위험을 이 설교에서 압축적으로 조망한다.

이 설교를 전하기 전날, 수도 워싱턴에서 열린 "신을 믿지 않는 미국인들의 워싱턴 행진"에는 수많은 무신론자와 자유사상가, 인도주의자, 불가지론자, 페미니스트들이 참석하여 성황을 이루었다.

누가복음 9장을 함께 보겠습니다. 성경 한 구절 한 구절은 모두 하나님이 주신 귀한 말씀이지만, 오늘 우리가 살펴보는 구절은 특히 더 그렇습니다.

또 무리에게 이르시되 아무든지 나를 따라오려거든 자기를 부인하고 날마다 제 십자가를 지고 나를 따를 것이니라 누구든지 제 목숨을 구원하고자 하면 잃을 것이요 누구든지 나를 위하여 제 목숨을 잃으면 구원하리라 사람이 만일 온 천하를 얻고도 자기를 잃든지 빼앗기든지 하면 무엇이 유익하리요 누구든지 나와 내 말을 부끄러워하면 인자도 자기와 아버지와 거룩한 천사들의 영광으로 올 때에 그 사람을 부끄러워하리라(눅 9:23-26).

아주 짧은 본문입니다. 절수도 얼마 안 되고, 쓰인 단어도 많지 않습니다. 하지만 이 말씀이야말로 예수님의 가르침의 핵심이라고 할 수 있습니다. 성경의 황금률이 여기 담겨 있습니다. 명료하고 찬란한 다이아몬드 같은 진리입니다. 이 말씀은 예수님을 따르는 것에 대해 이야기합니다. "아무든지 나를 따라오려거든" 이 말씀은 예수님을 따르는 방법, 그리스도인이 되는 방법, 구원받는 방법, 구속받아 중생하는 방법을 이야기합니다. 대단히 중요한 가르침입니다.

처음부터 여러분에게 충격적인 말씀이 등장합니다. "아무든지 나를 따라오려거든 자기를 부인하고"(눅 9:23). 예수님을 따르려면 자기를 부인해야 합니다. 복음은 자기실현이 아니라 자기부인을 요구합니다. 그 때문에 진짜 복음은, 요즘 인기가 많은 자기실현과 자립에 근거한 복음과는 다릅니다. 그런 복음에서는 예수님을 알라딘 램프의 요정 지니로 취급할 때가 많습니다. 램프를 문지르면 예수님이 튀어나와 "무엇을 도와드릴까요?" 하고 묻습니다. 필요한 것을 말하면 예수님이 가져다주십니다. 복음주의권에서도 이렇게 말하는 사람들이 있습니다. "예수님은 여러분이 건강하기를 원하십니다. 몸이 아프신 분이 있습니까, 건강을 구하지 않았기 때문입니다. 예수님은 여러분이 부자로 잘 살기 원하십니다. 가난한 분이 있습니까, 재물을 구하지 않았기 때문입니다. 예수님은 여러분이 빚더미에서 벗어나 부흥사들에게 헌금을 넉넉히 보낼 수 있기를 원하십니다. 신앙의 힘으로 빚의 악령에서 벗어날 수 있습니다. 예수님은 여러분이 아무런 곤란도 겪지 않기를 원하시기 때문입니다. 구원은 여러분에게 건강과 재물과 행복을 약속합니다."

심리학을 내세우는 전도자들은 여러분에게 평화와 기쁨을 주기 위해 예수님이 오셨다고 말합니다. 예수님은 여러분을 성공한 회사원으로, 성공한 야구선수로 만들어 주신다고 말합니다. 예수님은 여러분의 기분을 좋게 해주고, 낮아진 자아상을 높여 주고, 부정적인 생각을 그치도록 도와주신다는 겁니다.

이런 풍조가 교회에 유입된 경로가 흥미롭습니다. 저는 수년간 이 현상을 지켜보았습니다. 이런 추세는 로버트 슐러 목사의 사역을 통해 교회로 흘러들어왔습니다. 그는 몇 해 전『자존: 새로운 개혁』(Self-Esteem : The New Reformation, 보이스사 역간)이라는 책을 썼습니다. 이 책에 대한 제 서평이 어느 잡지에 실렸습니다. 저는 이 책이 중요한 전환점, 즉 새로운 개혁을 시도하는 계기라 믿고 서평을 썼습니다. 이 책은 성경적 복음을 새로운 복음으로 대체하려는 시도였는데, 과연 효과가 있었습니다. 이 책에서 로버트 슐러는 "고전적인 신학은 신학이 '인간 중심'이 아니라 '하나님 중심'이어야 한다고 주장하는 실수를 범했다"(같은 책, p.64)고 말합니다. 기존 신학의 근간을 흔드는 움직임이 일어나기 시작한 것입니다. 우리가 가장 먼저 해야 할 일은 고전적인 신학을 내버리는 것이라고 말합니다. 하나님 중심 신학을 버리고 인간 중심 신학으로 대체해야 한다는 것입니다. 이 얼마나 속 보이는 행동입니까. 그런데 버젓이 이런 사상이 횡행하고 있습니다.

그는 더 나아가 이렇게 씁니다. "하나님의 이 마스터플랜은 인간의 절실한 필요, 즉 존엄성과 자기 존중, 자긍심, 자부심을 위해 계획된 것이다"(같은 책, p. 71). 슐러에게는 자기 존중과 자부심이 모든 것을 내던져 사들여야 할 진주 같은 것이었습니다. 그의 책에는 이런 말도 나옵니다. "하나님의 계획을 충실히 따르면 우리는 기분이 좋아질 것이다"(같은 책, p. 76). 이것이 복음주의가 주장하는 복음, 기분 좋은 복음입니다. 이렇게도 말합니다. "하나님은 자부심이 강한 사람들의 사회를 만들기 위해 당신과 나를 필요로 하신다"(같은 책, p. 79). 제가 그 사회에 들어가지 않더라도 용서해 주시길 바랍니다. 저라면 그런 사람들과는 상종도 하고 싶지 않습니다.

로버트 슐러가 말하는 이 새로운 개혁을 이루려면, 가장 먼저 전통적인 하나님 중심, 역사적 신학을 지워 버리고 심리학을 내세우는 인간 중심, 자기 존중의 신학을 받아들여야 합니다. 그리고 성경과 복음의 모든 내용은, 사람들이 스스로를 더 좋게 여기고 자기 꿈과 비전을 이루는 데 기여해야 합니다. 슐러는 한걸음 더 나아가 이렇게 말하기도 했습니다. "하나님의 궁극적인 목표는 우리가 자신감이 충만한 사람이 되는 것이다"(같은 책, p. 80). 마지막으로 한 구절만 더 인용하겠습니다. "어떤 사람이 자신을 '보잘것없는 죄인'으로 생각한다면, 그는 하나님이 그리스도 안에서 주신 구원의 은혜를 진심으로 받아들였는지를 의심해 봐야 한다"(같은 책, p. 98).

이 새로운 복음에서 구원받기 원하는 사람은, 스스로를 보잘것없는 죄인으로 생각해서는 안 된다는 말입니다. 이 얼마나 왜곡된 복음입니까? 참 진리와는 정반대입니다. 그런데도 로버트 슐러나 빌 하이벨스는 구도자 중심 운동(seeker-friendly movement)이라는 미명 하에 사람 중심, 자기 존중의 복음을 채택하여 복음주의권을 장악하고 있습니다. 이것은 거짓 교사들의 특징인, 유사 기독교 자기도취증이나 자기애의 일종입니다. 디모데후서 3장 1-2절은 "말세에 고통하는 때가 이르러 사람들이 자기를 사랑하며"라고 말합니다. 기독교는 이제 '주는' 종교가 아니라, '원하는 것을 손에 넣는' 종교가 되어 버렸습니다. 복음의 본래 의도가 더럽혀졌습니다. 하나님의 영광이 있어야 할 자리를 인간의 만족이 차지해 버렸습니다. 그리스도의 영광을 위해 여러분의 삶을 드리는 것이 아니라, 그리스도가 여러분을 떠받드는 형국이 되어 버렸습니다. 복음은 왜곡되었고 진짜 복음은 더 이상 사람들에게 인기가 없습니다.

수백 년 전에 이런 현상을 간파한 성인이 있었습니다. 그는 이런 기도문을 남겼습니다.

주여, 높고 거룩하며 온유하고 겸손하신 주님, 제가 이런 역설을 배우게 하소서. 내려가는 길이 올라가는 길이요, 낮아지는 것이 높아지는 것이며, 깨진 마음이 치유된 마음이요, 통회하는 심령이 기뻐하는 심령이며, 회개하는 영혼이 승리하는 영혼이요, 아무것도 없는 것이 모든 것을 소유한 것이며, 십자가를 지는 것이 면류관을 쓰는 것이며, 주는 것이 받는 것임을 알게 하소서. 저의 어둠 가운데서 당신의 빛을, 저의 슬픔 가운데서 당신의 기쁨을, 저의 죄 가운데서 당신의 은혜를, 저의 가난 가운데서 당신의 풍요로움을, 저의 골짜기에서 당신의 영광을, 저의 죽음에서 당신의 생명을 발견하게 하소서 [『영혼을 일깨우는 기도』 (The Valley of Vision, 생명의말씀사 역간)].

나의 죽음에서 그분의 생명을 발견한다는 것, 이것이 진정한 복음입니다. 진짜 복음은 나를 높이는 것이 아니라, 나를 죽이는 것입니다. 예수님은 "아무든지 나를 따라오려거든 자기를 부인하고 날마다 제 십자가를 지고 나를 따를 것이니라"고 말씀하셨습니다. 자아가 죽어야 합니다. 잃어버리면 얻고, 죽으면 삽니다. 이것이 바로 복음의 핵심 메시지요, 제자도의 핵심입니다.

누가복음 9장 23-26절은 누구나 알 수 있는 분명한 메시지입니다. 예수님이 평상시에 가르치시던 내용과 정확히 일치합니다. 이 말씀은 예수님이 공생애 기간의 여러 상황에서 반복해서 말씀하신 원칙들입니다.

자, 제가 드리는 말씀을 한번 들어보십시오. 마태복음 10장 34절로 가 봅시다. 그 이전까지 예수님은 자신을 주와 구세주로 고백하는 것에 대해 말씀하고 계셨습니다. "누구든지 사람 앞에서 나를 시인하면 나도 하늘에 계신 내 아버지 앞에서 그를 시인할 것이요."(마 10:32). 그다음 34-36절에서는 이렇게 말씀하십니다.

내가 세상에 화평을 주러 온 줄로 생각하지 말라 화평이 아니요 검을 주러 왔노라 내가 온 것은 사람이 그 아버지와, 딸이 어머니와, 며느리가 시어머니와 불화하게 하려 함이니 사람의 원수가 자기 집안 식구리라(마 10:34-36).

우선, 여러분이 그리스도께 나오면 여러분의 가족 관계는 더 좋아지는 것이 아니라 오히려 악화될 수 있습니다. 이전에는 결코 경험해 보지 못했던 균열을 불러올지도 모릅니다. 여러분이 삶을 예수 그리스도께 바쳤다면, 그것은 피할 수 없는 길입니다. 여러분과 믿지 않는 가족 사이에는 건널 수 없는 틈이 생깁니다. 37절 말씀입니다. "아버지나 어머니를 나보다 더 사랑하는 자는 내게 합당하지 아니하고 아들이나 딸을 나보다 더 사랑하는 자도 내게 합당하지 아니하며." 가족과의 균열을 감내할 각오가 되어 있지 않다면, 가정에서 더 큰 상처와 갈등과 고통을 견뎌낼 각오가 되어 있지 않다면, 여러분은 그분의 제자가 될 자격이 없습니다.

예수님은 38절에서 "또 자기 십자가를 지고 나를 따르지 않는 자도 내게 합당하지 아니하니라"고 말씀하십니다. 당시에는 십자가 하면 떠오르는 것은 딱 한 가지밖에 없었습니다. 십자가는 사형 도구였습니다. 예수님은 이렇게 말씀하고 계십니다. "가족과의 갈등을 기꺼이 감내할 준비가 되어 있지 않으면, 너희는 내 제자가 될 자격이 없다. 네 목숨을 내려놓을 정도로 이 세상과의 갈등을 견뎌낼 준비가 되어 있지 않으면, 너희는 나와 함께할 자격이 없다." 계속해서 39절 말씀입니다. "자기 목숨을 얻는 자는 잃을 것이요 나를 위하여 자기 목숨을 잃는 자는 얻으리라"(마 10:39). 예수님의 가르침의 핵심은, 여러분이 목숨을 잃는 것입니다. 이것은 인간 중심 신학이 아니라, 그리스도 중심 신학입니다. 여러분은 어떤 대가를 치르더라도 그리스도께 모든 것을 드릴 각오가 되어 있어야 합니다.

마가복음 10장은 예수님의 가르침에서 핵심이 되는 이 진리를 여실히 보여줍니다. 예수님은 마가복음 10장 21절에서 영생을 원하는 젊은 부자 관원과 대화를 나누고 계십니다. 17절에서 그 사람은 예수님께 어떻게 하면 영생을 얻을 수 있느냐고 여쭈었습니다. 예수님은 그에게 대답하시고, 그의 죄를 보게 하십니다. 그러나 그는 자기 죄를 인정하지 않고 자기 의도 포기하지 못합니다. 이보다 더 큰 죄는 없습니다. 예수님은 그에게 재산 문제를 지적하시지만, 그는 자기 돈을 포기할 마음이 없습니다. 영생을 얻으려면 스스로를 보잘것없는 죄인으로 인정하고 기꺼이 모든 소유를 포기할 각오가 되어 있어야 합니다. 하지만 그는 그렇게 할 수 없었습니다. 21절은 "예수께서 그를 보시고 사랑하사 이르시되 네게 아직도 한 가지 부족한 것이 있으니 가서 네게 있는 것을 다 팔아 가난한 자들에게 주라 그리하면 하늘에서 보화가 네게 있으리라 그리고 와서 나를 따르라 하시니"라고 말합니다. 예수님은 이렇게 말씀하셨습니다. "모든 것을 기꺼이 포기하겠다는 각오가 필요하구나. 내가 그렇게 하라고 요구하지 않을 수도 있지만, 나는 그렇게 하련다. 네가 치러야 할 대가는 바로 그 각오다."

"그 사람은 재물이 많은 고로 이 말씀으로 인하여 슬픈 기색을 띠고 근심하며 가니라"(막 10:22). 그는 예수님보다는 자기 돈과 재산을 챙기기로 했습니다. 그는 그분의 제자가 될 자격이 없었습니다. 여러분이 가족과 결별할 각오가 되어 있지 않다면, 이 세상과 결별할 각오가 되어 있지 않다면, 여러분의 소유와 결별할 각오가 되어 있지 않다면, 예수님은 여러분에게 그만큼의 가치가 없는 것입니다. 여러분은 반드시 둘 중에 하나를 선택해야 합니다.

다시 누가복음으로 돌아오면, 예수님은 9장 57-58절에서 제자가 되고 싶어 하는 사람들과 길을 가고 계셨습니다. 그때 어떤 사람이 예수님께 말합니다. "여짜오되 어디로 가시든지 나는 따르리이다"(눅 9:57). 그러자 예수님이 대답하셨습니다. "여우도 굴이 있고 공중의 새도 집이 있으되 인자는 머리 둘 곳이 없도다"(눅 9:58). 예수님의 말씀은 이런 뜻입니다. "우리는 리츠 칼튼 호텔로 가는 것이 아니다. 이 사실이 너희에게 부정적인 영향을 미치지 않길 바란다. 이 점만 알아둬라. 나는 내 머리 둘 곳도 없다. 너희가 나를 따르면, 모든 것을 잃을 것이다. 그것이 너희가 치러야 할 대가다." 예수님은 "아, 좋다. 너희가 나를 따르면 행복해질 것이다. 건강과 재산과 성공도 얻을 것이다"라고 말씀하시지 않았습니다.

"또 다른 사람에게 나를 따르라 하시니 그가 이르되 나로 먼저 가서 내 아버지를 장사하게 허락하옵소서"(눅 9:59). 이 말씀은 그 사람의 아버지가 아직 죽지도 않았음을 암시합니다. '가서 내 아버지를 장사한다'는 말이 무슨 뜻입니까? 장례식에 간다는 뜻입니까? 아닙니다. 유산을 받을 때까지 기다리겠다는 뜻입니다. 그는 방금 예수님이 자기를 따르더라도 아무 유익이 없다고 말씀하신 것을 들었습니다. 예수님에게서 기대할 것은 아무것도 없었습니다. 그래서 그는 집에서 아버지가 돌아가실 때까지 기다렸다가 유산을 한몫 챙긴 후에 예수님을 따르겠다고 한 것입니다. 이 사람도 그렇게 그냥 가 버렸습니다.

예수님은 자기 부인의 기준을 세우고 계십니다. 누가복음 14장에서 하시는 말씀도 내용은 똑같습니다. 14장 25절에 보면, 예수님 주변에 큰 무리가 있습니다.

> 예수께서 돌이키사 이르시되 무릇 내게 오는 자가 자기 부모와 처자와 형제와 자매와 더욱이 자기 목숨까지 미워하지 아니하면 능히 내 제자가 되지 못하고(눅 14:25-26).

제자가 되는 것은 자긍심의 문제가 아닙니다. 그것은 죄 문제이고 절박함의 문제입니다. 여러분의 가족이나 결혼생활에 심각한 대가를 요구 당할지라도, 그리스도가 죄와 죽음과 지옥에서 여러분을 건져 주신 구세주임을 인정하는 것이 바로 제자 된 삶입니다. 예수님은 27절에서 "누구든지 자기 십자가를 지고 나를 따르지 않는 자도 능히 내 제자가 되지 못하리라"고 말씀하십니다. 이보다 더 분명한 말씀은 없습니다.

누가복음 17장 33절에서 예수님은 "무릇 자기 목숨을 보전하고자 하는 자는 잃을 것이요 잃는 자는 살리리라"고 말씀하십니다. 여기서도 같은 원칙입니다. 여러분이 안간힘을 다해 여러분의 계획과 문제와 성공과 자긍심만 붙든다면, 다 잃을 것입니다.

사도 요한도 예수님의 이 핵심 가르침을 요한복음에서 빠뜨리지 않았습니다. 요한복음 12장 24절에서 예수님은 "내가 진실로 진실로 너희에게 이르노니 한 알의 밀이 땅에 떨어져 죽지 아니하면 한 알 그대로 있고 죽으면 많은 열매를 맺느니라"고 말씀하십니다. 여러분이 예수님을 따르면서 열매를 맺고자 한다면, 여러분의 생명을 반드시 대가로 치러야 할 것입니다. 예수님은 계속해서 말씀하십니다.

> 자기의 생명을 사랑하는 자는 잃어버릴 것이요 이 세상에서 자기의 생명을 미워하는 자는 영생하도록 보전하리라 사람이 나를 섬기려면 나를 따르라(요 12:25-26).

예수님이 걷고 계신 길은 박해와 죽음의 길이었습니다. 자, 여러분도 예수님을 따르기 원하십니까? 예수님을 따르려면 말 그대로 모든 것을 희생해야 합니다. 물론, 주님이 여러분의 목숨을 요구하지 않으실 수도 있습니다. 여러분의 재산을 가져가지 않으실 수도 있습니다. 여러분의 가족이나 배우자, 직업을 요구하시지 않을 수도 있습니다. 하지만 주님이 그것을 원하신다고 하시면, 기꺼이 포기할 수 있어야 합니다. 어떤 대가를 치르더라도 그리스도를 얻겠다는 절박함이 있어야 합니다.

이제 마태복음 16장으로 가 봅시다. 마가복음의 병행구절인 이 본문을 살펴보아야 전체 그림을 이해할 수 있습니다. 본격적인 가르침에 들어가기 전, 제자들이 시험을 치르고 있습니다. 문제는 딱 하나입니다. "이르시되 너희는 나를 누구라 하느냐"(마 16:15). 지난 두어 해 동안 예수님의 훈련과 계시, 기적과 이적, 가르침을 받은 제자들은 이제 제자학교의 최종 시험을 치를 때가 되었습니다. 그리고 그 질문은 "너희는 나를 누구라 하느냐"였습니다. 제자들은 정답을 말했습니다.

> 시몬 베드로가 대답하여 이르되 주는 그리스도시요 살아 계신 하나님의 아들이시니이다 예수께서 대답하여 이르시되 바요나 시몬아 네가 복이 있도다 이를 네게 알게 한 이는 혈육이 아니요 하늘에 계신 내 아버지시니라(마 16:16-17).

제자들은 하나님의 계시를 받아들였고 하나님이 그리스도를 통해 계시하신 것을 보았습니다. 그들은 정답을 알고 있었습니다. 이때가 제자훈련 과정의 절정입니다. 그들은 예수 그리스도에 대해 올바른 결론을 내렸는데, 이것은 구원에 꼭 필요한 안목입니다. 예수님은 하나님의 그리스도, 하나님의 메시아, 하나님의 아들, 하나님의 구세주이십니다. 그분은 구약 성경의 모든 약속을 성취하셨습니다. 그리고 그분이 스스로에 대해 주장하신 내용은 모두 진실입니다. 이것은 최고의 고백입니다. "이것을

[복음서를] 기록함은 너희로 예수께서 하나님의 아들 그리스도이 심을 믿게 하려 함이요 또 너희로 믿고 그 이름을 힘입어 생명을 얻게 하려 함이니라"(요 20:31). 그들은 예수님을 믿었고, 그 이름을 힘입어 생명을 얻었습니다. 이들의 고백은 매우 중대한 사건이었습니다.

예수님은 그들의 확신에 대한 반응으로 베드로에게 이렇게 말씀하십니다. "또 내가 네게 이르노니 너는 베드로라 내가 이 반석 위에 내 교회를 세우리니"(마 16:18). 이 말씀에는 대비가 나타납니다. "너는 베드로다. 너는 작은 바위지만, 내가 이 암반에 내 교회를 세울 것이다." 이것이 예수님의 정체성이고 교회의 기초입니다. 예수님은 "내가 이 반석 위에 내 교회를 세우리니 음부의 권세가 이기지 못하리라"(마 16:18)고 말씀하십니다. 음부의 권세는 죽음을 가리킵니다. 히브리서 2장 14절에 따르면, 사탄은 죽음의 세력을 소유하고 있습니다. 그는 세상에서 죽음의 권세를 휘두릅니다. 하지만 이러한 죽음의 세력도 주님이 교회를 세우시는 것을 막지 못합니다. 이 말씀에서 승리를 감지할 수 있습니다. 예수님의 말씀은 이런 뜻입니다. "너희가 정답을 맞혔다. 100점을 맞았구나. 내가 이 놀랍고 위대한 사실 위에 내 교회를 세울 것이다. 사탄이 쥔 죽음의 세력도 교회를 넘보지 못할 것이다."

그다음에 예수님은 이런 말씀을 덧붙이십니다. "내가 천국 열쇠를 네게 주리니"(마 16:19). 그들은 하나님 나라의 문을 열고 사람들을 들여보낼 것입니다. 여러분은 어떻게 천국에 들어갈 수 있습니까? 그 문을 여는 열쇠는 무엇입니까? 복음입니다. 그래서 그들은 예수님의 복음을 선포하는 자들이 된 것입니다.

> 네가 땅에서 무엇이든지 매면 하늘에서도 매일 것이요 네가 땅에서 무엇이든지 풀면 하늘에서도 풀리리라(마 16:19).

매임과 풀림은 옛날 랍비들이 사용하던 개념이었습니다. 랍비는 회개하지 않는 사람에게 이렇게 말하곤 했습니다. "당신은 죄에 매였습니다." 또 회개한 사람에게는 "하나님은 회개하는 사람을 용서하십니다. 그러니 당신은 죄에서 풀렸습니다"라고 말했습니다. 예수님은 사도들에게 이렇게 말씀하고 계십니다. "너희도 같은 일을 할 것이다. 너희는 복음으로 천국문을 열고, 회개하는 죄인들에게 그들이 죄에서 풀렸다고 말할 것이다. 너희는 나의 대리인이 되어, 사람들을 천국으로 데려올 것이다." 여러분은 제자들 사이에서 끓어오르는 열정을 느끼실 수 있을 겁니다. "바로 이거야. 이것이 바로 우리가 지난 몇 년간 고대해왔던 것이지. 그분은 메시아이셔. 그분이 교회를 세우시고, 아무것도 그분을 막지 못할 거야. 우리는 기존의 유대 종교가 아니라, 서기관과 대제사장들과 장로들이 아니라, 천국문을 열고 닫을 수 있는 권세를 가진 사람들이 될 거야. 천국에서 유력 인사가 되는 거지."

하지만 20절에는 놀라운 반전이 기다리고 있습니다. "이에 제자들에게 경고하사 자기가 그리스도인 것을 아무에게도 이르지 말라 하시니라"(마 16:20). 제자들은 이해할 수 없었습니다. 누구도 넘볼 수 없는 교회의 권세와 예수님의 신성을 깨닫고 느낀 전율과 흥분이 채 가시기도 전에, 예수님은 이 사실을 "아무에게도 말하지 말라"고 하십니다. 계속해서 21절 말씀입니다. "이때로부터 예수 그리스도께서 자기가 예루살렘에 올라가 장로들과 대제사장들과 서기관들에게 많은 고난을 받고 죽임을 당하고 제삼일에 살아나야 할 것을 제자들에게 비로소 나타내시니"(마 16:21). 그야말로 찬물을 확 끼얹는 말씀입니다! 예수님은 이렇게 말씀하고 계십니다. "내 나라를 지금 차지하는 것도, 내 영광에 지금 들어가는 것도 아니니, 아무에게도 말하지 말거라. 유대 지도자들이 나를 죽일 것이다."

제자들에게는 청천벽력 같은 소식이었을 겁니다. 제자들은 예수님이 메시아이시며, 그분이 죽음의 권세도 대적하지 못하는 교회를 세우실 것이고, 자기들이 이 엄청난 권세를 위임받았다는 사실에 잔뜩 흥분한 상태였습니다. 천국을 맛볼 수 있다니! 그들은 영광이 다가오는 것을 느낄 수 있었습니다. 제자들이 세키나(Shekinah, 하나님의 임재)의 열기를 느낄 정도였다고 해도 과언이 아닙니다. 건강, 재물, 번영이 손에 잡힐 듯했습니다. 예수님은 배교한 유대 지도자들을 멸망시키고, 제자들을 이스라엘의 새로운 지도자로 삼으실 것입니다. 로마 압제자들과 이교도들을 멸망시키실 것입니다. 모든 질병을 고치시고, 일용할 양식을 주실 것입니다. 제자들이 지금껏 고대해 온 그 영광스러운 순간이 눈앞에 다가온 것이었습니다. 그런데 예수님은 "아무것도 말하지 말하라. 내가 먼저 죽어야 한다"고 말씀하십니다.

계속해서 22절을 봅시다. "베드로가 예수를 붙들고 항변하여 이르되 주여 그리 마옵소서 이 일이 결코 주께 미치지 아니하리이다"(마 16:22). 누가 다혈질 아니랄까 봐, 베드로가 살아 계신 하나님의 아들을 꾸짖습니다. 베드로의 입에서 자기도 모르게 이런 말이 쏟아져 나왔습니다. "저 좀 보세요. 긴히 드릴 말씀이 있습니다. 제가 정리를 해드릴게요. 그런 일은 없을 겁니다. 예수님은 죽지 않으실 거예요. 원래 계획이 그게 아니니까요." 이에 예수님이 말씀하십니다. "예수께서 돌이키시며 베드로에게 이르시되 사탄아 내 뒤로 물러가라 너는 나를 넘어지게 하는 자로다 네가 하나님의 일을 생각하지 아니하고 도리어 사람의 일을 생각하는도다 하시고"(마 16:23). 베드로는 인간 중심적인 생각을 하고 있었습니다. 요즘 전도자들의 구호가 이렇지 않을까요? "하나님의 관심사가 아니라 인간의 관심사에 집중하십시오." 예수님이 베드로를 꾸짖으신 말씀은 요즘 전도자들에게도 꼭 필요한 말씀이 아닐까 싶습니다. "너는 네 생각만 하고, 네가 원하는 것만 생각하는구나. 권력과 영광만 바라보는구나. 면류관과 보상과 권세만 바라보는구나. 너는 그것을 얻지 못할 것이다. 높아지려면 낮아져야 한다. 십자가 없이는 면류관을 얻지 못할 것이다."

23절에서 예수님은 제자들과 사도들을 포함하여 거기 모인 사람들에게 원칙을 가르쳐 주십니다. "누구든지 나를 따라오려거든 자기를 부인하고 자기 십자가를 지고 나를 따를 것이니라"(마 16:23).

이 말씀은 우리를 다시 누가복음 9장으로 인도합니다. 사도들에게는 어마어마한 충격이 아닐 수 없었습니다. 예수가 메시아라는 놀라운 고백을 했는데, 돌아온 것이라고는 아무에게도 말하지 말라는 당부와 그분이 곧 죽으신다는 말씀이었으니까요. 그러고는 누가복음 9장 23절을 덧붙이십니다. "아무든지 나를 따라오려거든 자기를 부인하고 날마다 제 십자가를 지고 나를 따를 것이니라"(눅 9:23). 이 말씀으로 예수님은 제자도의 역설이라는 포문을 여셨습니다.

23절에 나오는 원칙을 한번 살펴봅시다. 원칙이 뭔지 찾기는 어렵지 않습니다. 내용도 매우 간단합니다. 그리스도를 따르고 싶으면, 그리스도인이 되고 싶으면, 자기를 부인하고 십자가를 지고 그분을 따라야 합니다. 요즘 유행하는 복음에서 이런 메시지를 들을 수 있던가요? 아니, 이런 이야기를 들어 보기는 하셨습니까? 텔레비전에 나오는 전도자나 목사에게서 이런 메시지를 들어보신 적 있으십니까? 많은 무리 가운데서 이렇게 말하는 사람을 본 적 있으십니까? "그리스도인이 되고 싶은 사람은 자기를 죽여야 합니다. 여러분이 바라고 기대하는 모든 것에서 스스로를 부인해야 합니다. 예수 그리스도께 기꺼이 목숨을 드리고, 그분께 굴복해야 합니다." 이런 메시지는 인기가 없습니다. 마케팅 방법으로는 효과가 꽝입니다. 하지만 이것이 진리입니다. 여러분은 어떤 것을 원하십니까? 사람들을 인위적으로 믿게 하기 원하십니까? 그런 방법이 인기는 많습니다. 실제로는 구원받지 못한 사람들에게 구원받았다는 환상을 심어 주는 것입니다. 주님이 오시면 그들은 "주여, 주여" 하고 말할 것입니다. 하지만 예수님은 이렇게 대답하시겠죠. "내가 너희를 도무지 알지 못하니 불법을 행하는 자들아 내게서 떠나가라"(마 7:23).

복음은 복음다워야 합니다. 원칙은 이렇습니다. 그리스도를 따르기 원한다면, 그날로 나는 없어집니다. 나는 더 이상 존재하지 않습니다. 바울은 그것을 이렇게 표현했습니다. "이는 내게 사는 것이 그리스도니 죽는 것도 유익함이라"(빌 1:21). "나는 비천에 처할 줄도 알고 풍부에 처할 줄도 알아"(빌 4:12). "우리가 살아도 주를 위하여 살고 죽어도 주를 위하여 죽나니 그러므로 사나 죽으나 우리가 주의 것이로다"(롬 14:8). 사람들은 영광을 원합니다. 건강을 원합니다. 재물을 원합니다. 행복을 원합니다. 자신의 모든 필요가 채워지기를 원합니다. 고통 없는 삶을 원합니다. 십자가 없이 면류관만을 원합니다. 수고하지 않고 원하는 것을 손에 넣기 원합니다. 사람들의 생각은 하나님의 생각과 다릅니다. 히브리서 2장 10절에 따르면, 우리의 구세주는 고난을 통하여 온전해지셨습니다. 하나님이 우리를 고난의 도가니로 인도하실 때 우리는 성숙해집니다. 우리는 자신의 모든 희망, 야망, 욕망, 바람, 인간적인 필요를 죽여야 합니다. 그것이 우리가 가장 먼저 겪어야 할 고난입니다.

그리스도인이 되고 싶으십니까? 그 길은 결코 쉽지 않습니다. 사람들이 하는 말을 들어 보면 쉬울 것 같았습니다. 짧은 기도 하나만 따라하면 그리스도인이 되는 줄 알았습니다. 하지만 그리스도인이 되는 것은 그렇게 간단하지 않습니다.

산상수훈의 일부분인 마태복음 7장 13절에는 익숙한 구절이 등장합니다. "좁은 문으로 들어가라"(마 7:13). 그리스도인이 되려면, 가장 먼저 좁은 문으로 들어가야 합니다. 여기서 '좁은'이란 단어는 제약을 뜻합니다. 아무것도 들고 갈 수 없습니다. 맨몸으로 그 문을 통과해야 합니다. 반대로, "멸망으로 인도하는 문은 크고 그 길이 넓다"고 말합니다(마 7:13). 넓은 문으로는 얼마든지 짐을 들고 갈 수 있습니다. 자기에게 필요한 것은 물론, 자긍심과 모든 욕망, 자기만족도 가져갈 수 있습니다. 하지만 그 길로는 천국에 갈 수 없습니다. 천국행이라고 쓰여 있지만, 지옥으로 향하는 길입니다. 그런데 많은 사람들이 그 길로 갑니다. "생명으로 인도하는 문은 좁고 길이 협착하여 찾는 자가 적음이라"(마 7:14). 문이 좁아 찾기가 어렵습니다. 특히 오늘날에는 더더욱 찾기가 어렵습니다. 여러 교회를 전전해도, 좁은 문을 찾기는 쉽지 않습니다.

누가복음 13장 23절에는 똑같은 가르침이 더 자세히 나옵니다. 예수님이 각 성 각 마을로 다니시는 길에 예루살렘에 들르셨습니다. 어떤 사람이 여쭈었습니다. "주여 구원을 받는 자가 적으니이까"(눅 13:23). 이 사람의 질문에는 예수님의 가르침이 고스란히 담겨 있었습니다. 구원이 그렇게도 좁은 문이라서 찾기 어렵다면, 구원받을 수 있는 사람도 당연히 소수이지 않겠습니까. 예수님이 거기 모인 사람들에게 말씀하셨습니다. "좁은 문으로 들어가기를 힘쓰라 내가 너희에게 이르노니 들어가기를 구하여도 못하는 자가 많으리라"(눅 13:24). 왜 좁은 문은 이렇게 찾기도 어렵고 들어가기도 힘듭니까? 자기를 부인하기가 그만큼 어렵기 때문입니다.

　타락한 인간의 마음속에는 자신이 자기 영혼의 주인이요, 자기 믿음의 대장이요, 자기 세계의 군주요, 자기 인생의 왕이라는 생각이 굳게 자리하고 있습니다. 자기를 죽이고 부인하라는 말씀은 인간이 받아들이기 힘든 요구 사항입니다. 이 부분만 쏙 빼고 복음을 전하면, 지옥을 탈출해 천국에 가고 싶은 사람들이 구름떼처럼 몰려올 겁니다. 하지만 전적인 자기 부인을 요청하는 진짜 복음을 전하면, 즉 당신에게는 가치 있거나 칭찬할 만한 것이 아무것도 없다고 이야기하면, 사람들의 반응은 완전히 다를 것입니다. 그리스도를 위해, 여러분의 모든 것, 여러분의 희망과 꿈과 야망을 기꺼이 죽이는 것은 결코 쉽지 않은 일입니다. 우선은 그런 진리를 찾아보기가 어렵고, 설령 그 진리를 찾았다 할지라도, 그 진리에 순복하기란 더더욱 어려운 일입니다. 인간은 자기를 숭배하는 존재이기 때문입니다. 자신이 곧 하나님이기 때문입니다.

　우리는 사람들에게 이렇게 말해야 합니다. "자존감을 높이기 위해 그리스도께 나아오지 마십시오. 예수님은 여러분의 세속적이고 인간적인 필요를 채워 주시는 분이 아닙니다." 그분이 여러분의 입에서 기대하는 말씀은 이런 것입니다. "저는 그리스도를 위해 제 모든 필요를 기꺼이 포기할 것입니다."

　누가복음 14장 28-30절을 보십시오.

　　너희 중의 누가 망대를 세우고자 할진대 자기의 가진 것이 준공하기까지에 족할는지 먼저 앉아 그 비용을 계산하지 아니하겠느냐 그렇게 아니하여 그 기초만 쌓고 능히 이루지 못하면 보는 자가 다 비웃어 이르되 이 사람이 공사를 시작하고 능히 이루지 못하였다 하리라 (눅 14:28-30).

그리스도께 나아오려는 사람은 비용을 계산해 보아야 합니다. 그것도, 그리스도께 나오기 전에 말입니다. 여러분은 치러야 할 대가가 있다는 사실을 알고 계십니까? 그 대가는 이렇습니다. 필요하다면, 여러분의 아버지와 어머니를 미워하고, 여러분의 목숨까지 미워하면서, 십자가를 져야 합니다. 이것이 바로 그 대가입니다. 여러분이 그리스도를 내팽개치면서까지 꼭 붙들 정도로 소중한 것은 이 세상에 아무것도 없습니다.

예수님은 이어서 이렇게 말씀하십니다.

또 어떤 임금이 다른 임금과 싸우러 갈 때에 먼저 앉아 일만 명으로써 저 이만 명을 거느리고 오는 자를 대적할 수 있을까 헤아리지 아니하겠느냐 만일 못할 터이면 그가 아직 멀리 있을 때에 사신을 보내어 화친을 청할지니라(눅 14:31-32).

적을 정복할 능력이 없으면 화친을 청하거나, 그렇지 않으면 전쟁을 이길 만한 병력을 갖추어야 합니다. 다시 말해, 예수님의 말씀은 이런 뜻입니다. "이 정도 대가를 받아들이지 않은 사람은 내게 오지 말라." 그 대가란 바로 자기를 십자가에 못 박는 자기 부인과 자기 복종입니다.

예수님은 33절에서 요점을 정리해서 "이와 같이 너희 중의 누구든지 자기의 모든 소유를 버리지 아니하면 능히 내 제자가 되지 못하리라"고 말씀해 주십니다. 여러분은 모든 것을 포기할 각오가 되어 있어야 합니다. 재산을 모두 포기한다고 해서 구원 받을 수 있는 것은 아니지만, 그렇게 할 각오는 되어 있어야 합니다. 그리스도를 따른다는 것은 그 정도의 헌신을 가리킵니다. 여러분은 세속적인 바람을 모두 부인해야 하고, 살 권리도 포기해야 합니다. 필요하다면 여러분의 생명까지 예수 그리스도를 위해 바쳐야 합니다. 여러분은 그분의 뜻에 복종하고, 그분이 가라는 곳은 어디든 가야 합니다.

마태복음 13장 44-46절에서 예수님은 의미심장한 비유를 두 가지 말씀하십니다. 밭에서 보화를 발견한 사람이 있었습니다. 그는 보화의 가치를 알아보고, 소유를 다 팔아 그 밭을 샀습니다. 다음으로는, 값진 진주를 발견한 사람이 나옵니다. 그는 그 진주를 얻기 위해 자기 소유를 다 팔았습니다. 모든 것을 파는 것이 구원의 본질입니다. 여러분은 모든 것을 포기할 각오가 되어 있어야 합니다. 자기를 부인하고, 살아서는 순종하고, 필요하다면 생명까지 드릴 수 있어야 합니다. 이것이 복음이 주는 메시지입니다. 그러므로 여러분은 복음을 전할 때 이 부분을 빠뜨려서는 안 됩니다.

이렇게 말씀하는 분들이 있을 겁니다. "사람들이 받아들이지 않을 텐데요." 맞습니다. 하나님의 영이 그 사람의 마음을 움직이시지 않으면, 사람들은 반응하지 않을 것입니다. 성령님은 사람들을 회심시키고, 죽은 마음을 일깨우며, 믿음의 불꽃을 일으키십니다. 하지만 이런 성령님의 역사와 맞물려 진정한 구원을 가져올 수 있는 것은 복음뿐입니다. 복음을 여러분 입맛에 맞게 꾸며내지 마십시오. 오늘날 그런 일들이 벌어지고 있습니다. 예수님을 따르기 원하는 사람은 예수님을 믿어야 합니다. 그분을 그리스도요 살아 계신 하나님의 아들로, 주와 구세주로 고백해야 합니다. 또 그분을 따르고 그분의 명령에 온전히 순종하려면, 여러분의 가정과 결혼생활, 세상과의 관계, 자신의 야망에 균열이 생길 각오가 되어 있어야 합니다. 예수님은 말씀하셨습니다. "나더러 주여 주여 하는 자마다 다 천국에 들어갈 것이 아니요 다만 하늘에 계신 내 아버지의 뜻대로 행하는 자라야 들어가리라"(마 7:21).

 이것이 복음입니다. 복음은 자기 부인의 메시지입니다. 자기 희생과 자기 복종의 메시지입니다. 자기를 부인하고, 날마다 자기 십자가를 지고, 그리스도의 뜻을 좇는 것입니다. 그분의 명령이라면 무엇이든 따르는 것입니다. 복음을 전한다면서 이보다 못한 것을 이야기한다면, 사람들을 속이는 것입니다. "하지만 사람들이 반응하지 않으면 어떡합니까?" 사람들의 반응은 중요하지 않습니다. 결정은 하나님이 하십니다. 여러분의 책임은 순수한 복음을 제대로 전하는 것입니다.

12 네 형제가 죄를 범하거든

마태복음 18:15-20

2008. 1. 6.

존 맥아더는 1970년대부터 마태복음 18장으로 교회의 징계에 대해 여러 차례 설교했다. 하지만 교회에 죄가 있을 때 어떻게 해야 하는지 예수님이 가르치신 이 본문만을 다룬 설교는 이번이 처음이었다. 이 주는 새해 첫 주일이라서 아직 휴가 중인 성도들이 많았다. 존은 연말연시로 출타한 성도들이 당시 진행 중이던 누가복음 설교 시리즈를 놓치지 않도록 이 본문을 택했다. 그렇지만 그레이스 커뮤니티 교회에 나온 지 얼마 되지 않는 성도들은 아마 마태복음 18장 15-20절을 본문으로 한 설교를 처음 듣다시피 했을 것이다.
이 전주에는 역사상 최초로 배럴당 석유 값이 100달러를 넘어서기도 했다.

저는 20대 후반에 그레이스 커뮤니티 교회에 처음 부임했습니다. 그레이스 커뮤니티 교회는 그때나 지금이나 왕성한 교회입니다. 성도들은 힘이 넘쳤고, 그리스도께 온전히 헌신했으며, 하나님이 앞으로 하실 일을 기대했습니다. 그야말로 하나님의 축복을 온전히 누리던 교회였습니다. 우리는 미래에 이루어질 일을 간절히 고대하면서, 멋진 모험을 시작할 준비가 되어 있었습니다.

제가 교회 부임 요청을 처음 받았을 때, 사람들은 그 결정이 어떤 결과를 가져올지 예측하지 못했던 것이 확실합니다. 돌이켜 보면, 우리는 하나님의 손이 놀랍게 역사하신 것을 목격할 수 있습니다. 이 교회의 열정과 소망은 복음을 들은 사람들이 그리스도께 나아오는 모습을 보는 것에 있었습니다. 우리 교회는 한마음으로 이 일에 헌신했습니다. 이런 헌신을 기반으로 교회의 성장을 기대했습니다. 우리는 이 교회가 이렇게 성장할 줄은 꿈에도 몰랐습니다. 하지만 저는 처음부터 교회 부흥에는 관심이 없었습니다. 사람 수를 늘리는 데는 관심이 없었습니다. '어떻게 하면 빈자리를 채울 수 있을까? 어떻게 하면 사람들을 끌어 모을 수 있을까? 어떻게 하면 우리 교회가 사람들에게 잘 보일 수 있을까?' 이런 것들은 고민하지 않았습니다.

처음 부임했을 때 제게는 딱 한 가지 생각뿐이었습니다. 당시, 마태복음 18장이 제 마음을 사로잡고 있었습니다. 저는 1969년 이 교회에 부임하기 전부터 마태복음 18장 15-20절을 붙잡고 씨름했습니다. 이 본문을 읽는 것만으로도, 왜 이 본문이 젊은 목회자 시절 제게 그토록 중요하게 다가왔는지 이해하실 수 있을 겁니다. 본문은 이렇게 시작합니다.

> 네 형제가 죄를 범하거든 가서 너와 그 사람과만 상대하여 권고하라 만일 들으면 네가 네 형제를 얻은 것이요 만일 듣지 않거든 한두 사람을 데리고 가서 두세 증인의 입으로 말마다 확증하게 하라 만일 그들의 말도 듣지 않거든 교회에 말하고 교회의 말도 듣지 않거든 이방인과 세리와 같이 여기라 진실로 너희에게 이르노니 무엇이든지 너희가 땅에서 매면 하늘에서도 매일 것이요 무엇이든지 땅에서 풀면 하늘에

서도 풀리리라 진실로 다시 너희에게 이르노니 너희 중의 두 사람이 땅에서 합심하여 무엇이든지 구하면 하늘에 계신 내 아버지께서 그들을 위하여 이루게 하시리라 두세 사람이 내 이름으로 모인 곳에는 나도 그들 중에 있느니라(마 18:15-20).

저는 이 본문이 매우 어렵게 느껴졌습니다. 평생 그런 교회를 경험해 본 적도 없고, 그렇게 한다는 교회를 들어 본 적도 없었기 때문입니다. 저는 사람들이 자신의 죄를 직면하게 하고, 증인을 두세 사람 데려가 만나고, 죄를 짓고도 회개하지 않는 교인을 전체 교회에 알리는 교회 지도자들을 만나 본 적이 없었습니다. 이 본문 중에 제게 익숙한 구절은 "두세 사람이 내 이름으로 모인 곳에는 나도 그들 중에 있느니라"는 말씀뿐이었습니다. 기도 모임에 참석한 사람이 두세 명뿐일지라도 하나님이 그곳에 함께하신다는 이 구절은 사람들에게 인기가 많았습니다. 대부분의 교회에서 이 구절을 그렇게 해석했습니다.

이 본문에 부합한 교회를 본 적이 없었기에, 저는 이 말씀을 오랫동안 곱씹어 보았습니다. 이 주제와 관련된 책도 여러 권 읽고, 이 본문을 설명한 주석가와 신학자도 여럿 살펴보았습니다. 하지만 이 구절을 실제로 적용한 사람은 찾아볼 수 없었습니다.

순진했던 목회 초년병 시절, 저는 다른 목사님들께 이 본문을 적용하거나 실천에 옮긴 적이 있는지, 또는 그런 분을 알고 있는지 여쭈어 보았습니다. 하지만 돌아오는 대답은 늘 똑같았습니다. 그런 사람은 없다는 것이었습니다. 이대로 실천한 사람을 안다는 목회자도 없었습니다. 제가 말했습니다. "하지만 이 말씀은 교회에 주시는 첫 교훈입니다. 마태복음 18장에서 '교회'라는 단어가 처음 등장한 곳이 여기입니다. 교회는 교인들의 죄를 다루어야 한다는 것, 이것이 우리 주님이 교회에 가장 관심을 갖고 계신 부분이란 말씀입니다. 주님이 교회에 주신 첫 명령이 이 말씀이라면, 이 말씀이 맨 마지막이 아니라 맨 앞부분에 나온다면, 최우선 순위여야 하지 않습니까? 어떻게 말씀을 읽고 깨닫고도 실천에 옮기지 않을 수 있습니까?"

저보다 나이도 많고 경험이 풍부한 어느 선배 목사님은 제가 교회에서 이 말씀을 실행에 옮기려 한다면, 이 본문 말씀대로 교회를 인도한다면, 교인들은 교회를 떠날 거라고 말씀하셨습니다. 성도들이 못 견딘다는 것입니다. 이렇게 말씀하시더군요. "죄를 지은 성도에게 가서 그의 죄를 지적해 주면, 그 사람이 과연 교회에 남아 있겠습니까? 몇몇 성도가 함께 죄 지은 성도를 찾아가면, 다른 성도들이 겁먹지 않겠습니까? 설마, 목사님이 한 성도의 죄를 온 회중에게 알렸는데 그 성도가 그다음 주에도 태연히 교회에 나오리라고 믿으시는 건 아니겠지요? 그러시면 안 됩니다. 교회의 부흥을 원한다면, 절대로 그러시면 안 됩니다."

이분들 말씀을 듣고 있자니 사도행전 5장이 떠올랐습니다. 아나니아와 그의 아내 삽비라 이야기입니다. 부부는 초대교회 성도였는데, 재산을 팔고는 아내와 공모하여 판값의 일부를 감추었습니다. 아나니아는 굳이 재산을 팔 필요가 없었지만, 자기 재산을 마음대로 처분할 자유가 있었기에 그렇게 했습니다(행

5:1-2). 또 판값 중에 얼마가 됐든 자신을 위해 남겨 둘 자유도 있었습니다. 하나님은 재산을 팔라고 하신 적도 없고, 재산을 팔아 얻은 돈을 교회에 전부 내야 한다고 하신 적도 없습니다.

2절에 "얼마만 가져다가 사도들의 발 앞에 두니"라는 말씀이 나옵니다. 그런데 베드로가 아나니아에게 이렇게 말했습니다.

> 아나니아야 어찌하여 사탄이 네 마음에 가득하여 네가 성령을 속이고 땅 값 얼마를 감추었느냐 땅이 그대로 있을 때에는 네 땅이 아니며 판 후에도 네 마음대로 할 수가 없더냐 어찌하여 이 일을 네 마음에 두었느냐 사람에게 거짓말한 것이 아니요 하나님께로다(행 5:3-4).

아나니아가 무슨 거짓말을 했습니까? 아나니아는 이렇게 말했을 겁니다. "주님께 모두 바칩니다. 땅 판 돈 전부를 바칩니다. 저는 제 돈 전부를 복음 사역을 위해 사도들의 발 앞에 내놓습니다."

아나니아는 굳이 땅을 팔지 않아도 됐습니다. 판 돈 전부를 바칠 필요도 없었습니다. 물론, 거짓말을 할 필요도 없었습니다. 그런데 그는 사람이 아니라 하나님께 거짓말을 했습니다. "아나니아가 이 말을 듣고 엎드러져 혼이 떠나니"(행 5:5). 그는 온 교회가 보는 앞에서 급사했습니다. 누가 그를 죽였습니까? 하나님이셨습니다. "이 일을 듣는 사람이 다 크게 두려워하더라"(행 5:5). 이런 일이 생기면 사람들은 교회를 떠납니다. "그 교회 가지 마, 다쳐." 인민사원의 교주 짐 존스(Jim Jones)가 그의 추종자들을 죽음으로 몰아갔던 것처럼 말입니다. 여러분이라면 사람들이 죽어 나가는 집단은 가능한 멀리하고 싶을 것입니다. 이어서 6절 말씀입니다. "젊은 사람들이 일어나 시신을 싸서 메고 나가 장사하니라"(행 5:6). 유대인들은 시신에 별다른 처리를 하지 않았기 때문에, 사람이 죽으면 그냥 묻었습니다. "세 시간쯤 지나 그의 아내가 그 일어난 일을 알지 못하고 들어오니"(행 5:7). 이 구절에는 눈여겨볼 만한 흥미로운 점이 몇 군데 있습니다.

첫째, 세 시간 동안 교회에는 별 탈이 없었습니다. 놀라운 일 아닙니까? 저도 성경 시대에 목회를 했으면 좋았을 것 같습니다. 둘째로, 아나니아의 아내가 세 시간 늦게 나타납니다. 삽비라가 왔을 때는 이미 사람들이 남편의 시신을 들고 나간 후였습니다. 베드로가 물었습니다. "그 땅 판 값이 이것뿐이냐 내게 말하라 하니 이르되 예 이것뿐이라 하더라(행 5:8). 땅 판값은 그보다 훨씬 많았습니다. 나머지를 감추고 있었을 뿐입니다.

> 베드로가 이르되 너희가 어찌 함께 꾀하여 주의 영을 시험하려 하느냐 보라 네 남편을 장사하고 오는 사람들의 발이 문 앞에 이르렀으니 또 너를 메어 내가리라 하니 곧 그가 베드로의 발 앞에 엎드러져 혼이 떠나는지라 젊은 사람들이 들어와 죽은 것을 보고 메어다가 그의 남편 곁에 장사하니 온 교회와 이 일을 듣는 사람들이 다 크게 두려워하니라(행 5:9-11).

주님은 무슨 일을 하고 계십니까? 교회가 성장하는 것을 막으려 하시는 겁니까? 마태복음 18장에서 교회에 맨 처음 주시는 말씀이 하필이면 왜 이 말씀일까요? 친절하고 편안한 분위기를 조성해서 사람들이 찾고 싶게 만들라는 말씀은 왜 아닌 걸까요? 예루살렘 첫 교회에 처음으로 발생한 사건이 두 성도의 죽음인 까닭은 무엇이겠습니까? 왜 주님은 자기에게 거짓말한 두 사람을 전 교회 앞에서 즉사시켜 다른 사람들에게 본을 보이셨던 걸까요? 제가 보기에, 이런 행동은 사람들을 환영하고 따뜻하게 맞아들이는 것과는 거리가 멉니다. 저는 이런 모순을 해결해 보려고 애썼습니다. 그런데 이어지는 사도행전 5장 13절에 매우 중요한 구절이 나옵니다. "그 나머지는 감히 그들[사도들]과 상종하는 사람이 없으나 백성이 칭송하더라"(행 5:13).

교회의 목적 중 한 가지는, 외부 사람들이 제 발로 들어오기 꺼릴 정도로 교인들이 한 점 흠 없이 거룩해지는 데 힘쓰는 것입니다. 하지만 오늘날 우리 사회와 소위 복음주의권에서는 이런 개념이 오히려 역전되고 말았습니다. 교회의 본래 목적은, 거룩함과 순결과 덕과 의에 깊이 헌신하여 그 헌신을 겉으로 똑똑히 드러내는 것입니다. 그러면 그런 것에 관심 없는 사람들은 교회에 발을 들이지도 않을 것입니다. 그런데 요즘 교회들은 정반대입니다. 의와 거룩함과 덕에 힘쓰는 모습을 감춰서, 우리가 이 세상에서 가장 사랑과 인정이 넘치는 열린 사람들이라고 생각하게 만듭니다.

이렇게 말하는 분들이 있겠지요. "아니, 그러면 어떻게 교회가 성장할 수 있습니까?" 14절을 봅시다. "믿고 주께로 나아오는 자가 더 많으니 남녀의 큰 무리더라"(행 5:14). 교회의 성장을 원하십니까? 이게 바로 전략이자 계획입니다. 누구나 14절에 나오는 교회를 원합니다. 그렇지 않습니까? 이 교회야말로 현대 복음주의 운동이 따라야 할 본보기 교회가 아니겠습니까? 이 구절이 그들을 가리키는 말씀이 되어야 마땅합니다. 어떻게 하면 이런 교회가 될 수 있습니까? 말과 행동으로 거룩함을 나타내십시오. 하나님의 말씀에 철저히 순종하고 의로움을 드러내어, 아무도 제 발로는 교회에 들어서지 못하게 하십시오. 하나님이 불의한 사람 몇을 제단에서 죽이게 하십시오. 그러면 주님이 교인을 날마다 더하여 주실 것입니다. 이것이 합법적인 교회 부흥입니다.

사도행전 2장 47절은 "주께서 구원받는 사람을 날마다 더하게 하시니라"고 말합니다. 교회는 구원받은 사람들의 모임입니다. 구원받지 않은 사람들을 수용하는 곳이 아닙니다. 교회는 구원받지 않은 사람이라면 가장 피하고 싶은 곳입니다. 구원받지 않은 사람들이 환영받고 편안하게 느끼는 곳이 아니라는 말씀입니다.

설교를 준비하면서 만감이 교차했습니다. 저는 이런 이야기를 할 생각이 전혀 없었습니다. 하지만 1969년 처음 이 교회에 부임했을 때 제 마음이 그런 상태였습니다. 여기에 많은 문제가 걸려 있었습니다. 저는 아내와 아이들과 함께 이 교회에 왔습니다. 우리는 사랑받기 원했습니다. 사람들에게 인정받기 원했습니다. 사역이 활발해지기 원했습니다. 하나님을 영광스럽게 하기 원했습니다. 실패하고 싶지 않았습니다. 더 많은 사람들이 주님께 나아와 하나님의 말씀을 듣고 구원받기 원했습니다. 하나님 나라의 확장과 복음의 진보를 보고 싶었습니다.

하지만 그때에도 저는 알고 있었습니다. 교회를 세우는 분은 주님이란 사실을 말입니다. 사역 초기에 기자에게서 이런 질문을 받은 적이 있습니다. "이 교회를 일으켜 세워야겠다는 간절한 열망이 있으십니까?" 제가 부임하고 얼마 되지 않아 그레이스 커뮤니티 교회가 급속도로 성장하자, 이런 질문을 던진 것 같습니다. 첫 두 해 동안 성도가 배가되었고, 그다음 두 해 동안 또 성도가 배가되었습니다. 저는 기자에게 이렇게 답했습니다. "사실, 교회를 일으켜 세워야겠다는 열망 같은 건 없습니다. 예수님이 교회를 세우겠다고 말씀하셨는데, 그분과 경쟁하고 싶은 마음은 없거든요." 이 교회는 제 교회가 아니라, 주님의 교회입니다. 저는 주님이 어떻게 그분의 교회를 세워 가시는지 알고 싶을 뿐입니다. 주님이 그분의 사역을 하시는 도구로 저를 사용하실 때 그분이 명령하신 대로 따를 뿐입니다. 제가 보기에는 교회에서 거룩함이라는 문제를 다룰 때는 가장 먼저 죄를 해결해야 합니다.

처음 이곳에 와서 장로님들과 만났던 때가 기억납니다. 장로님들은 교회에서 결혼예식을 하는 문제를 제게 상의했습니다. 교회에서 여러 중직을 맡고 있던 유력 가문의 따님이 결혼하는데, 상대는 나이도 많고 이혼 경력도 있는 믿지 않는 남자였습니다. 제가 "저는 믿는 사람과 믿지 않는 사람을 주례할 수 없습니다"라고 했더니, "그러면 그분들이 기분이 상할 텐데요"라는 답이 돌아왔습니다. "그렇다면 유감입니다만, 저는 교회의 주인이신 분의 기분을 상하게 해드리고 싶지 않습니다. 그래서 안 되겠습니다." 그러자 장로님 중 한 분이 이렇게 말씀하셨습니다. "좋습니다. 그 점은 충분히 이해합니다. 목사님의 확신이 그렇다면야 어쩔 수 없죠. 그러면 이렇게 하십시다. 결혼은 여기서 하되, 주례는 다른 분을 모시면 어떨까요? 그러면 그 가족들도 이해할 겁니다." 다시 한 번 말씀드리지만, 제가 이 교회에서 처음 가진 모임이었습니다. 제 대답을 한번 보십시오. "이 교회가 장로님 교회입니까? 제 교회는 아닌데, 혹시 장로님 교회입니까? 도대체 이 교회는 누구 교회죠?" 조금 전 대답했던 분이 "이 교회는 주님의 교회입니다"라고 말했습니다. "우리는 주님의 교회에서 그분이 원하시는 일을 해야 합니다. 저는 주례도 설 수 없고, 장소도 빌려 드릴 수 없습니다. 신자와 불신자가 결혼하는 것은 잘못이기 때문입니다. 성경도 분명히 그렇게 가르칩니다. 이 교회가 그리스도의 교회이고, 그리스도께 영광을 돌리려면, 그리스도가 그분의 방식으로 그분의 교회를 세우셔야 합니다. 그러면 우리는 그분 말씀에 온전히 순종하기만 하면 됩니다."

이 사건은 매우 중요한 계기가 되었습니다. 이후로 얼마 되지 않아, 우리는 마태복음 18장에 나오는 교회 내의 징계 문제를 논의하기 시작했습니다. 저는 주변에서 수많은 경고와 충고를 받았습니다. 그렇게 하면 이 교회에서만 쫓겨나는 게 아니라, 앞으로 무슨 사역을 하든 영향을 받게 된다는 말씀들이었습니다. 제 확신을 따라 사역했다가 교회를 망치면, 앞으로는 아무도 저를 상종하지 않을 것이라고 했습니다. 왕따 목사가 되는 것이죠.

하지만 저는 죄를 짓지 말라고 설교하면서, 이토록 분명한 말씀을 어떻게 실천하지 않을 수 있는지 의아할 따름이었습니다. 설교 내용과는 정반대로 행동하면서, 죄의 심각성을 어떻게 사람들에게 납득시킬 수 있는지 알다가도 모를 일이었습니다. 여러분은 죄가 심각하다는 사실을 사람들에게 납득시키기 위해 애쓸 수 있습니다. 구체적인 예를 들어 줄 수도 있습니다. 죄를 보고 분개할 수도 있습니다. 성경을 훑으면서 하나님이 죄를 어떻게 생각하시는지 알려줄 수 있습니다. 하지만 교회에서 성경이 가르치는 대로 실천하지 않는다면, 사람들이 어떻게 여러분의 말을 믿을 수 있겠습니까?

성경이 분명히 진리를 말하는데도 그 말씀대로 살기를 꺼린다면, 우리의 진정성에 심각한 문제가 발생합니다. 이것은 성경 말씀을 내 마음대로 취사선택하는 행위입니다. 그러니 이 성경의 진리에 헌신하지 않고 나아갈 수 있는 여지는 없었습니다. 저는 아마도 우리 할아버지와 아버지, 신학교 멘토들, 무엇보다도 마음속에 계신 성령님의 영향으로 늘 말씀에 헌신하며 살아 온 것을 주님께 감사했습니다. 저는 성경이 사실이라고 믿을 뿐 아니라, 성경을 적용해야 한다고 믿으며 살아 왔습니다. 그것만이 유일한 삶의 방식이기 때문입니다. 그것만이 즐겁고 생산적인 그리스도인의 삶을 살 수 있는 유일한 길이기 때문입니다. 그것만이 주님이 직접 세우시고 주님을 영광스럽게 하는 교회를 소유할 수 있는 유일한 길이기 때문입니다.

저는 죄를 짓지 말라고 설교하는 교회에서 신앙생활을 했고, 그런 교회를 많이 알고 있었습니다. 하지만 죄를 징계하는 교회는 본 적이 없었습니다. 그런 사실은 강단에서 선포하는 모든 말씀을 약화시키는 것으로밖에 보이지 않았습니다. 목회자가 죄를 짓지 말라고 설교하면서 죄 문제를 다루는 데 무관심하다는 사실을 사람들이 알아차리면, 목회자의 진정성이 도마 위에 오를 것입니다. 그래서 우리 교회는 초기부터 마태복음 18장, 사도행전 5장, 고린도전서 5장, 데살로니가후서 3장 6-15절을 연구하기 시작했습니다. 고린도전서 5장에서 바울은 온 덩어리에 퍼지는 누룩을 내버리고, 음행하는 자를 쫓아내라고 말합니다. 데살로니가후서 3장에서는 진리를 파괴하거나 논란을 유발하는 자에게서 떠나라고 말합니다. 디모데전서 1장 3-7절에서도 지도자들이 교회에서 쫓겨난 경우를 보여줍니다. 제가 보기에는 이 책임을 피할 도리가 없는 것 같았습니다.

마태복음 18장 15절을 함께 봅시다. 어떤 상황에서 이 말씀이 등장합니까? 이 본문 앞에는 신자들이 어린아이같이 되어야 한다는 예수님의 말씀이 나옵니다. 예수님은 가버나움 성, 아마도 베드로의 집에서 말씀하고 계신 것 같습니다. 그분은 무릎에 어린아이를 앉히고, 믿는 사람은 어린아이같이 되어야 한다고 말씀하십니다. 어린아이는 순진함을 보여주는 실례입니다. 예수님은 우리가 어린아이같이 되어야 천국에 들어갈 수 있다고 말씀하십니다. 어린아이같이 되지 않으면 천국에 들어갈 수 없습니다. 우리는 겸손하게 그분만 의지하면서 아무 공로도, 업적도 없이 나와야 합니다. 하나님 나라에서 우리 모두는 어린아이입니다. 우리는 어린아이처럼 다른 사람의 돌봄을 받아야 합니다. 어린아이처럼 보호받아야 합니다. 어린아이처럼 존중받아야 합니다. 이런 가르침이 1-14절까지 나오는 내용입니다.

이 말씀은 우리가 어린아이처럼 훈계를 받아야 한다는 가르침으로 이어집니다. 이 정도는 무리한 말씀이 아닙니다. 우리도 다 아는 사실이지 않습니까? 요즘에는 훈계가 부족한 말썽꾸러기 아이들이 얼마나 많은지 모릅니다. 아이들은 훈계받아야 합니다. 잘못을 저질렀을 때 자기 잘못을 인정하고 고치도록 바로잡아야 합니다. 하나님의 말씀이 바로 그런 역할을 합니다.

교훈과 책망과 바르게 함과 의로 교육하기에 유익하니(딤후 3:16).

말씀이 우리를 물로 씻깁니다(엡 5:26). 따라서 죄를 직면하게 하고 순종과 회복의 길을 보여주며 교회를 정결케 하는 일은, 말씀의 사역이고 성령의 사역입니다. 성령님은 그분의 교회가 거룩하기를 바라시는 거룩하신 영입니다. 그렇기 때문에 성령님은 우리 안에서 정결케 하는 사역을 하십니다. 이것이 말씀과 하나님의 영이 하시는 일입니다. 그러니 우리도 이 일에 힘써야 합니다. 바울은 "내가 너희를 정결한 처녀로 한 남편인 그리스도께 드린다"고 말합니다(고후 11:2). 그러니 우리 주님이 교회에 맨 처음 주신 말씀이 "나는 내 백성이 거룩하고 의롭고 순결하고 순종하기를 바란다"는 말씀인 것도 무리가 아닙니다.

저는 오늘날의 교회가, 거룩하지 못하고 구원받지 못한 사람들에게 비위를 맞추는 것이 가장 안타깝습니다. 우리의 지혜와 재주로, 우리의 형식과 매력적인 말로 교회를 성장시킬 수 있다고 믿는 사람들이 있습니다. 누군가가 그런 교회들에 말씀의 가르침을 들이댄다면, 교회 전체가 무너질지도 모릅니다. 그러나 저는 그것이 결국에는 교회에 유익이 되리라 믿습니다. 단, 영적으로 민감한 리더들이 하나님의 말씀에 전적으로 헌신할 때만 가능한 일입니다. 그리스도인인 우리에게는 선택의 여지가 없습니다. 교회를 향한 주님의 뜻이 그렇기 때문입니다. 성령께 거짓말한 사람들(사도 시대에만 있었던 죄는 아닙니다)이 주일에 강단 앞에서 죽어 나간다 해도, 주님은 교회에 사람들을 더하시기 위해 그분의 목적과 능력을 절제하시지 않을 것입니다. 그것이 그분의 일이기 때문입니다.

먼저 이 말씀부터 드려야겠습니다. 교회보다 상위 기관은 없습니다. 제가 여기서 말하는 교회는 적절한 절차에 따라 구성된 구속받은 사람들의 모임입니다. 실제 교회는 사도행전 2장에 가서야 등장합니다. 주님이 언급하시는 교회는 정식 교회가 탄생하기 이전의 형태이지만, 에클레시아가 확실히 맞습니다. 구속받은 사람들이 부름 받아 하나님의 이름 아래 한데 모인 에클레시아입니다. 이 가르침은 이런 사람들이 모인 곳 어디에나 해당되었고, 미래의 교회에도 적용됩니다. 사도행전 2장에서는, 가버나움에 신자들이 함께 모여 있었습니다. 이 공동체는 하나님 안에서 구속받은 사람들로 구성되어 있었습니다. 이후 얼마 지나지 않아 교회가 탄생했고, 이 가르침은 교회를 향한 명령이 되었습니다.

교회는 최고의 치리 기관입니다. 인류 역사에는 교황과 주교, 추기경, 주교회, 종교회의 등 온갖 종류의 권력이 득세해 왔습니다. 신약 성경에는 이 중 아무것도 찾아볼 수 없습니다. 신약 성경에서 가르치는 것은 구원으로 부름 받은 신자들이 모인 지역 교회뿐입니다. 교회는 각자의 거룩함을 좇을 책임이 있는 사람들의 공동체입니다. 교회가 너무 부패했거나 잘못에 빠져 있다면, 외부의 목회자들이 찾아와서 죄 문제를 해결해야 하는 경우도 있을 수 있습니다. 하지만 해당 지역에서는 교회가 최고 기관이어야 합니다.

예수님이 말씀하신 계획은 이렇습니다. "네 형제가 죄를 범하거든 가서 너와 그 사람과만 상대하여 권고하라"(마 18:15). 아주 간단합니다. 사람들은 "무슨 죄를, 어느 정도나?"라고 묻습니다. 여기서 예수님은 무슨 죄를, 어느 정도나 추궁해야 하는지 말씀해 주시지 않습니다. 무슨 죄가 됐든, 어느 정도가 됐든, 죄는 더럽히는 것이기 때문입니다. 형제의 죄를 그 사람과만 상대하여 권고하라고 하신 말씀을 주목하십시오. 흔히들 그러하듯, 형제의 죄를 다른 사람들에게 떠들어대면 안 됩니다. "와! 너도 그 여자가 한 짓 들었어?" 이런 말 자체가 죄입니다. 모든 죄는 더럽히는 것입니다. 자기 삶은 물론, 맺고 있는 관계, 잠재적으로는 교회 전체를 더럽힙니다. 우리는 한몸이기 때문입니다. 따라서 여러분은 그 사람과만 상대하여 권고해야 합니다.

15절은 '만일 들으면'이라고 말합니다. 상대방이 자기 행동을 죄로 깨닫고 순순히 받아들이는 경우를 뜻합니다. 그 사람은 자기 행동을 뉘우치고, 거기서 벗어나기 원합니다. 이것이 우리가 원하는 반응입니다. 그래서 예수님도 "네가 네 형제를 얻은 것이요"라고 말씀하십니다. 교회 안에도 잃어버린 사람이 있다는 사실을 알고 계셨습니까? 이 말씀에 함축된 의미가 그렇습니다. 형제를 얻었다는 말씀은 그 전에는 형제를 잃어버렸다는 뜻일 겁니다. 잃어버리지 않은 사람을 얻을 수는 없는 노릇입니다. '얻었다'에 해당하는 헬라어 단어는 시장에서 사용하던 상업 용어입니다. 이 단어는 징계의 목적을 처음부터 밝혀 줍니다. 형제를 얻는 것이 목적입니다. 교회가 사람들을 내쫓으려는 목적으로 징계한다고 생각하는 사람들이 있습니다. 그렇지 않습니다. 교회 안에 있는 사람들을 순결하게 지키는 것이 목적입니다. '얻다'는 말은 재산 축적을 가리키던 단어였습니다. 이런 상황에서 이 단어를 사용하면, 범죄한 형제는 교회의 손실이라는 뜻이 됩니다. 그가 회개하고 돌이키면, 그를 얻는 것입니다. 마치 재산을 회복하는 것과 같은 이치입니다.

한 가지 분명히 할 것이 있습니다. 여기서 우리가 말하는 죄는 우리가 끊임없이 밀어내면서도 쉽게 떨쳐 버리지 못하는, 회개하지 않고 지속되는 죄를 가리킵니다. 누군가가 이런 죄에 빠지면 우리는 그 죄의 결과로 형제를 잃어버리게 됩니다. 그는 소중한 형제이기에 우리가 그를 찾아가 회복시키려 애쓰는 것입니다. 왜 그가 소중합니까? 하나님의 영이 그에게 내주하시기 때문입니다. 그는 성령의 은사를 받아 교회에서 다른 형제자매들과 사역을 했습니다. 그는 하나님이 교회와 세상에서 사역을 펼치실 때 사용되는 도구입니다. 범죄한 이 한 사람은 너무 귀하기 때문에 여러분은 그를 되찾으려 애쓰는 것입니다. 그래도 돌아오지 않으면, 전 교회에 알려 사람들이 그를 찾아가게 하십시오. 그 정도로 그 형제는 소중한 사람입니다. 그렇게라도 우리는 잃었던 영적 자산을 회복해야 합니다. 캠벨 몰간(G. Campbell Morgan)이 오래전에 이런 글을 썼습니다.

> 잃어버린 형제가 이 모든 권고에 부정적으로 반응한다면, 그보다 더 큰 비극은 없다. 범죄한 형제를 다룰 때 우리가 염두에 두어야 할 목표는 그 형제를 얻는 것이다. '얻었다'는 단어는 단순히 잃어버린 한 사람에게 미치는 효과를 뜻하는 것이 아니라, 그 형제를 찾는 사람들에게 발생하는 가치를 뜻한다. 지금은 그림자와 안개 속을 헤매는 듯하지만, 한 사람을 얻은 사람은 이 세상 모든 부를 축적한 사람보다 더 큰 부자라는 사실을 우리는 영원한 시간의 관점에서 이해하게 될 것이다.

이 얼마나 복된 생각입니까. 한 사람을 얻는 것, 교회를 위해, 친구들과의 교제를 위해, 복음의 진보를 위해, 천국의 계획을 위해 한 사람을 되찾는 것 말입니다.

여러분이 어떤 사람의 죄 문제를 해결하려는 마음이 없다면, 그 사람이 아무 가치가 없다고 생각하는 것과 같습니다. 예수님은 그들을 가치 있게 보십니다. 그분은 그들을 위해 무한한 대가를 치르셨습니다. 그분은 우리에게 방황하는 자녀들을 찾아 나서는 부모의 책임을 주십니다. 우리집 아이들은 이제 다 컸습니다만, 그 아이들이 어릴 적에는 우리 가정에 훈계가 일상사였습니다. 우리가 아이들을 훈계한 까닭은 그들을 진심으로 사랑했기 때문입니다. 우리는 자녀들이 우리 부부에게서, 천국에게서 멀어질까 봐 두려웠습니다. 어떤 징계가 됐든, 우리는 아이들이 자기 죄의 고통을 깨닫는 데 필요하다면 가차 없이 벌을 주었습니다. 죄에 빠져들 때마다 아이들은 징계를 받았습니다. 이 아이들은 우리에게 너무나 소중했기 때문입니다. 여러분도 여러분의 자녀들에게 똑같이 느끼실 겁니다. 주님은 우리가 하나님의 자녀들에게도 동일한 감정을 느껴야 한다고 말씀하십니다.

갈라디아서 6장 1절을 보겠습니다. "형제들아 사람이 만일 무슨 범죄한 일이 드러나거든 신령한 너희는 온유한 심령으로 그러한 자를 바로잡고 너 자신을 살펴보아 너도 시험을 받을까 두려워하라"(갈 6:1). 우리는 유혹을 받아 죄를 짓는다는 게 어떤 것인지 잘 압니다. 속속들이 이해가 갑니다. 인간이 얼마나 약한 존재인지, 유혹이 얼마나 강력한지, 우리 육신이 어떤지 잘 알기에, 범죄한 사람들을 되찾으려고 애씁니다. 그들이 소중한 존재이기 때문입니다. '회복하다'에 해당하는 헬라어 '카타르티조 (katartizo)'는 '고친다'는 뜻입니다. 골절 부위를 맞추거나 탈골 부위를 제자리로 돌려놓을 때 사용하는 의학 용어입니다. 죄 문제를 해결한다는 것은 사람들을 교회 밖으로 내쫓는 것이 아닙니다. 오히려 무한한 가치를 지닌 사람들을 교회로 다시 돌려놓는 것입니다.

단, 가혹한 비판이 아니라 온유한 심령으로 권면해야 합니다. 우리는 타락이 인간에게 어떤 영향을 미쳤는지 알기에, 긍휼과 친절, 공감하는 마음과 인내, 자비로 죄 문제를 다루어야 합니다. 죄는 모든 인류의 문제니까요. 마태복음 18장 앞부분을 보면 하나님이 본을 보여주십니다. 12절에서 예수님은 이렇게 말씀하십니다.

> 너희 생각에는 어떠하냐 만일 어떤 사람이 양 백 마리가 있는데 그 중의 하나가 길을 잃었으면 그 아흔아홉 마리를 산에 두고 가서 길 잃은 양을 찾지 않겠느냐 진실로 너희에게 이르노니 만일 찾으면 길을 잃지 아니한 아흔아홉 마리보다 이것을 더 기뻐하리라 이와 같이 이 작은 자 중의 하나라도 잃는 것은 하늘에 계신 너희 아버지의 뜻이 아니니라(마 18:12-14).

우리도 이와 같은 하나님의 방식, 회복의 방식을 따르고 있습니다. 하나님은 범죄한 자녀들을 되찾기 위해 그들을 쫓아가십니다. 하나님은 우리를 도구로 사용하셔서 교회에서 그 일을 하십니다. 그래서 이 가르침이 그렇게 중요합니다. 이것은 하나님의 일입니다. 범죄한 형제를 되찾을 때는 끈질겨야 합니다. 그 사람의 가치를 고려한다면 그렇게 해야 합니다. 16절에 나오는 다음 원칙이 중요합니다. "만일 듣지 않거든 한두 사람을 데리고 가서 두세 증인의 입으로 말마다 확증하게 하라"(마 18:16). 이 말씀은 신명기를 떠올리게 합니다. 거기서 하나님은 어떤 사람의 혐의를 입증하려면 두세 사람의 증인이 필요하다고 말씀하셨습니다(신 17:6; 19:15). 어떤 사실을 입증하는 데는 믿을 만한 증인 두세 사람이 반드시 필요합니다.

죄를 지은 형제가 여러분의 말에 반응하지 않으면, 친구 한두 사람을 데려가서 다시 만나야 합니다. 모든 정황이 옳다는 사실을 확실히 하고, 다시 한 번 회개와 회복을 요청해야 합니다. 이렇게 함께 찾아가는 이유는, 상대방이 혹시라도 말을 들으면 그 형제를 얻을 수 있지 않을까 하는 기대감에서입니다. 사람들을 되찾기 위해 그렇게까지 힘을 쏟는 것입니다. 그래도 듣지 않으면 그때는 어떻게 합니까? 마태복음 18장 17절은 "만일 그들의 말도 듣지 않거든 교회에 말하고"라고 합니다. 그 사람이 죄를 짓고 있다는 사실을 교회 전체에 알려야 합니다. 그러면 교회에서는 여러분이 이미 죄 지은 사람을 여러 차례 찾아갔다는 사실을 알 것입니다. 그후 전 교회가 다같이 그 사람을 설득할 수 있습니다.

왜 이렇게까지 해야 할까요? 사람을 찾아가 죄를 지적해 주는 걸 좋아할 사람이 어디 있겠습니까? 하지만 이것은 고귀한 일입니다. 여러분이 그 사람을 아끼고 있다는 사실을 보여주니까요. 여러분이 누군가의 죄에 무심하다면 그 사람을 아끼지 않는 것입니다. 정말로 아끼는 사람이라면 여러분은 그 사람의 죄에 무심할 수 없습니다. 저는 제가 사랑하는 사람들의 죄를 그냥 넘어간 적이 단 한 번도 없습니다. 사랑하는 사람들을 돌이킬 수만 있다면 수단과 방법을 가리지 않습니다.

우리는 어떤 한계나 제한 없이 마음껏 서로 사랑하라고 교회로 부름 받았습니다. 우리가 전 교회에 알려야 하는 이유는 분명합니다. 교회는 구원받은 사람, 구속받은 사람들의 집단입니다. 여러분은 교회에 그 사람과 그 사람의 죄에 대해 이야기할 수 있어야 합니다. 시시콜콜 자세한 내용까지 전달할 필요는 없습니다. 다만, 그 사람을 되찾을 수 있도록 함께 찾아가자고 권해야 합니다. 그만큼 그는 소중한 형제이기 때문입니다.

만약 그 사람이 교회의 말도 듣지 않는다면, 여러분은 할 수 있는 일을 다 한 것입니다. "이방인과 세리와 같이 여기라"(마 18:17). 세리는 유대 사회에서 가장 괄시를 받는 야비한 사람이었습니다. 세리들은 로마에 자기 영혼을 팔아 세금 특혜를 얻었습니다. 우상을 숭배하는 이방 나라를 위해 자기 백성의 돈을 갈취했습니다. 그들은 배반자로 왕따 취급을 당했습니다. 죄를 짓고 돌아오지 않는 성도는 불신자처럼 취급해야 합니다. 무슨 뜻입니까? 그런 사람들과는 상종해서는 안 된다는 뜻입니다. 죄는 교회에 누룩처럼 퍼집니다. 교회는 그 거룩함을 보호해야 합니다. 거룩함을 보호하기 위해서는, 범죄한 그리스도인들을 죄에서 건져내야 합니다. 그 죄인이 반응하지 않으면 두세 사람을 보내십시오. 그래도 반응이 없으면 교회에 알리고 전 교회가 찾아가게 하십시오. 그래도 돌아오지 않으면, 그때는 그를 내쫓으십시오.

고린도전서 5장 6절은 중요한 사실을 지적해 줍니다.

적은 누룩이 온 덩어리에 퍼지는 것을 알지 못하느냐(고전 5:6).

　　죄의 영향력이 교회에 자리 잡게 해서는 안 됩니다. 저는 과거나 지금이나, 그레이스 커뮤니티 교회가 사랑이 많은 교회로 알려지기를 간절히 바랍니다. 그리고 실제로 그렇다고 믿습니다. 여러분은 사랑이 많은 분들이기 때문입니다. 우리는 교회 안팎과 온 세계에 그런 명성을 유지하고 있습니다. 하지만 제가 바라고 기도하는 것이 또 있습니다. 죄 지은 사람들이 우리 교회에 오면 안절부절못하기를 바랍니다. 제가 만약 죄를 즐기며 사는 그리스도인이라면, 이 교회에는 오지 않을 겁니다. 괴로워지기 싫으니까요. 그리스도를 고백하면서도 죄에서 헤어나지 못하는 사람들이 있습니다. 그런 사람들을 만나 죄 문제를 언급하면 그들은 교회를 떠납니다. 우리는 성만찬 때 그런 사람들에 대해 말합니다. 하지만 교회 내부에서 일어나는 징계의 대부분은 성만찬까지 가지 않습니다. 대개는 가족이나 친구들, 교인들 사이에서 일대일로 이루어집니다.

　　"하지만 목사님, 너무 힘든 일인데요" 하고 말하는 분들이 있을 겁니다. 맞습니다. 힘듭니다. 하지만 머리로 이해하기 힘든 일은 아닙니다. 사도 바울이 베드로를 책망한 사건을 기억하십니까? 바울은 베드로를 직접 대면해야 했습니다. "게바[베드로]가 안디옥에 이르렀을 때에 책망 받을 일이 있기로 내가 그를 대면하여 책망하였노라"(갈 2:11). 베드로와 맞붙다니 상상이 되십니까? 바울도 꽤 강한 사람인 것은 틀림없지만 베드로에게는 못

당했을 겁니다. 그러니 베드로에게 그가 지은 죄를 납득시키기가 녹록하지는 않았을 것입니다. 이렇게 묻는 분들도 있을 겁니다. "그렇게 하다가 관계가 끊어질 수도 있지 않습니까?" 안타깝지만 저도 그런 경험이 여러 차례 있었습니다. 사랑하는 마음과 온화한 태도로, 유명 사역자와 목사들에게 그들이 저지른 중대한 실수를 지적해 주었습니다. 그런데 좋던 관계만 영영 깨지고 말았습니다. 어쩌면 그것이 여러분이 치러야 할 대가일지도 모르겠습니다. 바울이 베드로를 책망한 일이 잘한 일이었는지, 서로 협력하는 게 더 낫지는 않았을지, 한 번쯤 생각해 볼 수는 있습니다. 하지만 바울은 교회와 주님의 영광을 위해 옳은 일을 했습니다. 베드로를 대면하여 책망했습니다. 그래서 두 사람의 관계는 어떻게 됐습니까? 베드로의 말을 들어 보겠습니다.

> 그러므로 사랑하는 자들아 너희가 이것을 바라보나니 주 앞에서 점도 없고 흠도 없이 평강 가운데서 나타나기를 힘쓰라 또 우리 주의 오래 참으심이 구원이 될 줄로 여기라 우리가 사랑하는 형제 바울도…너희에게 이같이 썼고(벧후 3:14-15).

바울이 베드로를 대면하면서 염두에 둔 것은 회복이었기에, 그는 여전히 베드로에게 '사랑하는 형제'였습니다. 이 일이 어렵게 느껴진다면 이 성경 구절에서 힘을 얻으십시오.

> 진실로 너희에게 이르노니 무엇이든지 너희가 땅에서 매면 하늘에서도

매일 것이요 무엇이든지 땅에서 풀면 하늘에서도 풀리리라(마 18:18).

내용은 간단합니다. 여러분이 땅에서 뭔가를 매면, 하늘에서도 매이거나 이미 매인 상태라는 뜻입니다. 또 땅에서 뭔가를 풀면, 하늘에서도 이미 풀렸다는 뜻입니다. 랍비는 매임과 풀림이 죄와 관계가 있다고 말했습니다. 회개하면, 그 사람의 죄가 풀립니다. 회개하지 않으면, 그 사람은 자기 죄에 묶입니다. 따라서 우리가 죄인을 책망해도 그가 회개하지 않을 때는, 그 사람은 그의 죄에 묶여 있다고, 천국이 이미 그렇게 판단했다고 말할 수 있습니다. 반대로 우리가 죄인을 책망했을 때 그가 회개하면, 그 사람은 그의 죄에서 풀려났다고 말할 수 있습니다. 우리가 회개하면 우리는 죄에서 풀려난다고, 성경은 말하고 있습니다. 그리고 그 묶임과 풀림은 천국에서 이미 이루어진 일이기에, 우리는 그 사실을 이 땅에서 다시 한 번 확인할 뿐입니다.

결국 핵심 원칙은 이것입니다. 여러분이 죄에 맞서 사람들에게 회개를 요청하고, 회개하지 않는 사람들을 책임지고, 회개하는 사람들과 기뻐할 때, 우리는 천국에서 이미 이루어진 일을 이 땅에서 행하고 있는 셈입니다. 즉, "나라가 임하시오며 뜻이 하늘에서 이루어진 것 같이 땅에서도 이루어지이다"(마 6:10)라는 기도가 그대로 드러나는 것입니다. 마태복음 18장 19절은 "진실로 다시 너희에게 이르노니 너희 중의 두 사람이 땅에서 합심하여 무엇이든지 구하면 하늘에 계신 내 아버지께서 그들을 위하여 이루게 하시리라"고 말합니다. 두세 사람이 가서 어떤 사람의 회개를 확인해 주고 천국에서 그에 동의하면, 우리는 그 사람들을 용서하고 회복해 달라고 주님께 요청할 수 있고, 주님은 그렇게 해주신다는 뜻입니다. 물론, 그들이 회개하지 않고 천국에서도 그 사실에 동의하면, 우리는 그 사람들을 징계하고 죄를 깨닫게 해 달라고 주님께 요청할 수 있고, 주님은 그리하실 것입니다.

다시 말해, 우리는 천국의 일을 하고 있고, 아버지의 일을 하고 있는 것입니다. 20절을 보면 예수님이 최종 판단을 하십니다. "두세 사람이 내 이름으로 모인 곳에는 나도 그들 중에 있느니라"(마 18:20). 이 말씀은 기도 모임에 몇 명 이상이 나와야 하나님이 그 모임에 함께하시느냐는 내용이 아닙니다. 이 말씀은 교회의 징계 상황에서 등장합니다. 두세 사람이 모였다는 것은, 징계 절차가 이미 시작되었고 주님이 그 가운데 계신다는 뜻입니다. 교회가 천국과 하나님 아버지와 그리스도와 가장 조화를 이룰 때는 다름 아닌 죄 문제를 다룰 때입니다. 우리가 이 책임을 다하는 일에 조금도 주저하지 않기를 바랍니다. 이것은 교회의 순수함을 지키는 길입니다. 천국의 일입니다. 아버지의 일입니다. 아들의 일입니다.

우리 교회는 이 최고 우선순위의 일에 힘썼지만, 교회에 빈자리가 늘어나는 일은 없었습니다. 주님이 계속해서 자리를 채우셨고 우리는 더 많은 건물을 지어야 했습니다. 아직도 사람들이 계속 모여듭니다. 주님이 그분의 교회를 자라게 하십니다. 수많은 사람들이 믿고 구원을 받으며, 교회에 더해집니다. 교회는 사랑의 장소입니다. 회복의 장소입니다. 거룩함의 장소입니다.

그리고 두려움의 장소입니다. 하나님이 계획하신 원래 교회의 모습이 이렇습니다. 교회 성장의 비결 따위는 없어야 합니다. 저는 사람들이 우리 교회의 성장 비결을 찾지 못하는 게 좋습니다. 하나님이 우리를 이런 모습으로 작정하셨으니, 이렇게 성장했을 뿐입니다. 이 교회는 주님의 교회요, 교회를 세우신 분은 주님이십니다.

몇 년 전만 해도 풀러 신학교의 교회성장학과 신입생들이 정기적으로 우리 교회를 방문했습니다. 그런데 하루는 그 학과 학장에게서 전화를 한 통 받았습니다. "교회 방문을 그만둘까 합니다. 목사님네 교회는 기존 분석틀에는 도무지 맞지가 않네요. 흔히들 말하는 교회 성장 원칙에는 하나도 들어맞지가 않습니다."

저는 인간의 도구로 우리 교회를 분석할 수 없다는 말에 내심 기뻤습니다. 우리가 개최한 목회자 수련회에 수많은 목사들이 참석하면 '대형 교회로 성장할 수 있는 다섯 가지 원칙' 같은 것을 알려 주고 싶은 마음이 들 때도 있습니다. 하려면 얼마든지 할 수 있습니다. "가벼운 메시지를 들려주고, 돈을 뿌리십시오. 그러면 건물이 차고 넘칠 겁니다. 아니면, 강대상을 없애고 사람들을 데려다 몸싸움을 하게 하십시오. 사람들이 구름떼처럼 몰려들 겁니다"라고 말하면 됩니다.

저는 하나님이 아니고서는 우리 교회의 성장을 설명할 수 없기를 늘 바랐습니다. 그래서 하나님이 명령하신 것만 행하고, 주님이 그분의 교회를 성장시키실 수 있도록 애썼습니다. 그 일이 제게 얼마나 큰 기쁨이요 즐거움이었는지 모릅니다. 거룩함을 좇고 그리스도의 사랑을 보여주는 교인들이 되어 주셔서 참 감사합니다. 여러분은 거룩함과 사랑을 추구하는 모습을 저와 저희 가족, 그리고 각자 서로에게 한결같이 보여주었습니다.

옮긴이 이지혜는 연세대학교 영어영문학과를 졸업하고 한국기독학생회출판부(IVP)편집부에서 일했다. 이후 옥스퍼드 브룩스 대학에서 출판학을 공부한 뒤 현재는 프리랜서 번역가와 출판 기획자로 활동하고 있다. 옮긴 책으로는 『생명력 있는 그리스도인의 삶』, 『교회, 스타벅스에 가다』(이상 국제제자훈련원), 『존 스토트의 생애』, 『정의를 위한 용기』(이상 IVP), 『지금 머물러 있는 곳을 더욱 사랑하라』, 『일상에 깃든 하나님의 손길』(이상 포이에마) 등이 있으며, 『크리스채너티 투데이』 한국판에 실린 다수의 기사를 번역했다.

최고의 설교

초판 1쇄 발행 2012년 10월 20일
초판 10쇄 발행 2023년 3월 14일

지은이 존 맥아더
옮긴이 이지혜

펴낸이 오정현
펴낸곳 국제제자훈련원
등록번호 제2013-000170호(2013년 9월 25일)
주소 서울시 서초구 효령로 68길 98(서초동)
전화 02)3489-4300   **팩스** 02)3489-4329
이메일 dmipress@sarang.org

ISBN 978-89-5731-592-7 03230

※ 책값은 뒤표지에 있습니다. 잘못된 책은 구입하신 곳에서 교환해 드립니다.

국제제자훈련원은 건강한 교회를 꿈꾸는 목회의 동반자로서 제자 삼는 사역을 중심으로 성경적 목회 모델을 제시함으로 세계 교회를 섬기는 전문 사역 기관입니다.